錦上添花
작명 作名

奏法 박태국 지음

錦上添花 작명格

초판 1쇄 / 2024년 9월 28일
지은이 / 박태국
발행인 / 이규종
펴낸 곳 / 예감출판사

등록 / 제 2021-000088 호
주소 / 경기도 고양시 덕양구 호국로 627번길 145-15
전화 / 031-962-8008
팩스 / 031-962-8889
홈페이지 / www.elman.kr
전자우편 / elman1985@hanmail.net

※ 이 책 내용의 일부 또는 전부를 재사용하려면 반드시 저작권자와
예감출판사 양측의 동의를 얻어야 합니다.

錦上添花 작명략

奏法 박태국 지음

인명용 한자 8,037자 수록

이름은 사주에 부족한 기운을 보충하고
음양, 오행, 발음, 수리에 합당하게 작명하여
자신의 삶에 이로운 기운이 발생되게 해야 한다.

우주의 삼라만상은 음양(陰陽)과 오행(五行)이라는 역학(易學)의 학문을 바탕으로 발생하여 변화하고 소멸되며 또 그 들만의 독특한 기운을 발산(發散)하고 각각의 의미와 뜻을 담고 있는 이름을 가지고 있다.

인간 또한 자연이 주관하는 이러한 커다란 원리(原理)와 법칙(法則)에서 벗어나 한순간도 생활할 수 없으며 세상의 모든 것에는 이름이 있듯이 우리도 각자 자신만의 이름을 갖고 특별한 인격체로 성장하며 삶을 영위(營爲)하다 일생을 마감하게 된다.

우리를 자연의 섭리(燮理)와 영역에 비유하면 아주 미약(微弱)하고 작은 존재이지만, 이 세상에 태어나는 순간 부모로부터 새로운 생명과 함께 두 가지 의미 있는 선물을 받게 되게 되는데 그 하나는 태어난 년, 월, 일, 시 즉 사주팔자이고 또 하나는 성과 이름이다.

독자 여러분도 지금까지 살아오면서 하고자 하는 일들이 뜻대로 이루어지지 않고 어려움에 봉착(逢着)하게 되거나 실패하게 되면 먼저 자신의 사주팔자(四柱八字) 즉 태어난 년, 월, 일, 시가 나쁘지 않은지를 한 번쯤은 생각해 본 적이 있을 것입니다.

그리고 그다음 생각해 보는 것이 자신의 이름에 혹시 원인(原因)이 있지는 않은지 의구심(疑懼心)을 가져 보았을 것입니다.

출생 후에는 사주를 바꿀 수 없으니 일부(一部) 사람들이 좋은 사주를 받으려고 임신을 계획적으로 하는 경우는 그나마 이해가 되지만, 특히 의학적으로 수술이 필요하지 않고 또 태아(胎兒)가 태어나겠다는 출산징후도 보내지 않는데 인위적으로 출산일과 시간을 맞추려고 하는 것은 자연의 순리(順理)에 역행하게 되는 것이라고 생각한다.

이름은 사주팔자에 부족(不足)한 기운을 보충(補充)해 주며 음양과 오행이 서로 상생(相生)이 되게 하여 자신에게 이로운 기운(氣運)이 발생되도록 해 주는 장점을 가지고 있으며 한번 지어진 이름은 쉽게 바꾸기가 어려우니 무엇보다 신중하게 작명하여야 한다.

부모는 자식을 임신하게 되면 첫 번째 고심하게 되는 것이 자녀(子女)의 태명 (胎名)을 무엇으로 해야 할 것인지 그리고 출생이 가까워지면 이름은 무엇으로 결정해야 할지를 염두에 두고 더욱 고민하게 된다.

이름은 평생(平生) 동안 자기 자신을 대표하고 대신(代身)하는 것으로 매우 상 징적이기도 하며 주변 사람으로 부터 가장 많이 듣게 되고 자신이 직접 쓰게 되 는 글자로 이름 속에 내재(內在) 된 영력(靈力)이 이름을 부르거나 쓸 때 표현 되니 주술적 의미도 함께 가지고 있다고 할 수 있다.

작명 시 사주팔자에 부족 기운을 보완(補完)해 주기 위해서는 각각의 절기 입 절(入節) 시각부터 바뀌게 되는 년주(年柱), 월주(月柱) 그리고 우리나라 안에 서 태어나도 그 장소에 따라 달라지는 시주(時柱)를 정확하게 알아야 잘못된 이 름을 작명하는 오류를 범하지 않게 된다.

저자는 본서에서 이런 부분까지 세심(細心)하게 서술하였고 독자 여러분이 좀 더 쉽게 이해할 수 있도록 기승전결(起承轉結)처럼 체계 있고 짜임새 있게 음양 오행과 수리 구성에 관한 이론들을 차례로 전개하여 한글뿐만 아니라 영어와 한 자 이름 작명에도 어려움 없도록 하였다.

또 재판(再版)에서는 이론 부분을 더욱 보완하였으며 인명용 한자를 추가하고 품위를 더욱 상세하게 분류하고 표시(標示)하여 작명에 적당한 한자를 편리하게 찾을 수 있도록 하였다.

아무튼, 이 한 권의 책으로 자신의 현재 이름을 확실하게 감정(鑑定)해 볼 수 있길 바라고 부모가 사랑스러운 자녀에게 주는 소중한 선물에 부모의 마음과 정 성 그리고 상생(相生)의 기운(氣運)까지 듬뿍 담아 직접 이름을 지어 주는 데 금상첨화(錦上添花) 되었으면 한다.

끝으로 여러분의 가내(家內)에 항상 행복과 행운이 가득하시고 건강이 함께 하 시길 기원드립니다.

2024년 봄 島里里 草坪園 古宅에서

奏泫 朴 泰 國

목차

목차

제 4 장 한자 작명(作名)

제 5 장 인명용 한자(漢字) (8,037자)

제1장 작명론(作名論)

선천적으로 타고나는 사주팔자(四柱八字)와 출생한 후에 후천적으로 가지게 되는 이름은 영혼과 육체처럼 불가분의 관계로 좋은 이름은 타고난 사주팔자를 보완하고 호전시켜 이로운 기운이 상승하도록 유도(誘導)하는 역할을 한다.

이름 하나만으로 자신의 삶을 전부 바꿀 수는 없겠지만 사주, 관상, 손금 등과 함께 직, 간접적이고 지속적으로 영향을 미치게 되며 사후에는 후대(後代)에 까지 남기게 되는 것이므로 작명을 한다는 것은 그 무엇보다 중요한 일이다.

일반적으로 좋은 이름을 지으려면 부르기 쉽고 듣기 자연스러워야 하며 음양과 오행이 조화로워야 하고 수리(數理)의 배합이 좋아야 하며 글자의 뜻이 전체적으로 무리함이 없도록 해야 한다.

남자 이름은 남자답게 장중돈후(莊重敦厚) 해야 하고 여자 이름은 청랑(晴朗) 경쾌(輕快)해야 하지만, 이를 강조하다 보면 고전적인 느낌이나 옛날 이름처럼 느껴질 수 있으니 주의해야 하고 요즘에는 남자와 여자의 이름 구분이 애매모호하게 작명하는 경우가 많다.

또 한글 이름을 고집하여 작명하다 보면 적당한 한자를 선택하지 못하여 이름의 뜻이 이상하게 되는 경우는 피해야 하며 불용한자(不用漢字)나 뜻이 상반(相反)되게 쓰이는 한자나 획수가 많아 쓰기가 어려운 글자 등은 사용을 피해야 한다.

그리고 작명할 때 가장 중요한 것은 자신의 태어난 사주팔자에 부족한 오행의 기운을 이름에 보충해 주고 지나치게 강한 기운은 감소시켜 오행의 기운이 서로 원활하게 순환할 수 있도록 한자(漢字)가 가지고 있는 본래의 기운인 자원 오행을 찾아 넣는 것이다.

다음은 음양을 빠짐없이 골고루 배치하여 기운의 막힘이 없어야 하며 특히 한자의 획수를 조합(調合)한 수리가 좋아야 하고 발음에 의한 오행과 삼원 오행 등의 배치가 상생되어야 하는 등 여러 가지의 조건에 부합(附合)하는 이름을 작명(作名)한다는 것은 결코 쉬운 일이 아님은 명심(銘心)하고 차분하게 끈기를 가지고 하나하나씩 습득(習得)하고 익혔으면 한다.

1. 음양오행(陰陽五行)

작명을 하려면 먼저 자신이 태어난 사주팔자를 알아야 하고 사주팔자를 이해하려면 음양오행이라는 역학의 상호관계(相互關係)를 알아야 하는데 현대인의 생활 리듬을 지배하고 있는 일주일이 바로 음양오행에서 생긴 것이며 시작인 월요일의 월(月)은 음(陰)이고 마지막인 일요일의 일(日)은 양(陽)이며 중간에 화(火), 수(水), 목(木), 금(金), 토(土)라는 오행(五行)이 끼어 있다.

음양오행의 이론(理論)은 우주 만물을 조화롭게 균형을 잘 유지시켜 주는 자연의 법칙이고 이치이기 때문에 역술이나 명리학의 기본(基本)이 되어 자신의 운세를 보거나 작명, 남녀의 궁합, 관상, 풍수, 한의학 등 여러 학문에 사용된다.

특히 우리의 선조(先祖)들은 가문의 돌림자를 미리 정해 두고 자식의 이름을 짓게 하였는데 이는 부모로부터 좋은 기운이 후손(後孫)에게 전달이 될 수 있도록 하기 위함이고 일부 회사에서는 신입 사원을 채용 할 때 역학을 활용하기도 한다.

(1) 음양의 기운

세상의 모든 것은 음(陰)과 양(陽)으로 나누는데 음과 양은 상반되는 성질은 가지고 있지만, 한편으로 서로의 부족한 부분을 보완해 주며 조화로운 관계를 유지하여 생기(生氣)가 발생되게 하는데 생기는 사람들의 신진대사를 원활하게 하고 사고력과 활동력을 증가시키는 근원(根源)이 된다.

음양은 원래 햇볕이 들어오지 않는 음지(陰地)와 햇볕이 들어오는 양지(陽地)를 나타내는 뜻이며 음은 순종적이고 수동적이며 수축하는 성질로 정적인 의미를 지니고 있지만, 양은 주도적이고 적극적이며 팽창하는 성질로 동적인 의미를 지니고 있다.

밤과 낮, 여자와 남자, 물과 불, 북쪽과 남쪽, 오목한 것과 볼록한 것, 좁은 것과 넓은 것 등은 음양의 비유가 쉽지만, 숫자에도 음양이 있듯이 단순하게 고정된 물건이나 보이지 않는 공간(空簡)뿐만 아니라 움직이는 것과 방향성을 가진 곳에도 음양으로 구분(區分)을 할 수 있으니 모든 것에 음양을 적용할 수 있다.

음양은 서로 순환(循環)하고 반복(反復)하는 성질을 가지고 있어서 한 성질이 극에 도달하며 그다음부터는 상대의 성질로 점진적으로 바뀌어 옮겨가게 되는데 봄, 여름, 가을, 겨울이 서로 바뀌면서 순환하는 것과 같고 지구가 태양을 중심으로 공전과 자전을 하는 것과 같다.

또 음과 양은 서로 반대의 성질을 가지고 있어 만날 일이 없을 것 같지만 음양은 보이지 않는 중심점을 기준으로 만나 서로 반대의 영역으로 순응하고 다시 돌아가며 마치 자석의 N극과 S극처럼 같이하면 서로 당겨 달라붙어 안정적이지만, N극과 N극, S극과 S극은 서로 밀어내고 불안정하며 조화롭지 못하다.

이처럼 작명 때 이름에 반드시 음과 양이 서로 순환하고 조화로우며 안정적일 수 있도록 배치하여야 한다.

(2) 오행의 기운(氣運)

오행 역시 삼라만상의 모든 것을 5개 영역인 화, 수, 목, 금, 토로 나누는데
이들은 서로 상생(相生)과 상극(相剋)의 관계를 유지하고 있다.

목은 화를, 화는 토를, 토는 금을, 금은 수를, 수는 목을 도와주고 이롭게 하
는 상생의 관계를 서로 맺고 있기도 하지만, 목(나무)은 토(흙의 영양분을 먹
고)를, 토(흙)는 수(물의 흐름을 막고)를, 수(물)는 화(불을 끄고)를, 화(불)는
금(쇠를 녹이고)을, 금(쇠)은 목(나무를 자르고)을 해롭게 하는 상극의 역할도
한다.

◉ 오행의 상생, 상극도

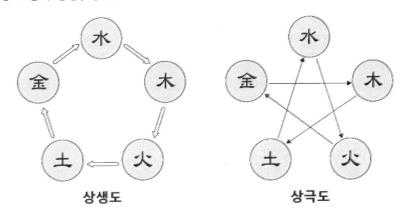

상생도   상극도

● 목(木)

목은 동쪽 방위(方位)이고 봄에 해당하며 하루 중에는 아침에 속하는데 신선하
고 상쾌한 기운을 가지고 시작과 출발을 알린다.

봄에 뿌린 씨앗에서 자라기 시작한 어린 식물의 뿌리는 연약하여 장애물을 만
나면 극복(克服)하지 못하고 쉽게 방향을 바꾸어 순응해 버리는 것처럼 아직 어
린아이들은 착하고 천진난만하여 많은 사랑과 정(情)을 주어야 잘 자라게 된다.

동방, 동양인이 여기에 속하는데 그래서 동양인은 어질고 정이 많으며 부모나
남에게 의지하려는 마음이 있고 힘센 사람에게는 쉽게 고개를 숙인다.

이는 임금이 절대의 권력을 가지고 있는 군주정치(君主政治)가 발생하게 되었
고 또 오랫동안 지속되어 온 곳이 바로 동양이라는 사실은 결코 우연이 아니다.

아직은 어려서 기분과 감성(感性)에 쉽게 치우쳐 행동하고 꿈은 크나 실천력이
부족하고 경험 없는 일을 했다가 대부분 중도에 그만두는 경우가 많으며 애정과
감정이 생활을 지배하며 자신보다 약한 사람에게는 큰소리를 치는 경향이 강하
다.

● 화(火)

화는 남쪽 방위(方位)이고 여름에 해당하며 하루 중에는 낮에 속하는데 태양은 뜨겁고 강렬한 기운을 가지고 있으며 활발하게 움직인다.

사람들은 뜨거운 곳에서 인내(忍耐)하며 견디는 힘이 부족하게 되어 성격이 급하고 과격하게 되며 또 불의 정열적인 힘은 과감하게 무엇이든 확대(擴大)하고 전진하며 진실을 밝히고 발견하려 든다.

그리고 항상 지면(地面)을 타고 낮은 곳으로 흘러가는 물과 다르게 높고 밝게 타올라 주변을 환하게 비추며 자유분방하고 개방적이다.

그리고 화(火)는 음양 중에 양에 속하여 정신세계를 관여하며 창작(創作)이나 예술 방면에 도움을 주고 식물이 자라 화려하게 꽃을 피운 형상(形象)이며 활발하게 움직이는 기운은 연예인들에게는 아주 이롭다.

남방의 나라인 브라질 사람들은 춤에도 소질(素質)이 있고 화려하게 꾸미는 것을 좋아하는 것은 오행 가운데 화(火)의 기운을 받기 때문이다.

● 토(土)

토는 일정하게 정해진 방위는 없으나 편의상 중앙(中央)을 토의 방위라 정하였고 동서남북 어디에도 영향이 미치며 목, 화, 금, 수와는 달리 특정된 계절(季節)은 없어도 계절 사이사이의 변절기이다.

명확한 기운이나 형상(刑象)을 가지고 있지 않은 토는 다만 주변 환경에 따라 순응하고 조화를 이루게 되며 토 위에 나무를 심으면 산(山)이 되고 대지(大地)에 물을 가두어 두면 연못이 되는 것처럼 모든 것을 수용(受容)하는 어머니의 넓은 마음을 가지고 있다.

그리고 토는 뚜렷한 자기주장이나 결단력이 부족하여 그 기운이 미약할 것 같지만 다른 기운들과 쉽게 동화(同化)하며 서로를 연결하는 데 없어서는 안 되는 매우 중요한 역할을 하는 기운(氣運)이다.

● 금(金)

금은 서쪽 방위이고 가을에 해당하며 식물이 자라 열매를 수확하는 추수(秋收)의 기운을 갖고 있는데 추수한 물건들을 판매하면 돈으로 교환(交換)되니 재물이 생기게 된다.

그래서 서쪽을 금전운이 있는 방위(方位)라고 하며 중년기에는 기분이나 감정을 자제하고 실리와 경제, 현실을 중시하듯이 금은 속이 알차고 빈틈이 없으며 돈과 실리(實利)에 역점을 둔다.

서방, 서양인이 여기에 속하기 때문에 일찍부터 세계 경제의 중추적 역할을 하고 있으며 어떤 일이든 경제와 현실(現實)을 먼저 생각하고 행동하며 기분이나 감정으로 행동하는 동양인과는 다르다.

성숙한 장년은 다른 사람의 지배를 받기가 싫어 독립하게 되는데 그런 이유로 서양에서는 군주정치가 발달하기 어려웠으며 자유롭고 자주적인 평등 질서의 민주주의가 빨리 발전하게 되었다.

또 경제적인 주종 관계는 이루어질 수 있어도 계급적인 군신 체계는 성립되기 어려운 것이 서방 세계의 풍토(風土)이다.

● 수(水)

수는 북쪽 방위이고 겨울에 해당하며 하루 중에는 밤에 속하는데 햇빛이 부족(不足)하여 어둡고 차가운 기운을 가지고 있다.

추운 곳에서는 식물들이 잘 발육하지 못하여 농사짓기가 어려워 수렵(狩獵)을 하거나 방목(放牧)하여 생활하며 항상 따뜻한 남방으로 진출하려는 성질을 가지고 있는데 중국의 만리장성도 진시황제가 북쪽의 유목민인 흉노족의 잦은 침입을 막기 위하여 쌓았으니 수(水)의 기운을 방어하려는 것과 같다.

어두운 곳에서는 은밀한 일들이 발생하기 쉬운데 은밀한 일들을 주위의 사람들도 모르게 비밀리 조용하게 진행하려면 권모술수의 지혜가 필요하다.

또 사방으로 갇혀 있는 음모 속에서 살아남으려면 침착하고 현명한 지혜가 있어야 하므로 북쪽을 지혜(智慧)의 방위라고 한다.

◉ 오행의 분류(分類)

오행 \ 성질	목(木)		화(火)		토(土)		금(金)		수(水)	
陰陽	양	음	양	음	양	음	양	음	양	음
天干	甲	乙	丙	丁	戊	己	庚	辛	壬	癸
地支	寅	卯	午	巳	辰,戌	丑,未	申	酉	子	亥
지배장부	담	간	소장	심장	위장	비장	대장	폐	방광	신장
오방	동		남		중앙		서		북	
계절	춘		하		변절기		추		동	
수	3, 8		2, 7		5, 0		4, 9		1, 6	
일	아침		낮		정오		저녁		밤	
색깔	청		적		황		백		흑	

오행\성질	목(木)	화(火)	토(土)	금(金)	수(水)
오미	산(酸)신맛	고(苦)쓴맛	감(甘)단맛	신(辛)매운맛	함(鹹)짠맛
감정	화냄	기쁨	생각, 질투	슬픔	공포
덕목	어짐(仁)	예의(禮)	믿음(信)	정의(義)	지혜(智)
소리	각	치	궁	상	우
질병	얼굴, 두통	고혈압, 편두통	피부, 당뇨	호흡, 사지	생식기, 혈액
오사	교육, 문필	사업, 예체능	종교, 농공	군인, 경찰	법, 기술
자음	ㄱ,ㅋ	ㄴ,ㄷ,ㄹ,ㅌ	ㅇ,ㅎ	ㅅ,ㅈ,ㅊ	ㅁ,ㅂ,ㅍ

2. 사주팔자(四柱八字)

작명할 때 태어난 년, 월, 일, 시인 사주팔자가 꼭 필요한 한 이유는 자신이 태어난 사주팔자는 바꿀 수가 없으니 부족하거나 강한 오행의 기운을 찾아 작명을 통하여 보완(補完)해 주기 위함이다.

사주팔자는 년, 월, 일, 시 4가지 해당 천간에 4개의 지지를 더 하면 사주팔자가 되는데 우리가 흔히 역학을 상담하러 가면 말하는 그 사주팔자이다.

예) 양력 2024년 9월10일 17시 35분 서울에서 태어난 사람의 사주팔자.

출생일\사 주	2024년	9월	10일	17시 35분
천간(天干)	甲	癸	丁	己
지지(地支)	辰	酉	丑	酉
사주(四柱)	년주(年柱)	월주(月柱)	일주(日柱)	시주(時柱)

사주팔자는 만세력(萬歲曆)이라고 하는 역학책에서 자신의 생년월일을 기준으로 찾으면 되지만 요즘은 인터넷이나 스마트폰 앱에서 태어난 년, 월, 일, 시를 넣으면 쉽게 사주팔자를 찾을 수 있다.

그러나 인터넷이나 스마트폰 앱에서는 년주의 기준이 되는 입춘(立春)의 입절 시각과 월주의 기준이 되는 절기별 입절 시각 또 시지의 기준이 되는 경도별 시각 즉 태어난 장소까지 정확하게 반영하여 만들었는지는 의문이 된다.

입춘의 입절 날짜와 시각 그리고 절기의 입절 날짜와 시각(時刻)은 매년 다르며 만세력 책에는 정확하게 표기되어 있으니 참고하였으면 한다.

(1) 천간(天干)

10개의 천간 가운데 갑(甲), 을(乙)은 오행에서 목(木)이며 청색이고 병(丙), 정(丁)은 오행에서 화(火)이며 적색이고 무(戊), 기(己)는 오행에서 토(土)이며 황색이고, 경(庚), 신(申)은 오행에서 금(金)이며 백색이고 임(壬), 계(癸)는 오행에서 수(水)이며 흑색이다.

천간	甲	乙	丙	丁	戊	己	庚	辛	壬	癸
음양	양	음	양	음	양	음	양	음	양	음
오행	목(木)		화(火)		토(土)		금(金)		수(水)	
색	청색		적색		황색		백색		흑색	

(2) 지지(地支)

12개의 지지는 자(子), 축(丑), 인(寅), 묘(卯), 진(辰), 사(巳), 오(午), 미(未), 신(申), 유(酉), 술(戌), 해(亥)이며 차례로 쥐, 소, 범, 토끼, 용, 뱀, 말, 양, 원숭이, 닭, 개, 돼지의 동물을 뜻하기 때문에 2024년 갑진(甲辰)년으로 청룡의 해이다.

지지	子	丑	寅	卯	辰	巳	午	未	申	酉	戌	亥
음양	양	음	양	음	양	음	양	음	양	음	양	음
오행	水	土	木	木	土	火	火	土	金	金	土	水
띠	쥐	소	범	토끼	용	뱀	말	양	원숭이	닭	개	돼지

(3) 년주(年柱)

년주는 자신이 태어난 해의 천간 10개와 12개의 지지를 매년 번갈아 가면서 조합하면 모두 60개의 년주가 만들어지는데 이것을 육십간지라고도 한다.

양력에서는 한 해의 시작이 양력 1월 1일 새벽 0시부터지만 역학에서는 매년 봄이 시작된다는 절기인 입춘(立春)날 입절(入節) 시각(時刻)부터 시작이라 할 수 있는데 반드시 음력으로 1월 1일이 되지는 않으며 입춘날 태어난 사람은 입절 시각을 기준으로 자신의 년주(年柱)가 바뀐다는 것을 명심하여야 한다.

예) 2024년 입춘은 양력으로 2월 4일이고 음력으로는 2023년 12월 25일이며 입절 시각은 17시 26분이므로 이 시각 이후부터 용띠해가 시작되니 년주는 甲辰이 되고 2월 4일 17시 25분 59초까지 태어나면 년주는 2023년의 癸卯가 된다.

◉ 년주표

생년	년주	생년	년주	생년	년주	생년	년주
2020년 1960년	庚子 쥐	1975년 2035년	乙卯 토끼	1990년 1930년	庚午 말	2005년 1945년	乙酉 닭
2021년 1961년	辛丑 소	1976년 2036년	丙辰 용	1991년 1931년	辛未 양	2006년 1946년	丙戌 개
2022년 1962년	壬寅 범	1977년 2037년	丁巳 뱀	1992년 1932년	壬申 원숭이	2007년 1947년	丁亥 돼지
2023년 1963년	癸卯 토끼	1978년 2038년	戊午 말	1993년 1933년	癸酉 닭	2008년 1948년	戊子 쥐
2024년 1964년	甲辰 용	1979년 2039년	己未 양	1994년 1934년	甲戌 개	2009년 1949년	己丑 소
2025년 1965년	乙巳 뱀	1980년 2040년	庚申 원숭이	1995년 1935년	乙亥 돼지	2010년 1950년	庚寅 범
2026년 1966년	丙午 말	1981년 2041년	辛酉 닭	1996년 1936년	丙子 쥐	2011년 1951년	辛卯 토끼
2027년 1967년	丁未 양	1982년 2042년	壬戌 개	1997년 1937년	丁丑 소	2012년 1952년	壬辰 용
2028년 1968년	戊申 원숭이	1983년 2043년	癸亥 돼지	1998년 1938년	戊寅 범	2013년 1953년	癸巳 뱀
2029년 1969년	己酉 닭	1984년 1924년	甲子 쥐	1999년 1939년	己卯 토끼	2014년 1954년	甲午 말
2030년 1970년	庚戌 개	1985년 1925년	乙丑 소	2000년 1940년	庚辰 용	2015년 1955년	乙未 양
2031년 1971년	辛亥 돼지	1986년 1926년	丙寅 범	2001년 1941년	辛巳 뱀	2016년 1956년	丙申 원숭이
2032년 1972년	壬子 쥐	1987년 1927년	丁卯 토끼	2002년 1942년	壬午 말	2017년 1957년	丁酉 닭
2033년 1973년	癸丑 소	1988년 1928년	戊辰 용	2003년 1943년	癸未 양	2018년 1958년	戊戌 개
2034년 1974년	甲寅 범	1989년 1929년	己巳 뱀	2004년 1944년	甲申 원숭이	2019년 1959년	己亥 돼지

(4) 월주(月柱)

　자신이 출생한 달의 천간과 지지를 월주라고 하는데 이 또한 1년을 24절기(節氣) 기준으로 나누었는데 절기력 1월은 입춘(立春)이라는 절(節)과 우수(雨水)라는 기(氣)가 있으며 그달을 표시하는 천간과 지지를 월건이라고도 한다.

　여기서도 한 달의 시작은 새벽 0시부터가 아니고 각각의 절기별 입절(入節) 시각(時刻)부터 이며 그리고 반드시 음력 1일이 한 달의 시작이 아님을 명심하여야 한다.

　매년 매월 절기의 입절 시각이 각각 다르니 해당 날에 태어난 사람은 절기가 시작되는 시각을 고려하여 월주(月柱)를 정해야 하니 특히 주의하여야 한다.

예) 2024년 양력으로 8월 7일 입추(立秋)날 태어났다면 이날의 입절 시각이 09시 08분이니 이 시각부터는 절기력으로 7월이 되며 음력으로는 7월 4일이 되고 09시 08분 이전에는 음력 7월 3일이 된다.

　2024년은 甲辰年이고 천간이 甲이니 甲,己年칸과 절기력 7월(申月) 칸이 만나는 壬申는 09시 08분 이후에 태어난 사람의 월주가 되고 09시 08분 전에 태어났다면 甲,己年칸과 6월(未月) 칸이 만나는 辛未가 월주가 된다.

월(月)	절(節)	기(氣)	甲,己年	乙,庚年	丙,辛年	丁,壬年	戊,癸年
1월(寅月)	입춘(立春)	우수(雨水)	丙寅	戊寅	庚寅	壬寅	甲寅
2월(卯月)	경칩(驚蟄)	춘분(春分)	丁卯	己卯	辛卯	癸卯	乙卯
3월(辰月)	청명(清明)	곡우(穀雨)	戊辰	庚辰	壬辰	甲辰	丙辰
4월(巳月)	입하(立夏)	소만(小滿)	己巳	辛巳	癸巳	乙巳	丁巳
5월(午月)	망종(芒種)	하지(夏至)	庚午	壬午	甲午	丙午	戊午
6월(未月)	소서(小暑)	대서(大暑)	辛未	癸未	乙未	丁未	己未
7월(申月)	입추(立秋)	처서(處暑)	壬申	甲申	丙申	戊申	庚申
8월(酉月)	백로(白露)	추분(秋分)	癸酉	乙酉	丁酉	己酉	辛酉
9월(戌月)	한로(寒露)	상강(霜降)	甲戌	丙戌	戊戌	庚戌	壬戌
10월(亥月)	입동(立冬)	소설(小雪)	乙亥	丁亥	己亥	辛亥	癸亥
11월(子月)	대설(大雪)	동지(冬至)	丙子	戊子	庚子	壬子	甲子
12월(丑月)	소한(小寒)	대한(大寒)	丁丑	己丑	辛丑	癸丑	乙丑

(5) 일주(日柱)

일주는 일진이라고도 하며 보통 음력이 표기된 달력에는 적혀있는 경우가 많으며 10개의 천간과 12개의 지지를 번갈아 조합한 육십간지를 매일 차례로 부여(附與)한 것으로 60일이 지나가면 처음부터 다시 갑자(甲子)로 시작하게 된다.

일주는 년과 월에 따라 일정(一定)하지 않고 다른 경우가 많아 여기에서 찾는 방법을 서술하려면 어려움이 있으므로 달력이나 만세력, 스마트폰 앱에서 찾기가 쉬우니 생략하기로 하고 그다음에 필요한 것이 시주인데 시주는 사주팔자 중에 가장 중요한 것이며 또 정확성이 매우 필요하다.

(6) 시주(時柱)

시주는 자신이 태어난 시간의 천간과 지지를 말하는데 우리가 보편적으로 알고 있는 출생시간은 우리나라가 사용하는 표준시이고 표준시는 그 나라의 수도를 기준으로 법규 또는 사정에 따라 채택한 가공의 시간이며 태어난 장소를 기준으로 하는 시주와는 차이가 있다.

지구는 둥글고 하루에 한 바퀴씩 서쪽에서 동쪽으로 자전하므로 나라마다 지역마다 해가 뜨고 지는 시간이 각각 달라 당연하게 시주도 달라지는데 심지어 우리나라 안에서도 태어난 장소에 따라 시주도 다르게 된다.

지구의 둘레를 영국 그리니치 천문대를 지나는 본초자오선 0° 기준으로 세로로 동쪽과 서쪽으로 각각 180등분 나눈 것을 경도라고 하는데 360등분의 경도에 하루 24시간을 나누면 경도 15°마다 1시간이라는 시간 차이가 나게 된다.

우리나라의 국토는 동경 124° ~ 133° 사이에 있으며 서울의 경도는 동경 약 127°이며 이곳으로 태양이 가장 가깝게 지나가는 시각을 한국 표준자오선(標準子午線)이라고 하며 우리가 현재 사용하는 시간과는 약 32분 정도 차이가 있다.

그 이유는 우리나라가 1961년 8월 10일부터 일본 동경시인 135°를 표준시로 사용하고 있기 때문이고 우리나라 국토 중앙인 약 127° 30′ 과는 7° 30′ 의 경도 차이가 있으며 실제 시간보다는 약 30분가량 빠른 시간을 사용하고 있다.

우리가 흔히 알고 있는 출생 시간과 실제 태어난 시간과는 차이가 있으니 태어난 시간이 십이시지가 바뀌는 시각과 가까우며 주의하여 시주를 찾기바란다.

◉ 장소별 시간 차이

장소(경도) 시 간	백령도(123)	서울(127) 인천(127) 광주(127)	대구(128) 춘천(128) 창원(128)	부산(129) 울산(129) 삼척(129)	울릉도(131)
표준시 출생 시간	11시	11시	11시	11시	11시
실제 태어난 시간	약 10시12분	약 10시28분	약 10시32분	약 10시36분	약 10시44분

◉ 십이시지(十二時支)

출생시간 시 지	23시부터 01시 이전	01시부터 03시 이전	03시부터 05시 이전	05시부터 07시 이전	07시부터 09시 이전	09시부터 11시 이전
12 시지	자시(子)	축시(丑)	인시(寅)	묘시(卯)	진시(辰)	사시(巳)

출생시간 시 지	11시부터 13시 이전	13시부터 15시 이전	15시부터 17시 이전	17시부터 19시 이전	19시부터 21시 이전	21시부터 23시 이전
12 시지	오시(午)	미시(未)	신시(申)	유시(酉)	술시(戌)	해시(亥)

예) 서울에서 표준시 낮 11시 25분에 태어났다면 오시(午時)가 아니라 실제 태어난 시간은 10시 53분이니 사시(巳時)가 된다.
또 울릉도에서 표준시 낮 11시 25분에 태어났다면 실제 태어난 시간은 11시 09분이니 오시(午時)가 된다.

◉ 시주표
시주는 일주에 있는 천간에 따라 같은 십이시지 시간이라도 시주가 다르며 여기서는 시주가 바뀌는 시간이 0시 기준이며 만세력이나 스마트폰 앱에서는 시주를 찾기가 어렵지만 아래 도표에서 찾으면 자신의 시주를 쉽게 찾을 수 있다.
가령 일주의 천간이 甲이고 출생 시간이 06시 10분이면 위의 십이시지표에서 보면 묘시(卯時)에 해당하며 다음은 아래의 甲, 己일 칸과 묘시(卯時) 칸이 만나는 丁卯가 시주(時柱)이다.

일주의 천간 출생시간	甲,己 日	乙, 庚 日	丙,辛 日	丁, 壬 日	戊, 癸 日
자시(子時)	甲子	丙子	戊子	庚子	壬子
축시(丑時)	乙丑	丁丑	己丑	辛丑	癸丑
인시(寅時)	丙寅	戊寅	庚寅	壬寅	甲寅
묘시(卯時)	丁卯	己卯	辛卯	癸卯	乙卯
진시(辰時)	戊辰	庚辰	壬辰	甲辰	丙辰

일주의 천간 출생시간	甲,己 日	乙, 庚 日	丙,辛 日	丁, 壬 日	戊, 癸 日
사시(巳時)	己巳	辛巳	癸巳	乙巳	丁巳
오시(午時)	庚午	壬午	甲午	丙午	戊午
미시(未時)	辛未	癸未	乙未	丁未	己未
신시(申時)	壬申	甲申	丙申	戊申	庚申
유시(酉時)	癸酉	乙酉	丁酉	己酉	辛酉
술시(戌時)	甲戌	丙戌	戊戌	庚戌	壬戌
해시(亥時)	乙亥	丁亥	己亥	辛亥	癸亥

3. 사주팔자에 오행(五行)을 보충하는 방법

자신의 정확한 사주팔자를 찾았다면 이제는 15페이지에서 서술한 천간과 지지
가 가지고 있는 해당 오행을 사주팔자에 적용하면 자신에게 없거나 부족(不足)
한 오행의 기운뿐만 아니라 강한 오행의 기운이 무엇인지를 알게 될 것이다.

사주팔자의 불완전한 오행의 기운을 균형 있게 하고 막혀있는 기운의 흐름을
순조롭게 하여 삶의 전반이 기울어지지 않고 원활하게 이루어질 수 있도록 한자
가 품고 있는 본래의 자원(字原) 오행 기운을 찾아 작명 시 보강(補強)해 주어
야 한다.

그리고 한자(漢字)의 자원 오행은 한자를 사전에서 찾을 때 사용되는 부수에
따라 정해지는데 분류하는 방법이 학자에 따라 조금씩 다를 수도 있다는 점 참
고로 알아 두었으면 하고 자신의 성(姓)이 가지고 있는 자원 오행도 작명 시 없
거나 부족한 오행의 기운을 보충해 주는 역할을 한다.

오행을 골고루 가진 사주팔자는 작명하기가 쉽지만, 사주에 빠지거나 약한 오
행이 있으면 우선적으로 이름에 보충해 주어야 하고 특정의 오행이 많아 편중된
사주는 강한 오행의 기운을 약하게 만들어 주는 자원 오행의 한자를 찾아 보완
(補完)해 주어야 한다.

한자뿐만 아니라 한글의 자음에도 사주에 부족한 기운을 보충해 줄 수 있는 오
행으로 한글 이름을 작명하면 더욱 좋은 이름이 된다.

(1) 목(木)

목(木)이 과대한 사주팔자에도 빠진 기운의 자원 오행을 넣어 작명하는 것이 우선이고 다음은 火와 金이 木의 기운을 약하게 하니 사용하며 水는 木을 도와 주니 배제 시키고 성을 포함한 이름이 상생되는 오행의 배치를 찾아 작명한다.

(2) 화(火)

화(火)가 과대한 사주팔자에도 빠진 기운의 자원 오행을 넣어 작명하는 것이 우선이고 다음은 土와 水가 火의 기운을 약하게 하니 사용하고 木는 火을 도와 주니 배제 시키고 성을 포함한 이름이 상생되는 오행의 배치를 찾아 작명한다.

(3) 토(土)

토(土)가 과대한 사주팔자에도 빠진 기운의 자원 오행을 넣어 작명하는 것이 우선이고 다음은 金과 木이 土의 기운을 약하게 하니 사용하고 火는 土을 도와 주니 배제 시키고 성을 포함한 이름이 상생되는 오행의 배치를 찾아 작명한다.

(4) 금(金)

금(金)이 과대한 사주팔자에도 빠진 기운의 자원 오행을 넣어 작명하는 것이 우선이고 다음은 水와 火가 金의 기운을 약하게 하니 사용하고 土는 金을 도와 주니 배제 시키고 성을 포함한 이름이 상생되는 오행의 배치를 찾아 작명한다.

(5) 수(水)

수(水)가 과대한 사주팔자에도 빠진 기운의 자원 오행을 넣어 작명하는 것이 우선이고 다음은 木과 土가 水의 기운을 약하게 하니 사용하고 金는 水를 도와 주니 배제 시키고 성을 포함한 이름이 상생되는 오행의 배치를 찾아 작명한다.

예1) 양력 2021년 10월15일 17시 35분 서울에서 태어난 사람의 사주팔자.

출생일	2021년	10월	15일	17시 35분
천 간	辛	戊	丙	丁
오 행	金	土	火	火
지 지	丑	戌	申	酉
오 행	土	土	金	金

오행을 종합하면 火 2개, 土 3개, 金 3개이니 사주팔자에 오행의 기운을 골고루 갖추지 않았으니 부족한 木과 水의 기운을 가지고 있는 자원 오행의 한자를 찾아 이름 두 글자 보충하면 서로 기운의 순환이 이루어지고 또 木과 水가 서로 상생하여 좋은 이름이 된다.
혹시 성(姓)의 자원 오행이 木이나 水인 경우는 더욱 좋은 이름이 된다.

예2) 양력 2021년 10월13일 17시 35분 서울에서 태어난 사람의 사주팔자.

출생일	2021년	10월	13일	17시 35분
천 간	辛	戊	甲	癸
오 행	金	土	木	水
지 지	丑	戌	午	酉
오 행	土	土	火	金

오행을 종합하면 木 1개, 火 1개, 土 3개, 金 2개, 水 1개이니 사주팔자에 오행이 모두 있으나 土의 기운이 너무 강하다.
土의 강한 기운은 金과 木이 약하게 하는데 金이 2개 있으니 먼저 木을 넣고 다음에 木과 상생은 水의 기운을 가지고 있는 한자를 찾아 작명하면 좋은 이름이 된다.
혹시 木과 상생을 한다고 火의 기운을 가지고 있는 한자를 넣게 되면 火는 土를 도와 土의 기운을 더욱 강하게 하니 주의하여야 한다.

제2장 한글 작명(作名)

1. 발음오행(五行)

 이름은 쓰기도 하지만 부르는 경우가 더 많으며 부를 때에는 오행의 기운(氣運)이 더욱 강하게 전달(傳達)되기 때문에 음령(音靈) 오행이라고도 한다.

 한글을 사용하는 우리나라는 한글 작명이 한자 작명보다 더 중요하며 한글의 자음은 다음과 같이 분류되니 반드시 성과 이름을 포함한 3글자의 자음 오행이 모두 상생이 되는 배치를 찾아 작명하여야 한다.

(1) 자음별 오행(五行)

오행	발성 기관	소리	특 징
목 (木)	어금니	ㄱ, ㅋ	견실한 성격으로 이상을 추구하여 독보적인 기반을 닦으며 자존심이 강하다.
화 (火)	혀	ㄴ, ㄷ ㄹ, ㅌ	명랑 활발하고 영특, 기민한 과단성이 있으며 다소 경솔한 편이다.
토 (土)	목구멍	ㅇ, ㅎ	성격이 온 후 독실하고 주도면밀한 계획과 실천으로 대성하며 침착하다.
금 (金)	이	ㅅ, ㅈ, ㅊ	과감하고 강인한 실천력으로 난관을 극복하여 성공하며 냉정한 편이다.
수 (水)	입술	ㅁ, ㅂ, ㅍ	지모가 뛰어나 사물에 임기응변으로 적응하나 의구심이 많은 편이다.

(2) 성씨별 발음 오행(五行)

 성이 두 글자인 경우에는 성의 뒷 글자 자음을 오행으로 하는데 독고, 남궁, 사공, 어금, 제갈는 오행의 木에 해당하고 선우는 오행의 土에, 을지, 강전, 공손은 오행의 金에 그리고 동방, 서문, 황보는 오행의 水에 해당된다.

◉ 성씨별 오행 분류

목(木) (ㄱ,ㅋ)	가(賈), 간(簡), 갈(葛), 감(甘), 강(强), 강(剛), 강(姜), 강(康) 강(彊), 개(介), 견(堅), 견(甄), 경(慶), 경(景), 계(桂), 고(高) 곡(曲), 골(骨), 공(公), 공(孔), 곽(郭), 교(橋), 구(具), 구(丘) 구(邱), 국(國), 국(菊), 국(鞠), 국(鞫), 국(麴), 군(君), 궁(弓) 궉(鴌), 권(眷), 권(權), 근(斤), 금(琴), 기(奇), 기(箕), 길(吉) 김(金), 독고(獨孤), 남궁(南宮), 사공(司空), 어금(魚金) 장곡(長谷), 제갈(諸葛)

화(火) (ㄴ,ㄷ,ㄹ,ㅌ)	나(奈), 나(那), 나(羅), 난(欒), 남(南), 낭(浪), 내(乃), 내(奈) 노(魯), 노(盧), 노(路), 뇌(賴), 뇌(雷), 누(樓), 단(單), 단(段) 단(端), 담(譚), 당(唐), 대(大), 도(道), 도(都), 도(陶), 돈(敦) 돈(頓), 동(董), 두(杜), 두(頭), 량(良), 류(柳), 리(利), 림(林) 탁(卓), 탄(彈), 태(太)
토(土) (ㅇ,ㅎ)	아(阿), 안(安), 애(艾), 야(夜), 양(梁), 양(樑), 양(襄), 양(楊) 어(魚), 엄(嚴), 여(呂), 여(余), 여(汝), 연(連), 연(延), 연(燕) 염(廉), 엽(葉), 영(影), 영(榮), 영(永), 예(芮), 오(吳), 옥(玉) 온(溫), 옹(邕), 옹(雍), 왕(王), 요(姚), 용(龍), 우(于), 우(盂) 우(禹), 운(芸), 운(雲), 원(元), 원(苑), 원(袁), 위(偉), 위(韋) 위(魏), 유(劉), 유(兪), 유(庾), 육(陸), 윤(尹), 은(殷), 음(陰) 이(李), 이(伊), 이(異), 인(印), 임(任), 하(夏), 하(河), 학(郝) 한(韓), 한(漢), 함(咸), 해(海), 허(虛), 허(許), 현(玄), 형(邢) 호(乎), 호(扈), 호(胡), 호(鎬), 홍(洪), 화(化), 환(桓), 황(黃) 회(會), 후(候), 후(后), 흥(興), 선우(鮮于)
금(金) (ㅅ,ㅈ,ㅊ)	사(史), 사(泗), 사(舍), 사(謝), 삼(森), 상(尙), 서(西), 서(徐) 석(昔), 석(石), 선(宣), 설(薛), 설(偰), 섭(葉), 성(星), 성(成) 소(蘇), 소(邵), 손(孫), 송(宋), 송(松), 수(水), 수(洙), 순(淳) 순(舜), 순(荀), 순(順), 승(承), 승(昇), 시(柴), 신(愼), 신(申) 신(辛), 심(沈), 십(辻), 자(慈), 장(莊), 장(張), 장(章), 장(蔣) 저(邸), 전(全), 전(田), 전(錢), 점(占), 정(丁), 정(井), 정(旌) 정(程), 정(鄭), 제(薺), 제(諸), 조(曺), 조(朝), 조(趙), 종(鐘) 종(宗), 좌(左), 주(周), 주(朱), 준(俊), 증(增), 증(曾), 지(池) 지(智), 진(晋), 진(眞), 진(秦), 진(陣), 차(車), 창(倉), 창(昌) 채(菜), 채(蔡), 채(采), 천(千), 천(天), 천(遷), 초(初), 최(崔) 추(鄒), 추(秋), 춘(椿), 을지(乙支), 강전(岡田), 공손(公孫),
수(水) (ㅁ,ㅂ,ㅍ)	마(馬), 마(麻), 만(萬), 매(梅), 맹(孟), 명(明), 모(牟), 모(毛) 목(睦), 묘(苗), 묵(墨), 문(文), 문(門), 미(米), 민(閔), 박(朴) 반(潘), 반(班), 방(房), 방(方), 방(邦), 방(龐), 배(裵), 백(白) 범(凡), 범(范), 변(卞), 변(邊), 복(卜), 복(宓), 봉(奉), 봉(鳳) 부(夫), 부(傅), 비(丕), 빈(彬), 빈(賓), 빙(氷), 빙(冰), 판(判) 팽(彭), 편(片), 편(扁), 평(平), 포(包), 표(表), 풍(馮), 피(皮) 필(弼), 동방(東方), 서문(西門), 황보(皇甫)

다음의 성씨별 발음오행 배치는 한글의 발음오행뿐만 아니라 한자의 자원오행 배치, 삼원오행의 배치에도 같이 적용(適用)되며 먼저 작명 순서대로 한글 이름 을 정한 다음 한글에 알맞은 한자(漢字)의 자원오행 글자를 찾아 작명하면 편리 하고 수월하다.

(3) 성씨별 발음오행 배치

◉ 목(木)성의 발음오행 배치

오행	품격	오행	품격	오행	품격	오행	품격	오행	품격
목목금	× ×	목화금	× ×	목토금	× ×	목금금	× ×	목수금	◉
목목목	△	목화목	○	목토목	×	목금목	× ×	목수목	△
목목수	◉	목화수	×	목토수	×	목금수	△	목수수	◉
목목화	○	목화화	△	목토화	△	목금화	× ×	목수화	×
목목토	×	목화토	◉	목토토	×	목금토	×	목수토	×

※ ◉(매우 좋음), ○(좋음), △(보통), ×(나쁨), × ×(매우 나쁨)

(1). 木木金 - 無情歲月格(세월이 덧없는 격)
온화하고 성실하나 고집이 세고 질투심이 많으며 하는 일에 막힘이 많고 특히 이성 문제로 가정에 파란(波瀾)이 잦으며 사업의 실패 등으로 신세를 한탄하게 되고 믿는 도끼에 발등 찍히는 격으로 재난을 당하게 된다.

(2). 木木木 - 花後結實格(꽃이 진 뒤에 열매 맺는 격)
천성이 어질고 착하나 융통성이 부족하고 꼼꼼하며 외유내강 타입으로 기초가 튼튼하고 점진적 노력으로 성공을 이루게 되며 가정이 화합(和合)하고 경영하는 일이 순조로워 가업(家業)이 번창하고 장수와 부귀를 누린다.

(3). 木木水 - 立身揚名格(출세하여 이름을 떨칠 격)
성품이 명랑하고 쾌활하며 상상력이 풍부하고 착실하게 노력하는 형으로 부부, 형제가 화목하고 자손이 번성하며 도처(到處)에 도와주는 사람이 있어 대업을 성취(成就)하게 되고 명예가 높아지며 영화가 무궁하다.

(4). 木木火 - 旭日昇天格(빛난 해가 하늘로 솟는 격)
착하고 온순하여 법 없이도 살 사람이며 성실하게 노력하며 육친의 덕이 두텁고 부부 화목하며 인덕(人德)과 재운이 함께하여 만사가 형통하니 부귀영화가 무궁하나 자상한 성격이 지나쳐 자녀에게 불리해질 수도 있다.

(5). 木木土 - 大捨小取格(큰 고생 끝에 조금 얻는 격)

 온순하고 근면 성실하며 결단성은 있으나 사교성이 다소 부족하고 매사가 불순하여 고난(苦難)이 거듭되며 갖은 고생 끝에 자수성가하게 되고 수리가 길하면 부부운과 재물운은 좋으나 위장병으로 고생할 우려가 있다.

(6). 木火金 - 平地風波格(평지에 풍파가 이는 격)

 성품이 곧고 강하여 남에게 굽히지 않으며 일시적인 성공 뒤에 대패(大敗)의 불운으로 파산(破散)에 직면하게 되고 자손이 불효하고 부모와 형제의 덕이 없으니 오랫동안 혼자 한탄하게 된다.

(7). 木火木 - 萬枝結實格(가지마다 열매가 맺는 격)

 명석한 두뇌와 쾌활한 성격으로 예능에 소질이 있으며 부모 형제가 화목하고 부부 화합하며 자손이 창성하고 도와주는 이가 많으니 사업(事業)이 번성하여 중년 후로 부귀공명을 누린다.

(8). 木火水 - 先得後失格(먼저는 얻으나 뒤에 잃는 격)

 성품이 쾌활하고 진솔하여 사교성이 좋으며 끈기가 부족(不足)하여도 목표를 향하여 물불을 가리지 않고 돌진하는 집념이 강하며 한때 성공을 이루나 불시에 닥치는 액으로 가산이 무산(霧散)되고 특히 수하의 사람과 관계가 좋지 않아 어려움을 겪게 되며 가족이 서로 떨어져 살게 된다.

(9). 木火火 - 陰地入陽格(그늘진 땅에 볕이 드는 격)

 활동성이 있는 수재형이나 성품이 다소 조급하여 인내력이 부족하며 모든 일을 급하게 행하니 실패가 우려되고 일시적인 고난이 있지만, 윗사람의 도움으로 이를 극복하고 끝내 성취하여 가업이 부흥(復興)하고 공명을 떨치며 단란한 생애를 즐기게 되고 심장 질환에 유의해야 한다.

(10). 木火土 - 雄志大業格(큰 포부로 대업을 이루는 격)

 어질고 사교성이 좋아 대인 관계가 좋으며 상상력도 풍부하고 문장력이 뛰어나며 부모, 형제, 부부가 화목(和睦)하고 자손에 경사가 있으며 대업을 성취하여 부귀영화를 크게 누린다.

(11). 木土金 - 去高泰山格(갈수록 태산인 격)

 바른말을 잘하나 사교성이 부족하며 부모와 형제의 덕이 없어 고단한 신세로 타향을 돌아다니며 살거나 이성(異性) 문제로 풍파가 많고 난치병으로 고생하며 패가망신의 불운이 따른다.

(12). 木土木 - 四顧無親格(아무 곳에도 의지할 데 없는 격)
 성품이 무뚝뚝하고 사교성이 부족하나 바른말을 잘하며 부모 형제가 분산되고
부부 갈라서며 하는 일마다 실패가 많은데 그중에서도 특히 보증, 투기, 동업,
금전거래로 패하게 되니 불운한 생활을 계속하게 된다.

(13). 木土水 - 疾風落實格(질풍에 열매가 떨어지는 격)
 끈기가 부족하고 변덕이 심하니 노력하여도 얻는 것 보다 잃는 것이 많고 한때
자수성가하게 되지만 오래가지 못하며 타향살이와 인연(因緣)이 많아 이사를 자
주 하게 되고 복부를 수술할 병에 걸리기도 한다.

(14). 木土火 - 寒谷回春格(찬 골에 봄이 돌아오는 격)
 명랑 쾌활하고 매사 적극적이지만 결단력이 부족하며 부모에게 물려받은 재산
도 없고 거듭되는 고난과 역경에 시달리지만, 인내력을 기르고 대인 관계에 최
선을 다한다면 성공하게 되고 부부간의 애정(愛情)이 돈독해지며 순종하는 자녀
를 두게 되어 후년의 생활은 비교적 순탄하며 위장병에 조심해야 한다.

(15). 木土土 - 興敗難測格(흥패를 헤아리기 어려운 격)
 사교성이 적고 무뚝뚝하며 성공을 가로막는 운이 있어 불평이 많겠지만 왕성한
흙의 기운을 연약한 나무가 제거하여 주니 칠전팔기의 운이고 선대의 유산은 탕
진(蕩盡)하게 된다.

(16). 木金金 - 萬事不調格(만사가 조화를 잃는 격)
 맺고 끊는 것은 분명하나 완강한 성격 때문에 구설수나 형액이 따르고 가정이
불안하고 손재(損財)가 빈번하며 이성 문제가 염려되니 늦게 결혼하는 것이 길
하나 목성 중에 가장 나쁜 배치이다.

(17). 木金木 - 裸足荊路格(벗은 발로 가시밭길을 걷는 격)
 말수가 적고 사교성이 부족(不足)하며 노력하여도 얻는 것은 적고 부모가 무덕
(無德) 하며 부부 불길하고 타향에 전전하며 거듭되는 실패(失敗)로 많은 어려
움을 겪게 되고 신경이나 폐 관련 질환이 우려된다.

(18). 木金水 - 晚年得安格(늦게 가서 편함을 얻는 격)
 쾌활하고 사교성은 좋으나 매사 불분명하고 근심과 걱정을 앞세우니 몸과 마음
이 불안하며 노력에 비하여 이루어지는 성과(成果) 또한 적으니 일시의 성공도
오래가지 못하고 실패를 거듭하게 되어 세상만사가 뜻과 같지 않다는 것을 느끼
게 되며 병고 또는 재난의 시련을 겪은 후 말년에는 평길(平吉)하다.

(19). 木金火 - 獨坐長嘆格(앉아 길게 탄식하는 격)
 성격이 직선적이며 인정이 없고 변덕이 심하며 운(運)이 불길하여 불화와 재난
이 거듭되며 신세가 고단하고 고향과는 인연이 없으며 혈압이나 기관지 질환에
시달리거나 비명 수가 있다.

(20). 木金土 - 先失後得格(처음 실패 후 뒤에 얻는 격)
 고집이 세고 질투심이 많으며 운세가 고르지 못하고 이성 문제에 조심해야 하
며 초년에는 가정의 불화, 육친의 무덕(無德)으로 고난을 겪게 되나 주변의 도
움으로 만년에 뜻을 이룬다.

(21). 木水金 - 魚變成龍格(고기가 변하여 용이 되는 격)
 천성이 착하고 어질어서 주변 사람들로부터 칭찬(稱讚)을 받지만, 너무 좋은
것이 흠이며 성실하게 노력하는 형으로 가정이 화합하고 자손이 창성하며 대업
이 순조롭게 이루어져 일생이 평안하고 태평하나 다만 과유불급의 흉화와 타인
에게 이용당할 우려가 있다.

(22). 木水木 - 枯木逢春格(마른 나무가 봄을 만난 격)
 어질고 착하며 사교성도 좋고 문장력도 뛰어나며 육친의 덕이 있고 부부 화락
하며 자손이 창성(昌盛)하고 가업이 순탄하여 부귀와 영화를 함께 누리나 수리
가 흉하면 단명하게 된다.

(23). 木水水 - 富貴兩全格(부귀를 함께 온전히 하는 격)
 총명하고 고집은 있으나 낙천적이며 가정이 단란하고 자손이 창성하며 가는 곳
마 다 공이 있으니 모든 일을 뜻대로 이루어 부귀영화를 마음껏 누리게 되나 재
물 욕심이 지나치면 인색(吝嗇)하다는 소리를 듣게 되고 고위직에 있다가 갑자
가 좌천되는 경우가 있으니 유념하여야 한다.

(24). 木水火 - 南柯一夢格(한때의 영화가 허무한 격)
 명랑하고 임기응변에 능하며 일시적인 성공이 있으나 갑작스러운 액(厄)으로
실패하게 되며 부모에게 무덕하고 가정이 파탄되니 가족이 흩어져 고생하며 수
리가 흉하면 당뇨, 고혈압에 주의를 요함.

(25). 木水土 - 白日狂風格(맑은 날에 광풍이 이는 격)
 사리 판단을 분명하게 하나 사교성이 부족하며 선대의 남은 덕으로 한때 영화
를 누리기도 하나 부부(夫婦) 불길하고 자손에 수심이 많으며 복부 질환과 실패
를 거듭하게 되는 나쁜 배치(排置)이다.

◉ 화(火)성의 발음오행 배치

오행	품격	오행	품격	오행	품격	오행	품격	오행	품격
화목금	×	화화금	× ×	화토금	◉	화금금	× ×	화수금	×
화목목	◉	화화목	○	화토목	×	화금목	×	화수목	×
화목수	◉	화화수	× ×	화토수	×	화금수	× ×	화수수	×
화목화	◉	화화화	× ×	화토화	◉	화금화	× ×	화수화	× ×
화목토	△	화화토	△	화토토	◉	화금토	△	화수토	× ×

※ ◉(매우 좋음), ○(좋음), △(보통), ×(나쁨), × ×(매우 나쁨)

(1). 火木金 - 百事無功格(모든 일에 공이 없는 격)
 성품이 외유내강한 편이지만 신경이 지나치게 예민하고 우유부단하여 자기주장을 못하며 부모와 자식이 무덕하고 부부 불화하여 불행한 생활을 하게 되며 일시 뜻을 이루나 끝까지 이어지지 않고 파란(波瀾)이 중첩되고 재액이 잇따르며 뇌 질환에 주의해야 한다.

(2). 火木木 - 富貴振世格(부귀를 세상에 떨칠 격)
 온화하고 자상하며 매사 충실하여 나날이 상승하고 발전하게 되고 주변에 도와주는 이가 많아 어려움이 닥친다고 하여도 뜻을 순조롭게 극복하고 이루게 되며 부모와 아내에게 덕이 있고 자손이 공명(功名)하고 명예운과 재물운이 좋아 명성을 오래 떨치게 된다.

(3). 火木水 - 轉禍爲福格(재화가 도리어 복으로 될 격)
 정이 많아 남의 어려운 일을 잘 도와주고 희생정신이 강하니 간혹 역경(逆境)에 직면하더라도 쉽게 해결하며 명예, 재물운이 좋고 가정이 화합하며 자손이 번성하니 태평한 생활을 누린다.

(4). 火木火 - 龍得雲雨格(용이 비와 구름을 얻는 격)
 통솔력이 있고 처세에 능하며 모든 일에 솔선수범하여 목적을 쉽게 이루며 부모의 여덕(餘德)과 부부상합, 형제화목, 자손번창으로 가정이 순탄하고 사업이 순성하여 부귀 복록이 끊이지 아니한다.

(5). 火木土 - 春回和風格(봄 동산에 화풍이 부는 격)

천성이 쾌활하고 지(智)와 덕(德)을 함께 갖춘 형이며 가정이 순탄하고 화합하니 가업(家業)이 풍요롭게 되고 입신출세하여 부귀와 공명을 널리 떨치며 생활이 평안하고 태평하나 운세가 강할 때 후일을 대비해야 하고 남자의 경우에는 여난(女難)이 우려되며 수리가 흉(凶)하면 위장병에 조심해야 한다.

(6). 火火金 - 有頭無尾格(머리만 있고 꼬리가 없는 격)

유산이 있으나 하고자 하는 일에 막힘이 많아 지키기가 어렵고 처자 무덕하며 재혼할 수가 있고 노력이 인정되지 않으니 심신이 괴로우며 고혈압, 심장병으로 오래 고생하는 등 불운한 생활을 한다.

(7). 火火木 - 錦上添花格(비단에 꽃수를 놓는 격)

감수성이 풍부하고 예술적 감각이 뛰어나니 현실보다 이상을 추구하는 형이며 가업이 순성하고 자손이 효도하며 지혜를 갖추어 입신출세하니 생애(生涯)가 평안하고 태평하다.

(8). 火火水 - 平地突風格(평지에 돌풍이 이는 격)

경쟁심이 강하고 완강한 고집으로 시비가 많으며 운로(運路)가 순조롭지 않아 파란이 자주 있고 심장마비 등의 갑작스러운 질병을 겪을 위험(危險)이 있으며 생활이 불안하다.

(9). 火火火 - 芳花逢風格(꽃다운 꽃이 바람을 만난 격)

성격이 급하고 신경질적이며 물과 불을 가리지 않으니 참을성이 약하고 투자, 동업, 보증 등 금전거래로 실패(失敗)가 많으며 고혈압이나 심장 질환이 걱정되고 말년에는 불의의 재난도 겪는다.

(10). 火火土 - 美麗江山格(아름다운 강산인 격)

통찰력과 임기응변이 뛰어나며 가정이 화합하고 사업이 융성하며 입신출세로 공명을 떨치면서 부귀영화를 누리나 수리가 흉하면 단명(短命)이 우려되니 항상 주의해야 한다.

(11). 火土金 - 萬花芳暢格(봄이 되어 온갖 생물이 자라는 격)

원만한 성격으로 사교성과 재능(才能)이 뛰어나고 매사 확실하게 처리하니 주변으로부터 신망을 받게 되고 육친과 조상의 덕으로 경제적 안정을 얻게 되며 부부가 화합하고 형제가 유정(有情)하며 뜻을 쉽게 이루게 되고 대업을 성취하여 부귀와 공명을 널리 떨치면서 평안하게 일생을 보낸다.

(12). 火土木 - 白日狂風格(맑은 날에 광풍이 몰아치는 격)

온화하고 명랑하며 대인 관계가 원만하며 조상의 여덕(餘德)과 윗사람의 도움으로 초년 한때 태평한 생활을 하지만 후반으로 가면 불의의 재난으로 실패하여 일어서지 못하며 배우자 운도 불리하고 위장이나 신경성 질환으로 고생한다.

(13). 火土水 - 先吉後苦格(처음은 길하나 뒤에 고생하는 격)

천성이 무뚝뚝하며 선친의 여덕으로 초반운은 순탄하나 가정적으로는 근심이 끊이는 날이 없고 속성 속패로 마지막에는 재기 불능하게 되고 관재, 구설, 송사, 형액이 빈번하며 자손에 무덕하여 외롭고 고단(孤單)한 생활을 한다.

(14). 火土火 - 滿庭和風格(뜰에 따뜻한 바람이 가득한 격)

말솜씨와 예술적 감각이 뛰어나고 상하화목하고 육친의 덕이 있으며 일생동안 큰 재난을 겪지 않고 살게 되므로 심신이 화평하며 자손의 영화도 있고 하는 일이 모두 순조로우니 풍족(豊足)한 생활을 누리면서 무병장수한다.

(15). 火土土 - 活步順路格(순탄한 길을 활보하는 격)

성실하고 노력하는 형으로 주변 사람들로부터 인정을 받게 되고 선대의 여덕이 크며 투기나 모험을 하지 않고 근면, 절약하고 창조적인 성품이니 가업이 순조롭고 부부가 뜻이 잘 맞아 생활이 풍족하며 수리가 길하면 명예, 직장, 사업운이 좋아 일생이 평안하고 태평하다.

(16). 火金金 - 越山臨海格(산을 넘으니 바다에 닿는 격)

강하고 일을 딱 잘라 결정하는 성격이 성공운을 가로막으며 가정에 불안과 파란이 잇따르고 타향으로 전전 방황(彷徨)하며 갖은 고난을 겪게 되며 불의의 재액이 따르니 유념해야 한다.

(17). 火金木 - 花枝風亂格(꽃핀 가지에 바람 덮칠 격)

성격이 급하고 신경질적이며 매사에 끈기가 부족하고 부모 형제와 다툼이 있으며 자손에게 수심이 있고 객지에서 외롭게 고생하며 폐 또는 호흡기 질환이나 불의의 변사(變死)를 조심해야 한다.

(18). 火金水 - 開花無實格(꽃은 피었으나 열매가 없는 격)

감정이 예민하여 의심이 많으며 의지가 약하고 변덕이 심하여 시비가 잦으며 부모의 여덕으로 초년(初年)은 무난하나 한순간에 사라지게 되고 운세가 불안하여 성공을 이루기가 어려우며 가정이 파탄되고 자식에게 수심이 있으니 고독하게 되고 신경성 질환이나 급사(急死)할까 염려된다.

(19). 火金火 - 孤月寒空格(외로운 달이 찬 공중에 뜬 격)

성품이 단순하여 경거망동하기 쉬우며 자포자기하여 모처럼의 기회를 놓치기 쉽고 끈기가 없으며 매사 즉흥적이고 낭비도 심한 편이며 형제 무덕하고 부부 불화하며 자수성가할 수도 있으나 불시 대패하여 재기 불능하게 되고 호흡기 질병으로 고생하며 고독(孤獨)하게 생활한다.

(20). 火金土 - 雲破回陽格(구름이 없어지고 볕이 돌아오는 격)

매사 실속이 적고 자신이 감당할 수 없는 일들을 벌여 놓고 고민을 하게 되며 초, 중년은 천신만고를 겪으면서 외로운 생활을 하나 말년(末年)부터 운이 트여 평온을 누릴 수 있다.

(21). 火水金 - 雪上加霜格(눈 위에 서리가 더 내리는 격)

어렵게 자수성가하지만, 끈기가 부족하고 자만하여 결국에는 유지(維持)하지 못하며 부모가 무덕하고 가정이 불안하여 타향으로 떠돌고 고생하며 매사에 재액이 잇따르고 뜻밖의 불상사에 빈번(頻繁)하게 직면하게 된다.

(22). 火水木 - 坐不安席格(앉아도 자리가 편치 않은 격)

착실하게 노력하는 형이나 운이 따르지 않으니 기복이 많으며 초, 중년의 재난과 파산 또는 신병으로 고생하다가 중년 후년에는 자손의 덕을 볼 수 있으나 늘 불안한 생활을 한다.

(23). 火水水 - 孤舟風浪格(외로운 배가 풍랑을 만난 격)

무정하고 남에게 지지 않으려는 고집이 강하여 자주 불상사가 생기며 육친이 무덕하여 일찍이 집을 떠나게 되고 마음과 몸이 늘 외롭고 고달프며 병고(病苦)나 단명에 직면할 수도 있다.

(24). 火水火 - 秋霜落葉格(가을 서리에 잎 떨어지는 격)

천성은 활발하나 예민하고 신경질적이며 의지력이 부족하여 선대 유업을 졸지에 날리고 타향으로 전전하며 가족들의 덕도 없어 불안하고 고독한 생활을 하게 되며 건강운이 불리하여 질병(疾病)이 떠나지 않고 신체적으로 허약을 면하기 어려우며 급사나 변사할까 걱정이 된다.

(25). 火水土 - 窮涯托身格(궁벽한 언덕에 몸을 의탁한 격)

자만심과 자존심이 강하며 포부가 크지만 하는 일마다 이루지 못하니 사고뭉치의 고달픈 신세로 불안(不安)하고 어려운 생활을 하게 되며 배우자의 덕도 없고 가족들의 인연도 희박하여 고독(孤獨)하게 생활하고 위장, 심장, 뇌 질환에 주의해야 한다.

◉ 토(土)성의 발음오행 배치

오행	품격		오행	품격		오행	품격		오행	품격		오행	품격
토목금	××		토화금	×		토토금	○		토금금	△		토수금	×
토목목	×		토화목	◉		토토목	×		토금목	×		토수목	×
토목수	×		토화수	×		토토수	××		토금수	◉		토수수	×
토목화	△		토화화	△		토토화	◉		토금화	××		토수화	××
토목토	×		토화토	◉		토토토	△		토금토	◉		토수토	××

※ ◉(매우 좋음), ○(좋음), △(보통), ×(나쁨), ××(매우 나쁨)

(1). 土木金 - 波難萬丈格(파란이 만장으로 잇는 격)

 온화하나 고집이 세며 노력은 많으나 돌아오는 덕이 적으니 간혹 마음 고생을 하게 되며 매사에 재액(災厄)이 따르니 이루기 어렵고 타향으로 전전하며 고생하고 기관지 질병을 조심해야 한다.

(2). 土木木 - 虛名無實格(명분도 실속도 없는 격)

 겉만 좋을 뿐 실속이 없고 일마다 뜻대로 이루기 어려우며 애써도 공이 없으니 고생만 하게 되고 신경이나 위장병에 조심해야 하며 성실하고 노력하니 약간의 평안을 기대(企待)해도 된다.

(3). 土木水 - 山高水隔格(산은 높고 물이 갈라놓은 격)

 강직하고 성실한 성격이므로 열정적으로 일을 도모하지만, 고난과 파란으로 중도에 좌절하게 되고 인내심으로 극복하여도 노력만으로는 안 되며 대체로 신체가 허약한 편이고 부부운과 가정운이 좋지 않으며 하는 일마다 재해가 있으니 외로움을 탄식(歎息)하게 되고 비명횡사의 위험이 있다.

(4). 土木火 - 枯木生葉格(마른 나무에 잎이 돋는 격)

 천성이 차분하고 세심하며 초년에는 파란과 고난이 중첩된 끝에 패기와 자신감으로 끊임없이 노력하여 역경을 딛고 재기하며 발전 속도가 더디나 사소한 난관이 있어도 좌절하지 않고 결국에는 성취하며 가정적으로도 단란하며 여생이 순탄하고 수리가 좋으면 많은 사람들을 이끌어 나아갈 운이다.

(5). 土木土 - 種栽石田格(돌밭에 씨를 뿌린 격)

주관이 뚜렷하고 자존심과 인내심이 강하나 독선적이어서 다툼이 잦으며 허영과 투기와는 거리가 멀어 난관이 있어도 좌절하지 않고 앞으로 나가나 방심으로 한순간에 실패와 우환이 겹치게 되며 조실부모하고 객지로 방황(彷徨)하게 되고 될 듯한 일이 중도에 좌절되며 부부 사이에도 불행이 있어 고난이 잇따른다.

(6). 土火金 - 難得易失格(어렵게 얻어 쉽게 잃는 격)

두뇌가 뛰어나고 매사 신중하게 실천하지만, 타인에게는 관대하고 자신에게는 냉혹하며 실패운이 높아 고생 끝에 평탄한 생활을 하게 되지만 불의의 재난과 병고로 말년(末年)을 보낼까 걱정이 된다.

(7). 土火木 - 花落有實格(꽃이 떨어지고 열매가 남는 격)

적극적으로 일을 도모하고 추진하면 성공과 발전이 뒤따르게 되고 남의 어려움을 잘 도와주고 정이 많아 만인의 지도자가 될 형이며 관직으로 나아가도 출세가 순조로우며 가정이 화합하고 만사가 순성(順城)되어 가업이 부흥하고 적은 것에서 크게 이루어 부귀와 공명을 떨치며 행복하게 된다.

(8). 土火水 - 絶壁長松格(소나무가 절벽에 자라는 격)

재주가 많아 한때 성공을 하여도 허영심과 경솔하게 일을 행하니 오래가지 못하며 객지 생활과 인연(因緣)이 많고 남녀 모두 이성 문제로 풍파가 있으며 우발적인 불상사로 만사(萬事)가 허물어진다.

(9). 土火火 - 春日芳暢格(봄날에 만물이 자라나는 격)

천성이 급하고 바른말을 잘하며 끈기가 부족하나 통솔력이 뛰어나며 가정이 화합하고 매사가 순탄(順坦)하여 부귀영화를 누릴 수 있으나 안일한 생각이나 의욕(意慾)이 지나치면 화를 자초하게 되니 항상 조심해야 한다.

(10). 土火土 - 猛虎出林格(맹호가 수풀에서 나가는 격)

쾌활하고 명석하며 화술도 능하니 재물과 명예를 얻을 형이고 육친이 유덕하며 가정이 화목하고 매사가 순조로워 입신출세하고 만인에게 부러움을 받으며 부귀 공명을 떨치고 영화(榮華)를 누린다.

(11). 土土金 - 枯木回春格(마른 나무에 봄이 돌아오는 격)

성격이 온화하고 인정이 많으며 상하화목하고 매사 적응하는 능력이 빠르니 위기를 잘 극복하여 대성하게 되고 또 도와주는 이가 많으니 부귀와 공명을 누리며 여생(餘生)이 태평하다.

(12). 土土木 - 風波不止格(풍파가 그치지 않는 격)
 정직하고 성실하나 자기주장이 강하고 독선적이어서 충돌이 잦으며 불운과 역경이 중첩하여 따르니 조실부모 또는 가정이 파탄되고 가업이 피폐(疲弊)하게 되며 특히 조혼(早婚)은 불길하다.

(13). 土土水 - 四顧無親格(아무 데도 의지할 곳 없는 격)
 성품은 외유내강하나 파산, 겁탈, 손재, 이성문제 등 각종 풍파가 겹치니 가족이 각각 흩어지고 자신은 고독한 생활을 하게 되며 위장, 신장, 방광 질환으로 고생(苦生)하게 된다.

(14). 土土火 - 錦上有紋格(비단 위에 수를 놓은 격)
 감정이 다소 무디나 정직하고 사교성이 좋으며 매사 노력으로 생활하기 때문에 성공의 시기가 더디게 오지만 내조와 주위의 은덕으로 불운을 극복하며 성실하고 인내하니 의외의 행운으로 크게 성공하게 되고 영달하여 이름을 널리 떨치며 온화한 성품으로 가정도 단란하고 무병장수로 부유(富有)하게 생활한다.

(15). 土土土 - 外華無實格(겉은 화려하나 실속이 없는 격)
 점진적인 발전으로 때로는 크게 성공하여 화려한 생활을 하나 성격이 고지식하고 융통성과 내실이 부족하며 투자, 보증 등 금전 관련의 실패가 많으며 남녀 모두 가정적으로 화목하고 신체적으로도 건강하나 수리(數理)가 불길하면 흉액이 따르며 여자는 이성의 유혹에 약하다.

(16). 土金金 - 雪谷回陽格(눈 쌓인 골에 볕이 드는 격)
 천성이 강직하고 지혜가 뛰어나 성공이 순탄하고 명성이 높아 많은 사람으로부터 존경을 받으며 부귀를 누리면서 편안한 생활을 즐기나 초지일관이 화(禍)를 부르니 조심해야 한다.

(17). 土金木 - 飛鶴傷翼格(날던 학이 날개를 상한 격)
 자존심이 강하며 조상의 후원으로 초년운은 순탄하나 불의(不意)의 재난으로 동분서주 방황하며 고난을 겪게 되고 배우자의 덕도 없으니 여한(餘恨)을 되씹으며 외로운 생활을 하게 된다.

(18). 土金水 - 旭日昇天格(빛난 해가 하늘에 뜨는 격)
 고집은 있으나 정이 많고 타인의 아픔을 함께 나누니 도와주는 이가 많으며 자수성가하고 입신출세(立身出世)하여 부귀와 공명을 떨치며 장수와 오복을 누리며 영화로운 일생을 누린다.

(19). 土金火 - 起伏不測格(기복을 헤아릴 수 없는 격)
 재주가 많고 임기응변이 능하여 뜻을 이루나 융통성이 부족하고 자만(自慢)하여 스스로 화를 부를까 염려되고 중년 후로는 변화가 무상하며 매사 시비와 송사(訟事)가 따르니 크게 몰락하여 재기가 어렵고 가정운 역시 나쁘다.

(20). 土金土 - 雨露春園格(봄 동산에 비와 이슬이 내리는 격)
 약간 소극적이지만 성실하고 온순하며 덕망(德望)이 많아 주변 사람들과의 관계가 원만하여 도움을 많이 받게 되며 굳은 의지와 용기로 매사 마음먹은 대로 이뤄지고 가정이 화평하며 순탄한 처세(處世)로 부귀와 영화를 누리면서 행복하게 생활하나 간혹 종교와 인연을 맺을 수도 있다.

(21). 土水金 - 曲路走馬格(굽은 길에 말이 달리는 격)
 자수성가(自手成家)로 재물을 이루나 항상 불신 불만이 많으며 매사에 갈등이 심하여 뜻을 순조롭게 이루기가 어렵고 가족과 이별 수가 있으며 불의의 위험에 직면(直面)하여 고난을 겪게 되니 평소 어려움에 처한 사람을 돕는 데 힘써야 한다.

(22). 土水木 - 勞易無功格(노력은 하나 공이 없는 격)
 지략과 임기응변이 능하나 오히려 지나치니 노력은 많아도 공을 이루지 못하며 생로(生路)가 험난하고 불의의 재난이 따르니 수리가 흉하면 신병으로 좌절하거나 단명할까 우려된다.

(23). 土水水 - 片舟浮海格(조각배가 대해에 뜨는 격)
 감정이 섬세하고 동작이 민첩하여 분주하게 움직이며 뛰어난 지략과 노력으로 한때 성(成)하나 결과가 미약하여 실망하게 되고 급변과 급난으로 가정에 파란이 겹치고 재난이 잇따라 가족이 분산되며 신경성 또는 혈압의 질환으로 고통을 겪으니 지나친 욕심(慾心)을 버리고 매사 올바르게 행하여야 한다.

(24). 土水火 - 狂風折枝格(광풍이 나뭇가지를 꺾는 격)
 융통성이 없으며 손재, 파산, 이성문제 등 각종 풍파가 빈번하니 부부와 형제가 팔방으로 흩어지고 고생하며 매사가 좌절되고 불치(不治)의 병고에 시달리며 불행한 생활을 한다.

(25). 土水土 - 敗家亡身格(집도 패하고 몸도 망치는 격)
 큰 뜻을 품고 대업을 계획하나 부모의 덕이 없고 허영심과 독선적인 성격으로 대패를 면하지 못하고 재기불능(再起不能)으로 우왕좌왕하며 송사, 형액이 따르고 급환으로 횡사할 위험이 있다.

● 금(金)성의 발음오행 배치

오행	품격	오행	품격	오행	품격	오행	품격	오행	품격
금목금	×	금화금	×	금토금	◉	금금금	× ×	금수금	◉
금목목	×	금화목	×	금토목	×	금금목	× ×	금수목	○
금목수	△	금화수	× ×	금토수	△	금금수	○	금수수	◉
금목화	×	금화화	× ×	금토화	◉	금금화	× ×	금수화	×
금목토	× ×	금화토	△	금토토	△	금금토	◉	금수토	△

※ ◉(매우 좋음), ○(좋음), △(보통), ×(나쁨), × ×(매우 나쁨)

(1). 金木金 - 失敗流轉格(실패하고 떠돌아다니는 격)
 이기적이나 명석하고 성품이 곧고 강하여 일시적으로 널리 이름이 알려지고 따르는 사람들도 있으나 매사 실패가 많으니 어려움을 겪게 되고 부모 형제 무덕하며 부부 불화하고 사방을 전전(轉轉)하며 불치의 병을 얻게 된다.

(2). 金木木 - 秋風落葉格(가을바람에 잎이 떨어지는 격)
 무뚝뚝하며 자수성가로 성공할 운이나 각종 풍파(風波)가 따르니 뜻을 이루기가 어렵고 육친에 무덕하고 부부 불화하며 불의(不意)의 재액으로 고생을 겪게 되고 비명횡사의 위험이 있다.

(3). 金木水 - 克苦再起格(고생을 이기고 일어서는 격)
 인정이 많고 예술적인 소질도 있으나 실속이 없고 의지력과 인내심으로 중년 이후 점진적으로 성공을 하게 되며 중간중간에 깜짝 놀랄 일을 도모하여 명예도 얻지만 중첩되는 불운과 급변으로 모든 것이 무너지고 사방을 떠돌며 천신만고를 겪은 다음 부인의 내조로 만년(晩年)에 행복을 누리게 되지만 늘 근신해야 액을 면할 수 있다.

(4). 金木火 - 獨臥空房格(홀로 빈방에 누워 있는 격)
 감정이 섬세하고 자기 확신이 강하여 윗사람들의 이야기를 듣지 않으며 괴로움과 어려움을 참고 견디며 노력으로 뜻을 성취하려 하지만 주변에 도와주는 사람이 없으니 고심만 더하게 되며 부부운도 불길하고 속성속패의 운로(運路)를 한탄하며 병고에 신음하고 단명할 염려(念慮)도 있다.

(5). 金木土 - 老馬重負格(늙은 말이 무겁게 짐을 진 격)
 천성이 낙천적이고 우유부단하며 결단력이 부족하니 선대의 가업을 유지하기가 어렵고 이성문제 등 풍파가 많으니 여자는 과부(寡婦)가 될 운이고 동분서주로 심신만 쇠약하여 고생(苦生)한다.

(6). 金火金 - 一敗不起格(한번 실패로 불만이 많은 격)
 성격이 곧고 결단성이 강하나 사교성이 부족하며 초년에는 선대의 유업으로 안과 할 것이나 졸지에 패가(敗家)하게 되고 타향에서 갖은 고생을 하게 되며 도가 지나친 행동을 하면 신병(身病)이 우려된다.

(7). 金火木 - 欲求不滿格(항상 불만이 많은 격)
 매사 결단성이 강하여 한순간 영예를 얻지만, 주변 사람들과 불협화음이 심하여 어려움을 당하게 되고 부모의 덕은 있어도 형제간은 고독하며 의식(衣食)은 족하나 불평불만이 쌓이고 비명 수가 있다.

(8). 金火水 - 獨行寒谷格(홀로 찬 골짜기를 걷는 격)
 허영심이 많아 분수에 걸맞지 않는 필요 이상의 일들을 하며 매사 실패의 연속뿐이고 금전관련 거래에서 대패하며 부모형제가 각지로 분산(分散)되고 자손운도 불길하며 병고에 시달린다.

(9). 金火火 - 空拳臨戰格(맨손으로 싸움을 하는 격)
 성격은 급하나 예의(禮儀)가 바르며 목표를 향하여 돌진하나 육친에 무덕하고 부부 이별하며 주변의 도움이 없으니 뜻을 이루기가 어려우며 실패를 한탄하고 누명을 쓸까 염려(念慮)된다.

(10). 金火土 - 雨後花發格(비가 온 뒤에 꽃이 피는 격)
 천성은 인정이 많아 남의 어려움을 앞장서서 도와주고 초기에는 재난이 계속되어 고난을 겪으며 힘들게 보내지만 화합된 가정을 기틀 삼아 만년에 재기하여 어느 정도의 성공을 이루나 재물이나 명예에 집중하다 실속을 잃게 되고 남, 여 모두 배우자운이 불리(不利)하고 신경쇠약이 우려된다.

(11). 金土金 - 意外天助格(뜻밖에 하늘이 돕는 격)
 총명하고 자기주장이 강하나 후덕한 성품을 갖고 있으며 자신의 명예를 소중하게 생각하고 별다른 재난 없이 발전하고 성공하게 되며 부모가 유덕하고 자손이 창성하여 가정이 화목하며 건강운도 좋으며 뜻밖의 재물과 공명(功名)을 얻어 부귀와 장수(長壽)를 누린다.

(12). 金土木 - 風波不息格(풍파가 끊이지 않는 격)
 온화하나 급하고 인정이 없으며 매사에 풍파가 따르니 힘써 노력하여도 공이
없어 한탄하고 고생만 하며 부모 무덕(無德)하고 형제 불화하고 불상사가 겹쳐
서 객지(客地)로 전전한다.

(13). 金土水 - 向上發展格(향상하고 발전하는 격)
 성실하고 노력이 꾸준하니 자수성가하게 되고 상하가 화합하며 만사가 순조로
우니 집안 살림도 넉넉해지고 이름을 인근에 알리며 안락하게 생활하나 의외의
사고와 갑작스러운 액으로 성공을 지키지 못하고 좌절하게 되니 주의해야 한다.

(14). 金土火 - 順利前進格(순리대로 전진하는 격)
 성품이 온건하고 인내심이 강하며 포용력이 많으니 큰 포부로써 대업을 성취하
여 만인을 통솔하며 일가가 화평하고 이름을 널리 떨치니 내조(內助)의 공도 잊
지 말아야 한다.

(15). 金土土 - 立身揚名格(몸을 세워 이름을 떨칠 격)
 타고난 성품이 원만하고 매사 자신이 몸소 실천(實踐)하니 주변에서 얻는 명성
과 덕이 높고 모든 일이 순조롭게 이루어지니 부귀(富貴)를 크게 떨칠 것이며
재액(災厄)을 모면하면 장수를 하게 되나 혹 자손이 귀할 수 있다.

(16). 金金金 - 天地暗黑格(천지가 캄캄한 격)
 두뇌가 영특하고 재주가 탁월하지만 강직하고 완고한 고집과 독선이 다른 사람
들을 다소 깔보는 경향이 있어 재난을 자초하게 되고 조금 이루어 놓은 재물마
저 급기야 패하게 되며 병고에 시달리고 육친간의 원망(怨望) 등 불행을 겪게
되며 고독하게 되는 운이다.

(17). 金金木 - 百魔常隨格(백 가지의 액이 늘 따르는 격)
 일방적인 성품으로 불협화음이 잦아 모든 일을 그르치니 선대의 유업도 순식간
에 없어지고 매사에 실패하며 병고에 시달리고 부부 불화, 불의의 횡액 등으로
고통(苦痛)을 겪는다.

(18). 金金水 - 一路順進格(한결같이 순조로운 격)
 외유내강의 성격으로 근검절약하고 학문과 무예를 겸비하였으며 또 모든 일마
다 이치나 도리에 어긋남이 없이 대하니 결과가 원만하고 가정이 화목하며 부귀
공명을 떨치지만, 평소 주변의 의견을 듣지 않고 한쪽으로 기울 짐이 강하면 고
독하게 되니 유념(留念)하여야 한다.

(19). 金金火 - 不乾悲淚格(슬픈 눈물이 마르지 않는 격)

타협을 모르는 완강한 고집으로 충돌이 자주 일어나니 가업이 무산되고 난치의 질환으로 신음하며 재앙(災殃)이 자주 닥치고 육친 무덕하며 부부 불화로 오랫동안 탄식(歎息)하게 된다.

(20). 金金土 - 雄志大成格(큰 뜻을 펼치는 격)

자기주장이 강하며 타인을 배려하고 관용하는 아량이 미미하여 남들에게 소외 당하기도 하지만, 재물과 명예운이 좋고 신중하며 추진력과 실천력이 높아 순리에 따라 지략을 펼치니 매사가 순조롭게 이루어지고 만인을 거느리는 우두머리로 공명을 떨치며 부귀를 누리고 영달하게 되나 수리가 나쁘면 부부간의 의견 충돌(衝突)이 잦다.

(21). 金水金 - 帆舟順風格(순풍에 돛단배 격)

재치가 있고 명랑한 성격으로 사교성이 좋으며 조상의 여덕과 위로부터의 도움이 있으니 매사가 순조롭고 형통하며 재물과 명예운이 좋아 승승장구하여 크게 성공하게 되고 가정이 화목하고 자손(子孫)이 창성하며 부귀공명과 장수를 누리게 되나 수리 구성이 나쁘면 질환(疾患)이 따를 염려가 있다.

(22). 金水木 - 成功發展格(성공하여 발전할 격)

독립심이 강하고 인정이 많으며 부모 형제와 화합하고 일마다 대성하여 복록과 이름을 널리 떨치며 최선(最善)을 다하면 도와주는 이가 많으나 수리가 나쁘면 단명할 우려가 있다.

(23). 金水水 - 萬事順成格(만사를 순조롭게 이룰 격)

천성이 차분하고 냉철하나 명확하고 사교성이 좋으며 상하 화합하고 부모의 덕도 있으며 자손이 창성하여 부귀영화(富貴榮華)를 누리면서 많은 사람으로부터 신망(信望)을 널리 받게 된다.

(24). 金水火 - 坐不安席格(앉아도 자리가 편하지 않는 격)

성품이 소심하여 길운(吉運)을 놓치게 되는 경우가 많으니 적극적인 용기를 길러야 하고 운세가 불안하며 부부가 불화하고 겹치는 재난과 병고로 고통을 받게 되며 특히 후배로부터의 후환(後患)을 조심해야 한다.

(25). 金水土 - 不意災變格(불의의 재난을 맞는 격)

자기 고집이 강하여 남에게 지기 싫어하니 타인과의 화합이 어려우나 신중하고 몸소 실천하는 성격으로 모든 일이 순조로워 일시적인 성공을 이루나 불의의 재난으로 손재(損財)를 당하기도 하지만 대체로 평길(平吉)하다.

◉ 수(水)성의 발음오행 배치

오행	품격	오행	품격	오행	품격	오행	품격	오행	품격
수목금	×	수화금	×	수토금	△	수금금	○	수수금	◉
수목목	◉	수화목	×	수토목	×	수금목	×	수수목	△
수목수	○	수화수	××	수토수	××	수금수	◉	수수수	×
수목화	◉	수화화	××	수토화	×	수금화	×	수수화	××
수목토	×	수화토	×	수토토	×	수금토	◉	수수토	×

※ ◉(매우 좋음), ○(좋음), △(보통), ×(나쁨), ××(매우 나쁨)

(1). 水木金 - 小成大敗格(적게 이루고 크게 패하는 격)

 자립심은 강하나 매사 득보다 실이 많으며 조상의 여덕으로 일시적으로 뜻을 이루나 가정에 불행이 연이어 닥치고 하는 일이 속성속패로 끝나 허망(虛妄)한 생활을 겪게 되며 병고에도 시달린다.

(2). 水木木 - 蜂蝶弄花格(벌과 나비가 꽃을 희롱하는 격)

 타고난 성품이 어질고 자상하니 윗사람의 도움과 아내의 내조로 가정에 화목 (和睦)을 이루고 부부간에도 서로 뜻이 맞으며 매사 맑고 순수하게 행하니 안팎으로 신망(信望)을 얻어 공명을 떨치고 부귀를 누리게 된다.

(3). 水木水 - 淸風明月格(시원한 바람과 밝은 달 격)

 성실하고 차분하며 끊임없이 무언가를 구상하고 목표를 향하여 질주하며 노력하는 성품을 지녔으며 부모 형제 유덕하고 부부 화합하며 지조가 굳고 두뇌가 명석(明夕)하며 사태를 직시하는 판단력이 뛰어나 초년의 곤란을 딛고 입신출세하고 부귀영화를 누리나 건강이 다소 허약(虛弱)한 것이 흠이다.

(4). 水木火 - 立身揚名格(출세하여 이름을 떨칠 격)

 감수성이 예민하고 사물을 이해하고 응용하는 능력이 탁월하며 성품은 온화하고 독립심이 강하며 매사 충실하고 상하 화합하니 주변으로부터의 이득도 많으며 자손이 화목 창성하고 두터운 신망으로 만인을 통솔하면서 부귀 복록과 공명을 떨치지만, 후반에 재난이 있을 수 있으므로 평소에 대비해 두어야 한다.

(5). 水木土 - 秋風落葉格(가을바람에 잎이 떨어지는 격)

 자존심과 질투심이 강하니 주변 사람들과 자주 의견 충돌과 다툼이 생기며 초년은 크게 성취할 수 있으나 거듭되는 실패로 가산을 탕진하고 배우자의 덕도 없어 타향(他鄕)에서 고독하게 생활하며 병고에 시달리며 고생한다.

(6). 水火金 - 心亂身苦格(마음은 어지럽고 몸이 곤한 격)

 욕심이 많고 융통성이 부족하니 주변과 다툼이 빈번하고 가정에도 불운이 연속되며 육친(肉親)이 무덕하고 하는 일마다 노력은 많고 공이 없으니 한탄만 하게 되며 일생 액운에 시달리고 특히 이성(異性) 문제에 조심해야 한다.

(7). 水火木 - 天地無明格(천지간에 밝음이 없는 격)

 천성은 차분하고 온순하나 매사 운이 따르지 않으니 뜻을 이루기 어렵고 조실부모 혹은 처자와 인연을 끊고 타향으로 전전(輾轉)하며 외로움과 그리움에 시름하고 병고에 시달린다.

(8). 水火水 - 無得一功格(한 가지 공도 얻지 못하는 격)

 자신과 관련 없는 일에 참견하고 실천력이 없으며 부모 형제의 덕이 없고 처자(妻子)에게도 무정(無情)하며 신경이나 감각 기관의 질환으로 고생하고 흉화가 중첩되어 외롭고 고달프게 생활하게 된다.

(9). 水火火 - 片舟逆浪格(조각배가 물결을 거슬러 오르는 격)

 변덕이 심하고 성격이 급하며 각종 풍파가 따르고 가정에 파란이 거듭되며 재앙이 잇달아 가업(家業)이 파탄에 직면하게 되고 병고가 겹치니 불행한 생활을 면치 못한다.

(10). 水火土 - 貧困不安格(가난하고 불안한 격)

 인내심이 부족하고 흥망이 급격하니 매사 뜻한 바를 이루기가 어려우며 부부운은 평길하지만, 자손의 걱정 등으로 가정이 늘 불안하고 만년에는 병고(病苦)를 겪게 된다.

(11). 水土金 - 先苦後安格(고생 끝에 편함을 얻는 격)

 온순하고 조용한 성품을 지니고 있으나 육친의 무덕으로 초년에 고생이 많고 결혼은 늦게 하는 것이 좋으며 말년에는 자손(子孫)의 덕으로 생활은 족하나 신병으로 고생하게 될까 염려된다.

(12). 水土木 - 風前燈火格(바람 앞의 등불인 격)

 성격이 소심하고 세밀하여 남을 배려하는 마음과 인내심이 부족하니 부부 불화하며 이별 등으로 파란을 겪게 되고 자손이 없거나 늘 수심이 가득하여 우울한 여생(餘生)을 보내게 되며 특히 금전거래로 대패(大敗)할 수이다.

(13). 水土水 - 自進荊路格(스스로 가시밭길을 가는 격)
완고한 성격과 센 고집은 성공에 방해가 되며 늘 가정이 불안하고 가업이 안정되지 않으며 하는 일은 성공과 실패가 급격하여 걷잡을 수 없게 되고 재액이 잇따르며 주색(酒色)과 도박에 조심해야 한다.

(14). 水土火 - 信斧割足格(믿은 도끼에 발 찍히는 격)
천성이 예민하고 신경이 날카로우며 부모 형제는 각처로 흩어지고 배우자의 덕도 없으니 고독한 생활을 겪으며 믿은 사람으로부터 피해(被害)를 당하거나 불의의 부상 등으로 신수가 불안하다.

(15). 水土土 - 湖上風浪格(호수 위에서 풍랑을 만나는 격)
질투심이 많고 변덕이 심하니 주변으로부터 불신을 받게 되고 가정이 불화하며 재난이 겹치니 분산(分散)이 우려되고 힘겨운 직업에 종사하여 어렵게 생활하며 병으로 인하여 고생을 겪게 된다.

(16). 水金金 - 順風帆舟格(순풍에 돛단배 격)
의지가 굳고 재능이 뛰어나지만, 다소 비현실적인 이상을 가지고 있으며 효심이 지극하고 대기만성형으로 자손이 번성하고 모든 일이 순조롭게 이루어지니 금은이 창고(倉庫)에 가득하며 부귀공명이 널리 떨치며 완고한 자신의 성격을 개선한다면 행복한 일생을 누리게 된다.

(17). 水金木 - 暗夜行路格(어두운 밤에 길가는 격)
감정이 섬세하고 화술이 능하며 초반 운세가 길하여 순조롭게 뜻을 이루나 후반에 불의의 재난이 닥쳐 성쇠의 기복이 심하여 난관에 봉착하게 되며 아내와 자식을 잃거나 몸에 장해가 생길 위험이 있고 부모 형제운이 무덕하다.

(18). 水金水 - 魚變成龍格(고기가 용으로 변한 격)
명석하고 판단력이 빠르며 통솔력도 있으니 사업을 크게 이루고 부모 형제 유덕하고 자손에게 영화가 있으며 학문이 대성하여 입신양명하고 부귀를 누리나 투기(投機)는 금물이다.

(19). 水金火 - 暗雲蓋天格(어두운 구름이 하늘 덮는 격)
자존심은 강하나 융통성이 부족하며 용두사미로 결과가 적으며 실속이 없고 가정이 불화하며 신병을 자주 앓고 병으로 급사할 우려가 있으며 늦게 결혼하면 부부운은 평길(平吉)할 것이다.

(20). 水金土 - 漸入佳境格(점입가경으로 드는 격)
 성실한 성품과 진취적인 기상이 있어 대인 관계가 좋고 신의(信義)가 두터워 뜻을 순조롭게 이루어 많은 사람을 거느리게 되며 가정이 화목하고 자손이 창성하여 부귀영화를 누리면서 행복(幸福)한 일생을 보내게 된다.

(21). 水水金 - 萬花芳暢格(온갖 꽃이 자라나는 격)
 사교성도 좋으며 매사 적극적이고 자신의 힘으로 크게 성공하여 부귀영화를 누리고 공명을 널리 떨치게 되니 내조의 공 또한 잊지 말아야 하며 수리(數理)가 불길하면 흉액이 따른다.

(22). 水水木 - 枯木逢春格(마른 나무가 봄을 만난 격)
 명랑하고 쾌활하며 부모의 덕도 있으니 가정이 화합하고 자손들이 효도하고 좋은 일이 있으며 총명한 두뇌와 지혜로움을 바탕으로 스스로 노력으로 가산을 많이 이루고 일취월장 발전하여 부귀영화를 누리게 되나 너무 원대한 꿈과 지나치게 큰일을 도모하거나 허황한 일에 집중하면 실패하니 유념하여야 한다.

(23). 水水水 - 片舟激浪格(조각배가 격랑에 뜬 격)
 성품은 차분하고 명석하나 말이나 행동에 진실(眞實)이 없고 경망스러우니 주변으로부터 불신만 받게 되고 가정이 분산되며 가산을 모두 탕진하여 무의무탁하게 되고 타향으로 전전하며 온갖 풍상(風霜)과 병고를 겪게 된다.

(24). 水水火 - 風止霜降格(바람이 그치니 서리가 내리는 격)
 재능은 있으나 덕이 없고 즉흥적인 성격과 경솔한 판단으로 낭비(浪費)가 심하고 현실적으로 이루지는 것이 미약하며 주변 사람들과 불화가 많고 역경(逆境)이 겹치니 고난을 면하기 어려우며 일시적인 성공 끝에 대패를 겪게 되니 가정운도 없으며 단명의 불상사를 당할까 염려된다.

(25). 水水土 - 百謀不成格(꾀하는 일마다 못 이룰 격)
 총명하고 자기주장과 자부심이 강하나 의존적이고 우유부단하여 좋은 기회를 기다리다 만사를 그르치는 경우가 있고 허망한 생각과 경망스러운 행실로 가정에 파란과 병난(病難)이 겹치고 하는 일마다 장해를 받게 되어 가업이 기울어지며 자녀운도 불리하다.

◉ 이름이 1자인 경우 오행 배치(配置)

배치 / 성	좋은 배치		나쁜 배치	
목(木)성	목 화	목 수	목 금	목 토
화(火)성	화 토	화 목	화 수	화 금
토(土)성	토 금	토 화	토 목	토 수
금(金)성	금 수	금 토	금 화	금 목
수(水)성	수 목	수 금	수 토	수 화

◉ 발음오행 과 음양의 예시

성이 1자, 이름이 2자인 경우	성이 1자, 이름이 1자인 경우
김(ㄱ) 준(ㅈ) 수(ㅅ) 상: 김(ㄱ)이니 오행의 木이 된다. 중: 준(ㅈ)이니 오행의 金이 된다. 하: 수(ㅅ)이니 오행의 金이 된다. 발음오행은 木 金 金 이니 상극 관계로 나쁜 배치이다. 모음의 음양 배치에서는 ㅣ, ㅜ, ㅜ가 중, 음, 음 이니 좋지 않다.	김(ㄱ) 준(ㅈ) 상: 김(ㄱ)이니 오행의 木이 된다. 중: 준(ㅈ)이니 오행의 金이 된다. 하: 발음오행은 木 金 이니 상극 관계로 나쁜 배치이다. 모음의 음양 배치에서는 ㅣ, ㅜ, 가 중, 음이니 좋지 않다.

성이 2자, 이름이 2자인 경우	성이 2자, 이름이 1자인 경우
황보(ㅂ) 준(ㅈ) 수(ㅅ) 상: 황보(ㅂ)이니 오행에 水가 된다. 중: 준(ㅈ)이니 오행의 金이 된다. 하: 수(ㅅ)이니 오행의 金이 된다. 발음오행은 水 金 金 이니 상생 관계로 좋은 배치이다. 모음의 음양 배치에서는 ㅗ, ㅜ, ㅜ가 양, 음, 음 이니 좋다.	황보(ㅂ) 준(ㅈ) 상: 황보(ㅂ)이니 오행에 水가 된다. 중: 준(ㅈ)이니 오행의 金이 된다. 하: 발음오행은 水 金 이니 상생 관계로 좋은 배치이다. 모음의 음양 배치에서는 ㅗ, ㅜ가 양, 음이니 좋다.

성이 두 자일 때는 뒤의 글자를 발음오행으로 적용하고 이름이 3자인 경우에는 가운데 글자를 제외한 첫 글자와 마지막 글자를 기준으로 발음오행과 모음의 음양 배치를 살펴보면 된다.

2. 모음의 음양(陰陽)

발음오행에서 성과 이름이 서로 상생하는 한글 자음을 선정했으면 다음에는 한글 모음의 음양 배치(配置)를 알아야 하는데 이 또한 상생의 좋은 배치로 작명해야 한다.

모음의 음양은 자음 다음에 붙는 모음에 따라 음, 양, 중으로 구분되며 성명 3자에 음양을 골고루 배치해야 하며 성이 중음인 "ㅡ"와 "ㅣ"이면 반드시 이름에는 음과 양의 모음을 넣어야 하고 음(陰)이나 양(陽)만으로 배치하면 나쁘다.

또 이름 두자는 서로 음양이 되도록 배치하는 것 좋으며 성의 모음과 이름 끝자의 모음이 서로 음양이 되도록 배치하면 더욱 좋다.

"ㅡ"와 "ㅣ"를 중음이 아닌 음(陰)으로 분류하는 학자도 있으니 혹 성(姓)의 모음이 "ㅡ", "ㅣ"이면 음으로 보아 이름 끝자를 양으로 배치하면 될 것 같다.

(1) 모음의 음양 구분(區分)

음(陰)	중(中)	양(陽)
ㅓ, ㅕ, ㅜ, ㅠ, ㅔ, ㅖ, ㅟ, ㅝ, ㅞ,	ㅡ, ㅣ, ㅢ	ㅏ, ㅑ, ㅗ, ㅛ, ㅐ, ㅒ, ㅚ, ㅙ, ㅘ

(2) 모음의 좋은 배치(配置)

3자 성명	2자 성명
양 양 음, 음 음 양, 양 음 양, 음 양 음, 중 음 양, 중 양 음	음 양, 양 음

(3) 모음의 보통 배치(配置)

3자 성명
양 음 음, 음 양 양, 양 음 중, 음 양 중, 양 중 음, 음 중 양

(4) 모음의 나쁜 배치(配置)

3자 성명	2자 성명
양 양 양, 음 음 음, 음 중 중, 양 중 중	양 양, 음 음
중 양 중, 중 음 중, 중 양 양, 중 음 음, 음 중 음	양 중, 음 중
음 음 중, 양 양 중, 중 중 양, 중 중 음, 양 중 양	중 양, 중 음, 중 중

3. 획수의 음양

한글 이름이든 한자 이름이든 글자의 획수(劃數)에 따라 음, 양이 정해지는데 짝수이면 음이고 홀수이면 양이 된다.

특히 한자 획수는 보편적으로 사용되는 획수와 다를 수 있으니 주의하여야 하고 성이 두 자인 경우는 두 글자 획수를 모두 합하여 한 글자로 보면 된다.

그리고 자신의 사주팔자 오행의 음양 기운에 음이 지나치게 많으면 양을 1개 더 넣어 배치하고 양이 많으면 음을 하나 더 넣어 배치하면 좋다.

성을 포함하여 각각의 이름 획수가 음, 양 즉 짝수와 홀수가 골고루 배치되어야 좋으며 한글의 모음에 따라 분류되는 음양보다는 작명에 미치는 영향력이 적다.

10획 이상의 획수는 2로 나누어지면 짝수이고 나누어지지 않으면 홀수가 된다.

(1) 획수의 음양 구분(區分)

획수 음양	획 수				
양의 수(홀수)	1획	3획	5획	7획	9획
음의 수(짝수)	2획	4획	6획	8획	10획

(2) 자음과 모음의 획수(劃數)

	1획	2획	3획	4획	5획
자음	ㄱ, ㄴ, ㅇ	ㄷ, ㅅ, ㅈ, ㅋ	ㄹ, ㅁ, ㅊ ㅌ, ㅎ	ㅂ, ㅍ, ㄸ ㅆ, ㅉ	
모음	ㅡ, ㅣ	ㅏ, ㅓ, ㅗ ㅜ, ㅢ	ㅑ, ㅕ, ㅛ, ㅠ ㅖ, ㅒ, ㅚ, ㅟ	ㅘ, ㅝ, ㅐ, ㅔ	ㅙ, ㅞ

4. 받침의 배치(配置)

한글 이름의 모음이 결정(決定)되면 다음에는 받침을 고민해야 하는데 이름 세 글자가 가, 나, 다, 처럼 받침이 없이 거듭되면 활기가 약하고 맥이 없이 보인다.

성에 받침이 있으면 가운데 글자는 될 수 있으면 받침이 없는 글자를 선택하면 발음하기 쉽고 끝 글자에는 받침이 있게 하여 기운이 모이게 해주면 좋다.

ㄱ 받침이 연속되면 이름이 딱딱하고 발음이 끊어지며 된소리가 난다.
ㄴ 받침이 연속되면 혀의 움직임이 부자연스러워 발음이 어렵고 애매해진다.
ㄷ 받침은 발음하기가 매우 어려워 작명에는 피해야 한다.
ㄹ 받침이 연속되면 뒷글자의 첫소리 자음 발음이 부정확하게 된다.

ㅁ 받침이 연속되면 입이 자꾸 다물어져 음식 먹으며 발음하는 것과 비슷하다.
ㅂ 받침이 연속되면 발음하기가 매우 부자연스럽고 발음하기 힘들다.
ㅅ 받침은 발음하기가 어렵고 거북하며 작명 시 사용을 피해야 한다.
ㅇ 받침은 많이 사용되며 연속으로 사용하여도 발음에 거부감이 적다.
이 밖에 ㅈ, ㅊ, ㅋ, ㅌ, ㅍ, ㅎ 받침은 이름에 사용하지 않는다.

5. 출생일의 간지에 따라 피해야 하는 글자

출생일이 다음의 천간이나 지지인 경우에는 해당되는 한글 글자나 한자 글자를
사용하지 않아야 한다.

(1) 천간

갑	을	병	정	무	기	경	신	임	계
경,무	신,기	임,경	계,신	갑,인	을,계	병,갑	을,정	병,무	정,기

(2) 지지

자	축	인	묘	진	사	오	미	신	유	술	해
오	미	신	유	술	해	자	축	인	묘	진	사

이름을 장대(張大)하고 고귀(高貴)하게 지으면 꿈을 크게 이루고 귀한 사람이
되리라고 생각할지 모르나 필자는 남녀를 막론하고 지나치게 왕성하거나 대길
(大吉)한 구성으로 작명하는 것은 오히려 흉(凶)이 될 수가 있다고 생각한다.
삶을 살아가면서 자신의 꿈과 희망을 펼쳐 담을 수 있도록 이름이 여유로워야
하는데 그릇이 크면 큰 만큼 담아야 하는 것이 많아 할 일도 많아지고 또 여유
가 없어 담기는 부분이 적으면 빨리 넘치게 된다는 것을 명심(銘心)해야 한다.
어찌 보면 장대한 이름처럼 꿈을 이루지 못하면 삶이 점차 쇠퇴(衰退)해지며
꿈이 소멸(消滅)되어 가는 느낌을 받게 될지도 모른다.
그리고 우리나라 이름은 소리글자인 한글과 뜻글자인 한자를 병행하여 사용하
는 경우가 대부분이어서 두 가지 모두에 합당(合當)한 이름을 작명한다는 것은
다른 나라에 비하여 **훨씬** 복잡하고 어렵다.
지금까지는 소리글자인 한글의 작명법에 관하여 서술하였으니 정독하여 읽었다
면 자신의 마음에 드는 한글 이름을 작명하였으리라 생각한다.
다음에는 한글 이름에 합당한 한자를 선택하여 작명하여야 하는데 잠시 휴식하
고 간다는 생각으로 영어 작명법을 참고하여 자신의 영어 이름도 하나 가졌으면
한다.

제3장 영어 작명(作名)

우리나라와 중국, 일본 등 몇몇 나라를 제외한 해외 여러 나라에서는 작명에 관한 관심이 비교적 높지 않고 성명학에 관한 이론(理論)이나 서적 또한 부족하여 현재 사용되는 작명법을 적용(適用)하여 영어 이름을 짓기에는 아직 부족한 부분이 많은 것 같다.

자식이 태어날 때부터 영어 이름을 작명해주는 부모는 적지만 미리 이름을 작명해 보는 것도 좋을 것 같고 독자 여러분도 이번 기회에 자신의 이름과 함께 영어 이름도 한 번 작명 해보았으면 한다.

영어 이름은 좀 더 세련되어 보이고 국제적인 느낌을 줄 수 있는데 자녀가 영어를 배우거나 온라인 활동을 할 때 그리고 장차(將次) 해외 어학연수나 유학 또는 직장인이 되어 외국에 장기 체류나 여행할 때는 필요한 경우가 많다.

영어 이름을 작명할 때도 음양과 오행을 따라 작명을 하는 것이 좋으나 잘못하면 발음(發音)이 이상하거나 이름과 비슷한 영어 단어의 어원이 나빠 현지에서 사용하다 보면 당황(唐惶)하게 되는 경우가 생긴다.

보통은 유명한 인물의 성이나 이름을 따서 짓거나 원래의 한글 이름 발음과 비슷하게 작명하는 경우가 많은데 영어 이름도 자신을 대표하고 이름 특유의 기운을 발산(發散)하고 잠재해 있으므로 보다 신중하게 작명하여야 한다.

일반적인 방법은 한글 이름을 영어로 변환하여 사용하는 것인데 이때 영어로 발음하기 쉬운 경우에는 그대로 사용하여도 무방(無妨)하겠으나 외국인이 볼 때 발음하기 어렵고 복잡하다면 발음하기 쉽게 약간 변화시키는 것이 좋다.

아니면 한글 이름과 최대한 비슷한 발음(發音)이나 같은 초성(初聲)이 나는 영어 이름을 선택하여 이질감이 들지 않도록 하거나 이름의 앞 글자나 뒷글자 중의 하나만 사용하는 것도 괜찮을 것 같다.

한글 이름에 받침이 연속으로 있으면 발음하기가 쉽지 않으니 가능하면 받침을 적게 사용하는 것이 좋으며 이름을 선택한 후에는 반드시 이름과 비슷한 단어의 기원이나 뜻, 유래를 확인하여 차후에 실망하는 일이 없도록 해야 한다.

그리고 너무 흔하게 사용하는 이름이나 여자와 남자가 구분(區分)되지 않는 이름 또 인종을 특징(特徵) 하는 백인, 황인, 흑인다운 이름, 촌스럽거나 구시대적인 이름 등은 피하여 작명해야 한다.

단순히 글자의 조합(組合)보다는 현지에서 바로 통하고 글자의 어원(語原)이 좋아야 하며 자녀의 성품이나 장래 희망 등을 참조(參照)하여 작명하는 것도 좋은 방법이다.

2023년 미국에서 여자 이름은 Olivia(올리비아), Emma(엠마), Charlotte(샬롯), Amelia(아멜리아), Sophia(소피아), Mia(미아), Lsabella(이사벨라), AVA(에이바), Evelyn(에블린), Luna(루나)가 남자 이름은 Liam(리암), Noah(노아), Oliver(올리버), James(제임스), Elijah(엘리아), Mateo(마테오), Theodore(테오도르), Henry(헨리), Lucas(루카스), William(윌리엄) 순으로 부모들이 많이 선택한 이름이라고 한다.

여자아이 이름 Olivia(올리비아)는 2002년부터 상위 10위에 올랐으며 2019년부터는 가장 많이 선택된 이름이다.

그리고 남자아이 이름 Liam(리암)은 올해뿐 만 아니라 2017년부터 미국에서 가장 인기 있는 이름이며 2008년부터 2012년 사이에는 75위에서 6위로 도약한 이름으로 공교롭게도 이 시기에 Liam Neeson이 주연을 맡은 Taken 프랜차이즈가 출시되었고 2위인 Noah(노아)는 2013년부터 2016년 사이에 가장 인기 있는 이름이었으며 지난 100년간 여자는 Mary(메리), 남자는 Michael(마이클)을 가장 많이 사용되었던 이름이다.

물론 서류나 공식적인 문서에는 자신의 여권에 적힌 이름을 사용해야 하므로 처음 여권(旅券)을 만들 때 성과 이름의 중간에는 띄어야 하지만 이름 중간에 —이나 띄어 쓰면 이상한 경우가 많으니 명심해야 하고 한번 만들어진 여권의 이름은 바꾸기가 어렵다.

요즘 우리 주변에는 세계화로 연예인의 그룹명이나 예명, 상품명 그리고 아파트나 건물(建物) 이름에 영어뿐만 아니라 프랑스어, 이탈리아 등 여러 나라의 언어(言語)가 사용되는 경우가 많이 있다.

특히 우리나라 기업이 회사(會社) 이름이나 로고를 만들 때는 영어 이름의 약자를 사용하는 경우가 대부분인데 이때는 소리글자인 한글은 사용하면 좋고 소리에는 특정 주파수의 파동을 담고 있어 기운을 한층 증폭시켜 강하게 해준다.

성과 이름이 세글자가 대부분인 우리와 달리 여러 글자의 알파벳으로 구성된 영어 이름을 획수나 음양오행으로 적용하기에는 아직도 미비(未備)한 부분이 있지만, 한글은 다른 나라의 글자보다 영어를 실제 발음과 아주 가깝게 한글로 쓸 수 있는 장점(長點)이 있으므로 더욱 많은 연구(研究)와 이론이 정립(定立)되면 장차 영어작명도 더욱 쉽게 작명할 수 있게 될 것이다.

1. 알파벳의 음양오행

영어 발음이 우리 발음과 애매할 수가 있으므로 발음오행의 분류와 사용에 주의해야 하며 영어 C, G와 X는 위치에 따라 오행의 분류가 달라질 수 있다.

(1) 오행의 구분(區分)

목(木)	화(火)	토(土)	금(金)	수(水)
C,G,K,Q	D,L,N,R,T	A,E,F,H,I,O,U,W,X,Y	C,G,J,S,X,Z	B,F,M,P,V

(2) 모음의 음양 구분(區分)

모음의 음양 구분은 같은 A 이라도 앞뒤에 있는 알파벳에 따라 발음이 달라져 음양도 다르게 되니 주의해야 한다.

◉ 음(陰)

ㅓ	ㅕ	ㅜ	ㅠ	ㅔ	ㅖ	ㅝ	ㅟ	ㅞ
eo	yeo	u	yu	e	ye	wo	wi	we

◉중(中)

ㅡ	ㅣ	ㅢ
eu	i	ui

◉ 양(陽)

ㅏ	ㅑ	ㅗ	ㅛ	ㅐ	ㅒ	ㅚ	ㅘ	ㅙ
a	ya	o	yo	ae	yae	oe	wa	wae

2. 알파벳의 자음과 모음

(1) 자음과 모음 구분

자 음	모 음
B,C,D,F,G,H,J,K,L,M,N,P,Q,R,S,T,V,W,X,Y,Z	A, E, I, O, U

(2) 자음과 모음 표기

◉ 자음

자음 ㄱ, ㄷ, ㅂ은 모음 앞에 있을 때는 g, d, b로 쓰고 자음 앞이나 단어의 끝에 있을 때는 k, t, p로 적는다.

ㄱ	ㄴ	ㄷ	ㄹ	ㅁ	ㅂ	ㅅ	ㅇ	ㅈ	ㅊ
g, k	n	d, t	r, l	m	b, p	s	ng	j	ch

ㅋ	ㅌ	ㅍ	ㅎ	ㄲ	ㄸ	ㅃ	ㅆ	ㅉ	
k	t	p	h	kk	tt	pp	ss	jj	

◉ 모음

모음의 "ㅢ"는 "ㅣ"로 소리가 나더라도 "ui"로 적고 장모음 표기는 따로 하지 않으며 고유명사인 인명(人名)의 첫소리 글자는 대문자로 쓰고 나머지 글자는 소문자로 쓰며 성과 이름은 띄어 쓰고 이름은 붙여 쓴다.

ㅏ	ㅓ	ㅗ	ㅜ	ㅡ	ㅣ	ㅐ	ㅔ	ㅚ	ㅟ
a	eo	o	u	eu	i	ae	e	oe	wi

ㅑ	ㅕ	ㅛ	ㅠ	ㅢ	ㅘ	ㅒ	ㅖ	ㅙ	ㅞ
ya	yeo	yo	yu	ui	wa	yae	ye	wae	wo	we

3. 알파벳의 획수

◉ 알파벳의 획수

1획	2획	3획
C, I, J, L, O, S, U, V, Z	B, D, P, Q, R, T, W, X, Y	A, E, F, G, H, K, M, N

제4장 한자 작명(作名)

한자 작명에서는 첫 번째 자원오행의 한자를 찾아 작명할 이름에 넣고 또 찾은 한자가 성과 이름이 서로 상생 관계인지를 확인해야 한다.

그리고 성과 이름의 한자 획수를 서로 조합한 수리가 좋은지 살펴야 하고 불용한자를 사용하지 않는 것이 중요하며 삼원오행은 이름에 미치는 영향이 적다.

1. 자원오행

자원오행은 한자(漢字)가 품고 있는 본래의 오행을 말하며 작명 시 자신의 사주팔자에 없거나 부족한 오행의 기운을 가진 한자를 찾아 이름에 넣는 것이 가장 중요하며 그 방법은 20p 와 21p 에 서술하였으니 참고하면 된다.

(1) 자원오행의 길흉 배치

◉ 목(木)성의 오행 배치

오행	품격	오행	품격	오행	품격	오행	품격	오행	품격
목목금	××	목화금	××	목토금	××	목금금	××	목수금	◉
목목목	△	목화목	○	목토목	×	목금목	××	목수목	△
목목수	◉	목화수	×	목토수	×	목금수	△	목수수	◉
목목화	○	목화화	△	목토화	△	목금화	××	목수화	×
목목토	×	목화토	◉	목토토	×	목금토	×	목수토	×

※ ◉(매우 좋음), ○(좋음), △(보통), ×(나쁨), ××(매우 나쁨)

◉ 화(火)성의 오행 배치

오행	품격	오행	품격	오행	품격	오행	품격	오행	품격
화목금	×	화화금	××	화토금	◉	화금금	××	화수금	×
화목목	◉	화화목	○	화토목	×	화금목	×	화수목	×
화목수	◉	화화수	××	화토수	×	화금수	××	화수수	×
화목화	◉	화화화	××	화토화	×	화금화	×	화수화	××
화목토	△	화화토	△	화토토	◉	화금토	△	화수토	××

※ ◉(매우 좋음), ○(좋음), △(보통), ×(나쁨), ××(매우 나쁨)

● 토(土)성의 오행 배치

오행	품격
토목금	××
토목목	×
토목수	×
토목화	△
토목토	×

오행	품격
토화금	×
토화목	◉
토화수	×
토화화	△
토화토	◉

오행	품격
토토금	○
토토목	×
토토수	××
토토화	◉
토토토	△

오행	품격
토금금	△
토금목	×
토금수	◉
토금화	××
토금토	◉

오행	품격
토수금	×
토수목	×
토수수	×
토수화	××
토수토	××

※ ◉(매우 좋음), ○(좋음), △(보통), ×(나쁨), ××(매우 나쁨)

● 금(金)성의 오행 배치

오행	품격
금목금	×
금목목	×
금목수	△
금목화	×
금목토	××

오행	품격
금화금	×
금화목	×
금화수	××
금화화	××
금화토	△

오행	품격
금토금	◉
금토목	×
금토수	△
금토화	◉
금토토	△

오행	품격
금금금	××
금금목	××
금금수	○
금금화	××
금금토	◉

오행	품격
금수금	◉
금수목	○
금수수	◉
금수화	×
금수토	△

※ ◉(매우 좋음), ○(좋음), △(보통), ×(나쁨), ××(매우 나쁨)

● 수(水)성의 오행 배치

오행	품격
수목금	×
수목목	◉
수목수	○
수목화	◉
수목토	×

오행	품격
수화금	×
수화목	×
수화수	××
수화화	××
수화토	×

오행	품격
수토금	△
수토목	×
수토수	××
수토화	×
수토토	×

오행	품격
수금금	○
수금목	×
수금수	◉
수금화	×
수금토	◉

오행	품격
수수금	◉
수수목	△
수수수	×
수수화	××
수수토	×

※ ◉(매우 좋음), ○(좋음), △(보통), ×(나쁨), ××(매우 나쁨)

2. 수리(數理) 작명

수리 작명도 성과 이름의 한자 획수를 교차하여 합한 수를 대자연의 으뜸 이치인 원(元), 형(亨), 이(利), 정(貞)에 비유하여 원격, 형격, 이격, 정격으로 구분하였는데 이 역시 작명 시 반드시 적용해야 한다.

원격(元格)의 원은 봄을 상징하고 지격(地格)이라고도 하며 성을 뺀 나머지 이름 두 글자의 한자 획수를 합한 수로 오행은 목(木)이며 인(仁)으로 0세에서 15세까지 기운이 강하게 작용하기 때문에 초년운(初年運)의 행복과 불행, 성격, 지능, 부모운, 학업운 등에 영향이 미치나 수명이 늘어난 지금은 20세까지로 보면 된다.

형격(亨格)의 형은 여름을 상징하고 인격(人格)이라고도 하며 성과 이름 첫 번째 글자의 한자 획수를 합한 수로 오행은 화(火)이며 예(禮)로 15세에서 30세까지 기운이 강하게 작용하기 때문에 장년운(壯年運)을 중심으로 그 사람의 사회적 진취성, 이성 관계 등에 영향을 주나 지금은 40세까지가 합당하다.

이격(利格)의 이는 가을을 상징하고 천격(天格)이라고도 하며 성과 이름 마지막 글자의 한자 획수를 합한 수로 오행은 금(金)이며 의(義)로 30세에서 45세까지 기운이 강하게 나타내며 형격과 정격을 보충하거나 보조하는 의미도 있으며 가족운, 부부운, 성공운, 대인 관계 등에 영향을 미치게 되나 지금은 60세까지의 중년운(中年運)으로 보면 될 것 같다.

그리고 정격(貞格)의 정은 겨울을 상징하고 총격(總格)이라고도 하며 성명의 한자 글자 획수를 모두 합한 수로 오행은 수(水)이며 지(智)고 재운, 성격, 관운, 성공운에 기운이 미치게 되며 61세 이후 말년운(末年運)으로 인생 전반에 영향을 준다.

(1) 수리의 구분

수의 근원(根源)은 1에서 9까지가 기본이 되며 모든 수는 이 기본수의 누적으로 볼 수 있고 마지막 수 9의 9승은 81이니 작명할 때 사용(使用)되는 최대 수리(數理)는 81까지다.

그러나 성명의 획수 합이 62획 이상이 되면 획수가 너무 많아 사용하기에는 부적합하므로 여기서는 62획까지의 수리만을 설명(說明)하도록 하고 남자와 여자에 따라 길, 흉이 다른 수리도 있으니 주의하여야 한다.

◉ 길(吉)한 획수 및 수리

1, 3, 5, 6, 7, 8, 11, 13, 15, 16, 17, 18, 21, 23, 24, 25, 29, 31, 32, 33, 35, 37, 39, 41, 45, 47, 48, 52, 63, 65, 67, 68, 73, 81
(11, 21, 23, 33, 39는 남자에게는 길하나 여자에게는 불리한 수리이다)

◉ 길(吉), 흉(凶)이 반(半)인 획수 및 수리

  26, 38, 49, 51, 55, 57, 58, 61, 71, 75, 77, 78

◉ 흉(凶)한 획수 및 수리

  2, 4, 9, 10, 12, 14, 19, 20, 22, 27, 28, 30, 34, 36, 40, 42, 43, 44,
46, 50, 53, 54, 56, 59, 60, 62, 64, 66, 69, 70, 72, 74, 76, 79, 80

(2) 수리의 의미

1획. 기본격(基本格) - 봄이 새로 돌아오는 상(三陽回春像) - 남,여:○
 만물의 시초요 근본이 되는 수이니 의지(意志)나 기상이 굳세고 위대한 수이며
수명과 복록을 겸비하여 지위와 명예가 높아지고 남녀 모두 말년까지 대길하다.

2획. 분리격(分離格) - 모든 물이 각기 흐르는 상(諸川各流像) - 남,여:×
 재주와 지혜는 있으나 마음이 여리고 약하여 적극성이 부족(不足)하고 시작보
다는 결과에 허무를 느끼게 되나 묵묵하게 참고 따르는 마음과 협동하는 자세를
기르면 경사(慶事)를 맞을 수도 있다.

3획. 성형격(成形格) - 만물이 새로 생겨나는 상(始生萬物相) - 남,여:○
 음양이 화합하는 형통한 수로써 지모(智謀)가 출중하고 자질이 영민하고 준수
하며 도량이 넓고 과단성이 있어 대업을 성취하며 복록이 무궁토록 풍부하다.

4획. 부정격(不定格) - 나가기도 물러서기도 어려운 상(進退兩難格) - 남,여:×
 성격이 우유부단하며 불운이 중첩되고 처자가 각기 곁을 떠나니 탄식과 수심이
그칠 날이 없으나 간혹 이 수에서 당대의 호걸 또는 효자나 열녀(烈女)가 나오
기도 한다.

5획. 정성격(定成格) - 능히 만사를 성취할 상(能就萬事像) - 남,여:○
 심신이 활달 강건하고 지덕(智德)을 겸비하였으니 만인의 신임을 얻어 능히 통
솔할 것이며 부귀와 번영을 마음대로 누릴 수 있으니 이름을 널리 떨치게 된다.

6획. 계성격(繼成格) - 음양이 조화를 이루는 상(陰陽調和像) - 남,여:○
 타고난 성품이 온후(溫厚) 독실하고 지덕을 겸비하였으니 부귀와 영화가 스스
로 찾아오며 굳은 신념과 불굴의 노력으로 조업(祖業)을 잇고 사회적으로 크게
진출하나 과유불급을 명심해야 한다.

7획. 독립격(獨立格) - 꿋꿋이 버텨나가는 상(剛健前進像) - 남,여:○
 지조(志操)가 굳고 노력이 철저하여 모든 어려움을 극복하고 성취할 것이며 그
위력은 여러 사람에게 미칠 수 있으나 지나치게 완고하면 스스로 화(禍)를 자초
하게 되니 인정하고 받아들이는 덕(德)을 길러야 한다.

8획. 개물격(開物格) - 스스로 운명을 개척할 상(自活獨立像) - 남,여:○
 철석같은 의지와 자기 혼자서의 힘으로 모든 난관(難關)과 어려움을 극복하고 뜻을 이루게 되며 부귀장수를 누리나 너무 강직하면 부러질 위험(危險)이 있음을 명심하여야 한다.

9획. 궁박격(窮迫格) - 큰 재목이 무용으로 되는 상(大材無用像) - 남,여:×
 지모(智謀)가 탁월하여 한때 영화를 누리기도 하나 곧 좌절되어 파탄에 직면하게 되며 부부 이별, 자식에 대한 근심 등이 중첩(重疊)되고 수난을 겪으나 간혹 영웅호걸이 나오기도 한다.

10획. 공허격(空虛格) - 천지 만사가 허망한 상(天地虛妄像) - 남,여:×
 지모와 기량이 풍부하나 의욕이 지나쳐 시작은 많아도 결과가 없으며 인덕이 없고 우유부단함에 기회를 놓치며 단명(短命)이 걱정되나 간혹 역경을 딛고 대성하는 경우도 있다.

11획. 재건격(再建格) - 자력으로 다시 일어서는 상(自力更生像) - 남:○,여:△
 궁리가 능통하고 타고난 성품이 순정하며 진취적인 기상으로 가운(家運)을 재건하여 부귀영화를 누리게 되나 여자에게는 현실과는 거리가 멀지만, 간혹 양녀(養女)로 가게 되는 다소 불리한 수리이다.

12획. 조폐격(凋弊格) - 연약하여 생기를 잃는 상(軟弱失調像) - 남,여:×
 비록 재주가 있을지라도 묘(妙)한 계획을 세우지 못하고 심신이 허약하여 추진력도 없으며 가족과도 인연(因緣)이 없으므로 늘 마음은 외롭고 동분서주로 몸이 고달프게 된다.

13획. 지모격(智謀格) - 한빛이 온 누리에 찬 상(一光滿空像) - 남,여:○
 지략이 탁월하고 두뇌가 명민하며 매사에 임기응변으로 적절히 대처하여 목적을 성취하고 비록 대업(大業)이라도 능히 수행할 풍부한 역량이 있으니 만인의 지도자로 군림할 수 있다.

14획. 이산격(離散格) - 뜬구름이 사방에 흩어지는 상(浮雲四散像) - 남,여:×
 성패의 기복이 잦으며 일을 안이하게 다루어 마지막에는 가산을 잃게 되고 가족과도 이별하여 외로운 생활을 겪게 되지 않으면 단명(短命)하거나 병고로 일생을 보내게 되나 간혹 대성(大成)하는 경우도 있다.

15획. 통솔격(統率格) - 천지가 안전할 상(天地安全像) - 남,여:○
 출중한 지덕과 고귀한 천성으로 상하(上下)의 신망을 얻을 것이며 가정이 평화롭고 명성이 사방에 떨치니 만인의 지도자로 출세하여 부귀 장수할 것이다.

16획. 덕망격(德望格) - 온후하고 유덕할 상(溫厚有德像) - 남,여:○
 천성이 유화(宥和)하고 정직하며 너그러워 여러 사람으로부터 신망을 얻게 되고 재주와 슬기가 출중하여 입신양명하며 가도(家道)가 일어나게 되고 여성이라면 현모양처로서 가업을 일으킬 것이다.

17획. 건창격(健暢格) - 꾸준히 창달하는 상(健全暢達像) - 남,여:○
 강인한 의지로써 처음 갖은 뜻을 관철하고 입신양명하여 부귀와 명예를 누릴 수 있으나 자칫 지나친 강인성과 완고성 때문에 불화를 자초(自招)할 것이니 이 점을 유의하면 대성한다.

18획. 진취격(進取格) - 스스로의 힘으로 발전할 상(自力發展像) - 남,여:○
 투철한 지모와 강인한 신념(信念)으로 매사에 임하므로 부귀영달할 것이나 너무 강직하여 주위에 적(敵)이 많을 것이니 이 점을 깊이 유의하면 권세와 명성을 널리 떨칠 것이다.

19획. 고난격(苦難格) - 날던 학이 날개를 상한 격(飛鶴傷翼像) - 남,여:×
 지혜와 활동력이 풍부하나 하는 일마다 머리는 있고 꼬리는 없으며 부부의 인연과 육친의 덕도 없고 병고나 형액 또는 재액으로 고통을 받게 되는 수이다.

20획. 허망격(虛望格) - 만사가 허무한 상(萬事虛無像) - 남,여:×
 뜻은 있으나 힘이 없고 부모나 형제들이 무덕하며 부부가 불화하고 재액이 떠나지 않으니 마음은 늘 괴로우며 병약(病弱)하거나 고독하지 않으면 단명(短命)을 면하기 어렵다.

21획. 두령격(頭領格) - 만인이 우러러볼 상(萬人仰視像) - 남:○,여:×
 경이적인 지략과 출중한 위인으로서 그 빛이 혜성처럼 빛나며 웅대한 포부로 대업을 성취하여 권귀(權貴)함이 사방에 떨치나 단 여자에게는 흉액의 수가 있어 과부가 될 염려가 있다.

22획. 중절격(中折格) - 가을바람에 잎 떨어지는 상(秋風落葉像) - 남,여:×
 의기양양하나 실속이 없고 허세만 부려 결실을 얻지 못하고 쉽게 좌절하게 되며 한때 명성을 얻는 수도 있으나 곧 파멸(破滅)을 면치 못하고 부부 이별, 병고, 횡액 등이 잇따라 생긴다.

23획. 수령격(首領格) - 꽃이 만 가지에 핀 상(花開萬枝像) - 남:○,여:△
 웅대한 뜻과 지덕을 함께 갖추었으니 대업을 성취하고 영도력을 발휘하여 권위를 떨치고 영화를 누리지만 혼자만이 옳다고 생각하고 행동하면 변화가 급격하게 되고 여자는 남자의 운(運)에 영향을 주며 혼자 출세하게 되는 경우가 있다.

24획. 입신격(立身格) - 비 온 뒤에 꽃이 핀 상(雨後開花像) - 남,여:○
 뛰어난 재주와 불굴의 노력으로 모든 어려움을 극복하고 부귀 현달(顯達)하며
천복이 왕성하고 자손이 창성하여 공명을 온 세상에 떨치며 많은 재산을 후대에
까지 전승(傳承)할 것이다.

25획. 안전격(安全格) - 순풍에 돛단 상(帆船順風像) - 남,여:○
 성품이 중후하고 재능이 영특하여 큰 뜻을 혼자의 힘으로 펼치니 안락한 생활
과 당당한 위세를 얻게 되며 평생을 평안하고 태평하게 살게 되나 특히 완고한
아집(我執)을 버려야 한다.

26획. 영웅시비격(英雄是非格) - 평지에 풍파가 이는 상(平地風波像) - 남,여:△
 당대를 풍미하는 풍운아로서 파란만장의 역경을 딛고 일어선 후에 대성 장수할
수도 있으나 가정의 불행, 형액 또는 장애인의 신세로 전락(轉落)할 수도 있다.

27획. 중절격(中折格) - 말에서 떨어져 골절되는 상(落馬折骨像)- 남,여:×
 비상한 술수를 구사(構思)하나 현실에 맞지 않는 독단에 치우쳐 중도 좌절을
면치 못하고 고난을 겪게 되며 구설, 횡액, 병고 등의 재난과 비명횡사의 운까
지 겹치게 된다.

28획. 파란격(波瀾格) - 갈수록 험준한 산길의 상(去高險峻像) - 남,여:×
 앞으로 나가는 길에 파란(波瀾)이 다시 돌아와 모든 일이 뜻과 같지 않으니 곤
란을 겪게 되고 가정에 불행이 거듭하여 이어지며 한때의 성공도 순간에 불과하
고 재액이 떠나지 않는다.

29획. 성공격(成功格) - 꽃 진 뒤에 열매 맺는 상(花後結實像) - 남,여:○
 지모가 우수하고 됨됨이가 출중하여 대업을 성취하고 부귀와 장수를 누릴 수
있으며 혹 중년 초기까지 고난이 있다 하더라도 마침내 이를 극복(克服)하고 높
은 지위에 오르고 귀하게 된다.

30획. 부몽격(浮夢格) - 한 조각 뜬구름의 상(一片浮雲像) - 남,여:×
 동분서주로 뜻하는 일은 많으나 결과는 용두사미(龍頭蛇尾)로 끝나고 허황 된
꿈으로 허송세월을 보내게 되며 분수를 저버리고 분별없이 행동하면 횡사를 면
하기가 어렵다.

31획. 융성격(隆盛格) - 백가지 꽃이 함께 피는 상(百花濟發像) - 남,여:○
 지혜롭고 어질며 권세와 덕을 겸비하여 능히 사람을 다스려 통솔할 것이며 자
신의 힘으로 성취(成就)하여 부귀장수를 누리게 되고 쌓아 놓은 공덕은 자손에
게까지 미친다.

32획. 요행격(僥幸格) - 푸른 물가를 노는 상(周遊緣水像) - 남,여:○
 타고난 성품이 온순하고 자비로워 타인으로부터 뜻밖의 도움을 받게 되며 재물, 지위, 명성이 함께 하고 수복강녕을 누리며 여자의 경우 내조의 공과 사회적 발전운이 있으나 남, 여 모두 색정 탐닉으로 패가망신을 조심해야 한다.

33획. 웅비격(雄飛格) - 아침 해가 떠오르는 상(旭日昇天像) - 남:○,여:×
 사람의 됨됨이가 걸출하고 재능이 탁월하며 성격이 과감하여 대업을 성취하고 명성과 위엄이 만인의 존경을 받을 것이나 자칫 실수(失手)로 급격하게 변화하는 위험도 따르며 여자에게는 남편 이별 수가 있어 불리하다.

34획. 파멸격(破滅格) - 조각배가 풍랑을 만난 상(片舟風浪像) - 남,여:×
 매사에 파멸(破滅)이 연속되고 일시적으로 성공하여 의식이 풍족하더라도 불시에 닥치는 재난으로 인하여 조실부모, 처자이별, 단명, 살상, 정신 질환 등의 불행에 빠질 위험이 기다리고 있다.

35획. 순평격(順平格) - 일생이 평안하고 태평할 상(安過太平像) - 남,여:○
 지모와 능력은 출중하나 온화하고 소극적 성품 때문에 대업의 수행은 부족하지만, 자신의 소망을 이루어 행복을 누릴 수 있으며 의학, 예술, 연구나 기능 분야에 종사하면 좋고 특히 여자에게 대길하나 남자에게는 배짱이 좀 부족하다.

36획. 풍운격(風雲格) - 앞길을 헤아릴 수 없는 상(前程不測像) - 남,여:×
 영웅호걸 운으로 인생 부침이 많고 정의가 두터워 교육계, 경찰, 정치, 공업계에서 한때 성공할 수도 있으나 변화무상하여 성패가 빈번하게 되고 경거망동을 조심하면 공명을 얻어 태평할 수 있으나 그렇지 않으면 액을 면하지 못한다.

37획. 공덕격(功德格) - 찬 골에 따뜻한 바람의 상(寒谷和風像) - 남,여:○
 출중한 지략과 적극성으로 대업을 성취하여 신망과 권위를 널리 알리고 그 공덕을 길이 후손에게 전승할 수 있으나 과욕으로 독주(獨走)하면 고립과 실의에 빠지게 된다.

38획. 복록격(福祿格) - 평지에서 말을 달리는 상(馳馬平地像)- 남,여:△
 성품이 온화하고 총명하며 지적이고 재주와 기질이 뛰어나 예술, 교육, 의학, 기능 분야에 종사하면 대성을 기대할 수 있으나 분수가 지나치면 성취하기 어려우며 주어진 여건(與件)에 적응하면 매사가 순조롭게 이루어져 부귀를 누린다.

39획. 안락격(安樂格) - 봄 뜰에 꽃이 만발한 상(春庭百花像) - 남:○,여:×
 깨끗하고 고상한 인품과 빠르고 활발한 판단으로 일찍이 대성하여 스스로 만족하고 안락할 것이지만, 간혹 자신의 분별없는 행동으로 큰일을 그르쳐 불행한 경우나 어려운 환경(環境)에 빠질 수도 있으니 이 점을 명심하면 대길하게 되며 여자에게는 불리하다.

40획. 위난격(危難格) - 뜬 나무에 몸을 의탁한 상(浮木托身像)- 남,여:×
뛰어난 지모가 쓸모없이 되고 사방이 무덕(無德)하여 베푼 은혜가 원수로 변하며 선대의 유업(遺業)이 무산되고 조용한 곳으로 찾아다니게 되며 투기적인 활동으로 한때 얻은 바 있어도 곧 잃는다.

41획. 대성격(大成格) - 이름이 사해에 떨칠 상(名振四海像) - 남,여:○
됨됨이가 준수하고 앞을 내다보는 식견과 착실한 성격으로 매사에 잘 순응하니 대성하게 되고 학식(學識)과 덕행이 높아 만인의 모범이요 지도자로서 이름을 해외에까지 떨치고 오래오래 전할 것이다.

42획. 고행격(苦行格) - 스스로 가시밭에 드는 상(自進荊路像) - 남,여:×
다재다능하나 편견(偏見)과 분별없는 행동으로 좋은 기회를 놓치고 가시밭길에 스스로 뛰어들어 고생을 겪으며 한때의 성공도 물거품 같고 질병, 형액, 고독, 색난(色難) 등의 불운이 뒤따른다.

43획. 미혹격(迷惑格) - 손으로 구름 잡는 상(手把白雲像) - 남,여:×
의지가 확실하지 않고 박약하여 일을 이루지 못하며 겉으로는 화려한 듯해도 실속이 없는 생활을 계속하여 재물은 없어지고 넘쳐나는 색(色) 기운으로 패가 망신하며 여자는 정조(貞操)를 지키기 어렵다.

44획. 마장격(魔障格) - 맑은 날에 광풍 이는 상(白日狂風像) - 남,여:×
과욕과 이치에 맞지 않는 허황된 생각으로 일을 시작하니 이뤄지는 것이 없어 캄캄한 미로를 방황(彷徨)하는 격이니 외롭고 고단함이 이를 데 없으며 부부 이별, 병고, 재액 등의 불운이 연속되나 간혹 위인, 대학자가 배출(輩出)되기도 한다.

45획. 대지격(大智格) - 명월이 광채를 발하는 상(明月光彩像) - 남,여:○
뛰어난 지모와 경륜으로 모든 어려움을 타개하고 순풍에 항진을 계속하며 지덕과 신망은 만인의 모범이 되고 영예(榮譽)와 공명이 당대(當代)에 떨치며 길이 후손에게까지 이어진다.

46획. 난파격(難破格) - 파란이 겹쳐 오는 상(波瀾重來像) - 남,여:×
지모와 포부는 출중하나 성취하기 어렵고 변화무상한 행로에 실의와 좌절을 겪게 되며 일시적인 성공도 곧 수포(水泡)로 돌아갈 수이나 간혹 크게 성공하는 사람이 나오기도 한다.

47획. 행운격(幸運格) - 만사를 순조롭게 이룰 상(萬事順成像) - 남,여:○
  초목이 봄을 만나 꽃피는 상이니 매사가 순조로워 대성하며 가업이 여유롭고
풍족하고 부부 화목하며 자손이 창성하고 출세운도 함께 하여 명성을 떨친다.

48획. 포덕격(布德格) - 봄 동산에 화한 바람의 상(春園和風像) - 남,여:○
  지모가 뛰어나고 사리가 명석하여 여러 방면으로 발전하며 만인의 지도자로서
멀리 내다보고 뜻을 펼치니 이름과 덕망(德望)이 널리 떨치며 쌓아 놓은 공덕은
후손에 미친다.

49획. 부침격(浮沈格) - 일거에 천금을 잡는 상(一攫千金像) - 남,여:△
  비상한 능력과 수완이 좋아 크게 성공하니 여러 사람으로부터 부러움을 받기도
하지만 한편 크게 실패할 수도 있어 성패가 엇갈리게 되니 매사(每事)에 신중하
게 대처해야 한다.

50획. 불운격(不運格) - 봉황새가 닭으로 되는 상(鳳變爲鷄像)- 남,여:×
  한번 성공하면 한번 패하니 변화가 무상하고 매사가 풍전등화처럼 위태로우며
재기불능의 실패에 봉착하여 패가망신으로 부부 이별, 병고와 고독(孤獨)으로
신세를 한탄하게 된다.

51. 춘추격(春秋格) - 한번 기쁘고 한번 슬픈 상(一喜一悲像)- 남,여:△
  많은 역경과 어려움을 극복하고 대업을 성취하여 위세를 떨칠 수도 있으나 흥
패가 무상하여 평안을 얻기 어려우며 부부운도 불길하여 여생(餘生)이 곤궁하나
자손운은 길하다.

52획. 능달격(能達格) - 조화가 무궁무진한 상(造化無窮像) - 남,여:○
  대세(大勢)를 올바로 판단하여 무(無)에서 유(有)를 창조하는 기상으로 대업을
성취하고 상, 하의 신임을 한 몸에 받게 되며 여자는 현모양처로서 가운(家運)
을 북돋는다.

53획. 실소격(失笑格) - 겉만 부하고 속은 가난한 상(外富內貧像) - 남,여:×
  겉으로는 화려한 듯해도 속으로는 비어 있고 한때 길운을 만날지라도 마지막에
는 흉화(凶禍)가 따를 것이니 매사에 신중하며 분별없는 행동을 하지 않는 것이
안정을 얻는다.

54획. 가난격(艱難格) - 갈수록 태산인 상(去高泰山像) - 남,여:×
  모든 일이 순조롭지 못하니 재물과 사람을 동시에 모두 함께 잃게되어 패가망
신하여 고독하고 우울한 신세(身世)가 되며 말년에는 질환과 재액으로 고통을
겪게 된다.

55획. 위난격(危難格) - 달리던 말에서 떨어지는 상(走馬落傷像)- 남,여:△
굳건하게 참고 이겨내는 정신으로 난관을 극복하고 대성하는 수도 있으나 이는
드문 일이고 자칫하면 천길 구렁으로 떨어져서 헤어나지 못하고 재액(災厄)이
겹쳐 파산하게 된다.

56획. 파탄격(破綻格) - 마른 나무가 저절로 넘어진 상(枯木自倒像) - 남,여:×
진취성과 독립심이 부족하여 매사에 소극적이며 일생을 통하여 이룬 일 없이
허송세월만을 보내니 마지막에는 가난과 병고와 재액이 겹쳐 패가망신한다.

57획. 인고격(忍苦格) - 지성에 하늘이 감복하는 상(至誠感天像)- 남,여:△
고진감래(苦盡甘來)의 수로써 한번 시련과 역경을 극복한 연후에 운수가 크게
트일 것이므로 남녀를 불문하고 주어진 여건(輿件)을 참고 꾸준히 노력하면 성
공하여 부귀를 누린다.

58획. 노력격(努力格) - 비가 온 뒤의 향기로운 꽃 상(雨後香花像)- 남,여:△
흥패(興敗)와 성쇠(盛衰)가 빈번하여 나아가는 길이 순탄하지 못하나 끝내 온
갖 어려움을 극복하고 대성하여 부귀와 공명을 얻을 것이며 초년보다 후년에 더
욱 행복을 누릴 것이다.

59획. 불우격(不遇格) - 전혀 의지할 곳이 없는 상(全無托處像) - 남,여:×
무기력하여 매사가 미완성(未完成)이니 비록 재능이 있을지라도 쓸모가 없고
육친의 덕이 없으니 뜻이나 의욕이 없으며 천신만고를 겪게 되고 병고와 불의의
재앙으로 불운을 면치 못한다.

60획. 암흑격(暗黑格) - 깊은 밤길을 홀로 가는 상(深夜孤行像) - 남,여:×
노력은 하여도 공이 없고 끝내 진퇴양난(進退兩難)의 어려움을 당하게 되며 부
부의 정분은 평길(平吉)하나 슬하에 근심이 있고 때로는 형액과 살상 또는 병고
와 단명의 비운을 맞는다.

61획. 부화격(浮華格) - 겉과 속이 다른 상(表裡相反像)- 남,여:△
재주와 기질이 뛰어나니 대성하고 높은 지위에 올라 영예를 떨치게 되지만, 가
정이 불화(不和)하고 형제 사이가 좋지 않아 풍파(風波)를 빚게 되며 여자에 있
어서는 남편의 운을 보조(補助)하고 자손의 영화를 보게 된다.

62획. 몰락격(沒落格) - 천지에 정 둘 곳이 없는 상(無情天地像) - 남,여:×
타고난 성품이 완고(頑固)하여 남과 잘 화합하지 못하고 불신을 받아 스스로
고독의 궁지로 찾아들게 되고 하는 일이 중도에 좌절되어 실의에 빠지며 병고와
재액으로 불행한 세월(歲月)을 보낸다.

● 성명 수리 예시

성이 1자, 이름이 2자인 경우	성이 1자, 이름이 1자인 경우
김(金)-8획 준(峻)-10획 수(秀)-7획 원격: 준(峻)10 + 수(秀)7 = 17 형격: 김(金)8 + 준(峻)10 = 18 이격: 김(金)8 + 수(秀)7 = 15 정격: 김(金)8+준(峻)10+수(秀)7 = 25 17, 18, 15, 25 모두 길한 수리이다.	김(金)-8획 준(峻)-10획 원격: 준(峻)10 + 0 = 10 형격: 김(金)8 + 준(峻)10 = 18 이격: 김(金)8 + 0 = 8 정격: 김(金)8 + 준(峻)10 = 18 10, 18, 8, 18중에 원격인 10은 초년운에 나쁜 영향을 미친다.

성이 2자, 이름이 2자인 경우	성이 2자, 이름이 1자인 경우
황보(皇甫)-16획 준(峻)-10획 수(秀)-7획 원격: 준(峻)10 + 수(秀)7 = 17 형격: 황보(皇甫)16 + 준(峻)10 = 26 이격: 황보(皇甫)16 + 수(秀)7 = 23 정격: 황보(皇甫)16+준(峻)10+수(秀)7= 33 17, 26, 23, 33 중에 형격인 26은 길, 흉이 반반이고 이격 23은 여자에게 다소 불리하고 정격인 33도 여자에게 불리한 수리이다.	황보(皇甫)-16획 준(峻)-10획 원격: 준(峻)10 + 0 = 10 형격: 황보(皇甫)16 + 준(峻)10 = 26 이격: 황보(皇甫)16 + 0 = 16 정격: 황보(皇甫)16 +준(峻)10 = 26 10, 26, 16, 26 원격인 10은 나쁜 수리이고 26은 길, 흉이 반반인 수리이며 이격인 16은 중년운에 좋은 영향을 미친다.

성이 1자, 이름이 3자인 경우
김(金)-8획 준(峻)-10획 수(秀)-7획 한(澗)-16획 원격: 준(峻)10 + 수(秀)7 + 한(澗)16 = 33 형격: 김(金)8 + 준(峻)10 = 18 이격: 김(金)8 + 수(秀)7 + 한(澗)16 = 31 정격: 김(金)8 + 준(峻)10 + 수(秀)7 + 한(澗)16 = 41 초년운인 33은 여자에게 나쁜 수리이나 남자에게는 무방하고 18, 31, 41은 모두 좋은 수리이니 좋은 영향을 미치게 된다.

(3) 성씨별 획수 배치(配置)

성씨별 획수 배치는 성을 제외한 한자 이름의 한 글자 획수(劃數)가 20획 이상이면 사용하기 불편하여 여기서는 배치에 제외하였으나 그 이상의 획수에도 좋은 수리 구성이 있으며 다음 배치표에는 남자에게는 모두 좋으나 여자에게는 불리하거나 시의적절(時宜適切)하게 사용해야 하는 배치를 구분(區分)하였으니 참고하였으면 한다.

(예시)

?	→ 성의 한자 획수
?	→ 이름 첫 글자의 한자 획수
?	→ 이름 끝 글자의 한자 획수

사각 칸 안에 색과 사선이 없으면 남자, 여자 모두에게 좋은 획수 배치이다.

사각 칸 안에 색만 있으면 남자에게는 좋으나 여자에게 다소 불리한 11, 23 수리가 있으니 시의적절하게 사용하는 획수이다.

사각 칸에 색과 사선이 있으면 남자에게는 좋으나 여자에게는 불리한 획수 배치이다.

2획 성 - 내(乃), 복(卜), 정(丁), 입(入), 우(又)

2	2	2	2	2	2	2	2	2	2	2	2	2	2
3	3	4	4	4	5	5	5	6	6	6	9	9	9
3	13	9	11	19	6	11	16	5	9	15	4	6	14

2	2	2	2	2	2	2	2	2	2	2	2	2	2
11	11	13	13	14	14	14	15	15	15	16	16	16	16
4	5	3	16	9	15	19	6	14	16	9	13	15	19

2	2	2
19	19	19
4	14	16

Row1: 3 3 3 3 3 3 3 3 3 3 3 3 3 3

3획 성 - 간(干), 궁(弓), 대(大), 범(凡), 산(山), 천(千), 우(于), 야(也)

3	3	3	3	3	3	3	3	3	3	3	3	3	3
2	2	3	3	3	3	3	3	4	4	5	5	5	5
3	13	2	5	10	12	15	18	4	14	3	8	10	13

3	3	3	3	3	3	3	3	3	3	3	3	3	3
8	8	8	10	10	10	12	13	13	13	14	14	14	15
5	10	13	3	5	8	3	2	5	8	4	15	18	3

3	3	3
15	18	18
14	3	14

4획 성 - 개(介), 공(公), 공(孔), 근(斤), 금(今), 모(毛), 목(木), 문(文), 방(方), 변(卞), 부(夫), 수(水), 오(午), 왕(王), 원(元), 윤(尹), 윤(允), 인(仁), 정(井), 천(天), 태(太), 편(片), 화(化)

4	4	4	4	4	4	4	4	4	4	4	4	4	4
2	2	2	3	3	4	4	4	4	4	7	7	9	9
9	11	19	4	14	3	7	9	13	17	4	14	2	4

4	4	4	4	4	4	4	4	4	4	4	4	4	4
9	9	11	11	12	12	12	12	13	13	13	14	14	14
12	20	2	14	9	13	17	19	4	12	20	3	7	11

4	4	4	4	4	4	4	4	4	4	4	4
14	14	17	17	17	17	19	19	19	20	20	20
17	19	4	12	14	20	2	12	14	9	13	17

5획 성 - 감(甘), 구(丘), 백(白), 비(丕), 빙(氷), 사(史), 석(石), 소(召), 신(申), 영(永), 옥(玉), 왕(王), 전(田), 점(占), 좌(左), 평(平), 포(包), 피(皮), 현(玄), 호(乎)

5	5	5	5	5	5	5	5	5	5	5	5	5
2	2	2	3	3	6	6	6	6	8	8	8	8
6	11	16	8	10	2	10	12	18	3	8	10	16

5	5	5	5	5	5	5	5	5	5	5	5	5
10	10	10	11	12	12	12	13	16	16	18	19	20
3	6	8	2	6	12	20	19	2	8	6	13	12

> 6획 성 - 곡(曲), 길(吉), 모(牟), 미(米), 박(朴), 빙(冰), 서(西)
> 성(成), 십(辻), 안(安), 이(伊), 인(印), 임(任), 전(全)
> 주(朱), 후(后)

6	6	6	6	6	6	6	6	6	6	6	6	6	6
2	2	2	5	5	5	5	7	7	7	9	9	10	10
5	9	15	2	10	12	18	10	11	18	2	9	5	7

6	6	6	6	6	6	6	6	6	6	6	6	6	6
10	10	11	11	11	12	12	12	12	15	15	15	17	17
15	19	7	12	18	5	11	17	19	2	10	18	12	18

6	6	6	6	6	6	6
18	18	18	18	18	19	19
5	7	11	15	17	10	12

> 7획 성 - 군(君), 두(杜), 량(良), 리(利), 소(邵), 송(宋), 신(辛)
> 여(呂), 여(余), 여(汝), 연(延), 오(吳), 이(李), 지(池)
> 차(車), 초(初), 판(判)

7	7	7	7	7	7	7	7	7	7	7	7	7	7
4	4	6	6	6	8	8	8	8	8	9	9	9	10
4	14	10	11	18	8	9	10	16	17	8	9	16	6

7	7	7	7	7	7	7	7	7	7	7	7	7	7
10	10	11	11	14	14	14	14	16	16	16	17	18	18
8	14	6	14	4	10	11	18	8	9	16	8	6	14

8획 성 - 구(具), 기(奇), 김(金), 나(奈), 내(奈), 림(林), 맹(孟)
　　　　명(明), 문(門), 방(房), 복(宓), 봉(奉), 사(舍), 상(尙)
　　　　석(昔), 송(松), 승(承), 심(沈), 애(艾), 야(夜), 우(盂)
　　　　종(宗), 주(周), 창(昌), 채(采), 탁(卓)

8	8	8	8	8	8	8	8	8	8	8	8	8	8
3	3	3	5	5	5	5	7	7	7	7	8	8	8
5	10	13	3	8	10	16	8	9	10	16	5	7	9

8	8	8	8	8	8	8	8	8	8	8	8	8	8
8	8	8	9	9	9	9	10	10	10	10	10	13	13
13	15	17	7	8	15	16	3	5	7	13	15	3	8

8	8	8	8	8	8	8	8	8	8	8	8	8	8
13	13	15	15	15	15	16	16	16	16	16	16	17	17
10	16	8	9	10	16	5	7	9	13	15	17	8	16

9획 성 - 강(姜), 남(南), 단(段), 류(柳), 사(泗), 선(宣), 성(星)
　　　　승(昇), 시(柴), 요(姚), 우(禹), 위(韋), 유(兪), 준(俊)
　　　　추(秋), 표(表), 하(河), 함(咸)

9	9	9	9	9	9	9	9	9	9	9	9	9	9
2	2	2	4	4	4	4	6	6	7	7	8	8	8
4	6	14	2	4	12	20	2	9	8	16	7	8	15

9	9	9	9	9	9	9	9	9	9	9	9	9	9
8	9	9	12	12	12	14	14	14	15	15	16	16	20
16	6	14	4	12	20	2	9	15	8	14	7	8	4

10획 성 - 강(剛), 계(桂), 고(高), 골(骨), 당(唐), 마(馬), 서(徐)
　　　　손(孫), 수(洙), 예(芮), 옹(邕), 운(芸), 원(袁), 은(殷)
　　　　조(曺), 진(晋), 진(秦), 진(眞), 창(倉), 편(扁), 하(夏)
　　　　홍(洪), 환(桓), 후(候)

10	10	10	10	10	10	10	10	10	10	10	10	10	10
3	3	3	5	5	5	6	6	6	6	7	7	7	8
3	5	8	3	6	8	5	7	15	19	6	8	14	3

10	10	10	10	10	10	10	10	10	10	10	10	10
8	8	8	8	11	13	14	14	14	15	15	15	19
5	7	13	15	14	8	7	11	15	6	8	14	6

11획 성 - 강(康), 견(堅), 국(國), 권(眷), 나(那), 낭(浪), 마(麻)
매(梅), 묘(苗), 반(班), 방(邦), 범(范), 빈(彬), 빈(賓)
설(偰), 양(梁), 어(魚), 연(連), 원(苑), 위(偉), 이(異)
장(張), 장(章), 정(旌), 최(崔), 해(海), 허(許), 형(邢)
호(胡), 호(扈)

11	11	11	11	11	11	11	11	11	11	11	11	11	11
2	2	4	4	4	5	6	6	6	7	7	10	12	12
4	5	2	14	20	2	7	12	18	6	14	14	6	12

11	11	11	11	11
14	14	14	18	20
4	7	10	6	4

12획 성 - 강(强), 경(景), 구(邱), 단(單), 돈(敦), 민(閔), 부(傅)
삼(森), 소(邵), 순(淳), 순(舜), 순(荀), 순(順), 운(雲)
유(庾), 저(邸), 정(程), 조(朝), 증(曾), 지(智), 팽(彭)
풍(馮), 필(弼), 허(虛), 황(黃), 동방(東方)

12	12	12	12	12	12	12	12	12	12	12	12	12	12
3	3	4	4	4	5	5	5	6	6	6	9	9	9
3	20	9	13	19	6	12	20	5	11	19	4	12	20

12	12	12	12	12	12	12	12	12	12	12	12	12	12
11	11	12	12	12	12	12	13	13	13	17	19	19	20
6	12	5	9	11	13	17	4	12	20	12	4	6	3

12	12	12
20	20	20
5	9	13

13획 성 - 가(賈), 금(琴), 노(路), 뇌(雷), 돈(頓), 목(睦), 아(阿)
양(楊), 염(廉), 옹(雍), 자(慈), 장(莊), 춘(椿), 회(會)
강전(岡田), 사공(司空), 소봉(小峰)

13	13	13	13	13	13	13	13	13	13	13	13	13	13
2	2	3	3	4	4	4	5	8	8	8	10	12	12
3	16	2	8	4	12	20	19	3	8	10	8	4	12

13	13	13	13	13	13	13	13	13	13
12	16	16	16	19	19	19	20	20	20
20	2	8	19	5	16	20	4	12	19

14획 성 - 견(甄), 국(菊), 기(箕), 단(端), 배(裵), 봉(鳳), 신(愼)
영(榮), 온(溫), 조(趙), 채(菜), 학(郝), 공손(公孫)
서문(西門)

14	14	14	14	14	14	14	14	14	14	14	14	14	14
2	2	2	3	3	3	4	4	4	4	7	7	7	9
9	15	19	4	15	18	3	7	11	17	4	10	11	2

14	14	14	14	14	14	14	14	14	14	14	14	14
9	10	10	10	11	11	11	15	15	15	17	18	19
9	7	11	15	4	7	10	2	3	10	4	3	2

15획 성 - 갈(葛), 경(慶), 곽(郭), 궉(鴌), 노(魯), 누(樓), 동(董)
만(萬), 묵(墨), 섭(葉), 양(樑), 엽(葉), 영(影), 유(劉)
증(增), 진(陣), 탄(彈), 한(漢), 흥(興), 장곡(長谷)

15	15	15	15	15	15	15	15	15	15	15	15
2	2	2	3	6	6	6	8	8	8	9	9
6	14	16	14	2	10	18	8	9	10	8	14

15	15	15	15	15	15	15	15	15	15	15	15
10	10	10	14	14	14	14	16	16	16	18	17
6	8	14	2	3	9	10	2	8	17	6	16

16획 성 - 강(彊), 교(橋), 노(盧), 뇌(賴), 도(道), 도(都), 도(陶)
두(頭), 반(潘), 연(燕), 용(龍), 육(陸), 음(陰), 전(錢)
제(諸), 황보(皇甫)

16	16	16	16	16	16	16	16	16	16	16	16	16	16
2	2	2	2	5	5	5	7	7	7	8	8	8	8
5	13	15	19	2	8	16	8	9	16	5	7	9	13

16	16	16	16	16	16	16	16	16	16	16	16	16	16
8	8	9	9	9	13	13	13	15	15	15	15	16	16
15	17	7	8	16	2	8	19	2	8	16	17	5	7

16	16	16	16	16	16	16
16	16	16	17	17	19	19
9	13	15	8	15	2	13

17획 성 - 국(鞠), 사(謝), 양(襄), 장(蔣), 종(鐘), 채(蔡), 추(鄒)
한(韓)

17	17	17	17	17	17	17	17	17	17	17	17	17	17
4	4	4	4	6	6	6	7	7	8	8	8	12	12
4	12	14	20	12	15	18	8	14	7	8	16	4	6

17	17	17	17	17	17	17	17	17	17	17
12	14	14	15	15	15	16	16	18	20	20
12	4	7	6	16	20	8	15	6	4	15

18획 성 - 간(簡), 국(鞠), 망절(網切), 위(魏), 천(遷), 호(鎬)

18	18	18	18	18	18	18	18	18	18	18	18	18	18
3	3	5	6	6	6	6	6	7	7	11	14	14	14
3	14	6	5	7	11	15	17	6	14	6	3	7	15

18	18	18
15	15	17
6	14	6

19획 성 - 국(麴), 담(譚), 방(龐), 변(邊), 설(薛), 정(鄭), 남궁(南宮)
어금(魚金)

19	19	19	19	19	19	19	19	19	19	19	19	19	19
2	2	2	4	4	4	5	6	6	10	12	12	13	13
4	14	16	2	12	14	13	10	12	6	4	6	5	16

19	19	19	19	19	19
13	14	14	16	16	20
20	2	4	2	13	13

20획 성 - 나(羅),엄(嚴),제(薺),선우(鮮于)

20	20	20	20	20	20	20	20	20	20	20	20	20	20
3	3	4	4	4	4	5	5	9	9	9	11	12	12
12	15	9	11	13	17	12	13	4	9	12	4	3	5

20	20	20	20	20	20	20
12	12	13	13	13	15	17
9	13	4	5	12	3	4

21획 성 - 고(顧), 등(藤), 학(鶴)

21	21	21	21	21	21	21	21	21	21	21	21	21	21
2	2	3	3	4	4	4	4	8	8	8	8	10	10
14	16	8	14	4	12	14	20	3	8	10	16	8	14

21	21	21	21	21	21	21	21	21	21	21
11	12	12	14	14	14	14	16	16	20	20
20	4	12	2	3	4	10	2	8	4	11

22획 성 - 곽(藿),권(權),변(邊),소(蘇),습(襲),온(蘊),은(隱)

22	22	22	22	22	22	22	22	22	22	22	22	22	22
2	2	2	2	3	3	7	7	9	9	10	10	10	10
9	11	13	15	10	13	9	10	2	7	3	7	13	15

22	22	22	22	22	22
11	13	13	13	15	15
2	2	3	10	2	10

23획 성 - 난(欒)

23	23	23	23	23	23	23	23	23	23	23	23	23	23
2	2	6	6	6	6	6	8	8	9	9	9	10	10
6	14	2	9	10	12	18	8	10	6	9	15	6	8

23	23	23	23	23	23	23	23	23	23	23
10	10	12	12	14	14	14	15	15	15	18
14	15	6	12	2	10	15	9	10	14	6

25획 성 - 독고(獨孤), 명림(明臨)

25	25	25	25	25	25	25	25	25	25	25	25
4	4	6	6	7	7	8	10	10	12	13	16
4	12	7	10	6	16	8	6	13	4	10	7

31획 성 - 제갈(諸葛)

31	31	31	31	31	31	31	31	31	31	31	31	31	31
2	2	2	4	4	4	6	6	7	7	8	10	10	14
4	6	14	2	4	17	2	10	10	14	8	6	7	2

31	31
14	17
7	4

3. 삼원오행

삼원오행은 자원오행이나 수리작명 보다 이름에 미치는 영향이 미약하며 천(天), 지(地), 인(人)로 하늘과 땅, 사람을 천격, 지격, 인격의 삼원으로 나눈 것으로 삼원을 구하는 방법이 학파(學派)에 따라 서로 다르다.

성과 이름 각각의 획수만을 차례로 天, 地, 人로 나누기도 하지만 성을 天으로 성과 이름의 첫 글자를 더하여 地로 이름 두 글자를 더하여 人으로 그리고 성과 이름의 끝 글자를 더하여 天으로 성과 이름의 첫 글자를 더하여 地로 이름 두 글자를 더하여 人으로 하기도 하며 특히 성의 획수에 허수(虛數) 1획을 더하여 天으로 성과 이름 첫 글자를 더하여 地로 이름 두 글자를 더하여 人으로 하는 방법은 이름이 대부분 4글자인 일본(日本)에서 작명할 때 많이 사용된다.

삼원을 구하는 방법이 서로 달라 길, 흉이 다르게 나오기 때문에 이견(異見)이 많아 삼원오행을 무시하는 작명하는 곳도 있으나 여기서는 성과 이름 각각의 획수를 천격, 지격, 인격으로 하였다.

10획 이상의 획수는 10을 재외 한 나머지 획수가 오행이 되며 이 획수의 삼원오행 배치가 좋아야 하는데 작명 시 사용하는 오행의 숫자 구분과 역학에서 사용되는 숫자 본래의 오행 구분이 또 달라 저자는 삼원오행의 비중을 적게 둔다.

(1) 획수 오행

五行　　　　획수	목(木)	화(火)	토(土)	금(金)	수(水)
삼원 작명시 획수	1, 2	3, 4	5, 6	7, 8	9, 0
역학 본래의 숫자	3, 8	2, 7	5, 0	4, 9	1, 6

(2) 성씨별 삼원오행

획수	성 씨	오행
2획	내(乃), 복(卜), 정(丁), 입(入), 우(又)	목
3획	궁(弓), 대(大), 범(凡), 천(千), 우(于), 야(也)	화
4획	개(介), 공(公), 공(孔), 근(斤), 모(毛), 문(文), 방(方) 변(卞), 부(夫), 수(水), 원(元), 윤(尹), 정(井), 천(天) 태(太), 편(片), 화(化)	화

획수	성 씨	오행
5획	감(甘), 구(丘), 백(白), 비(조), 빙(氷), 사(史), 석(石) 소(召), 신(申), 영(永), 옥(玉), 왕(王), 전(田), 점(占) 좌(左), 평(平), 포(包), 피(皮), 현(玄), 호(乎)	토
6획	곡(曲), 길(吉), 모(牟), 미(米), 박(朴), 빙(冰), 서(西) 성(成), 십(辻), 안(安), 이(伊), 인(印), 임(任), 전(全) 주(朱), 후(后)	토
7획	군(君), 두(杜), 량(良), 리(利), 소(邵), 송(宋), 신(辛) 여(呂), 여(余), 여(汝), 연(延), 오(吳), 이(李), 지(池) 차(車), 초(初), 판(判)	금
8획	구(具), 기(奇), 김(金), 나(奈), 내(奈), 림(林), 맹(孟) 명(明), 문(門), 방(房), 복(宓), 봉(奉), 사(舍), 상(尙) 석(昔), 송(松), 승(承), 심(沈), 애(艾), 야(夜), 우(盂) 종(宗), 주(周), 창(昌), 채(采), 탁(卓)	금
9획	강(姜), 남(南), 단(段), 류(柳), 사(泗), 선(宣), 성(星) 승(昇), 시(柴), 요(姚), 우(禹), 위(韋), 유(俞), 준(俊) 추(秋), 표(表), 하(河), 함(咸)	수
10획	강(剛), 계(桂), 고(高), 골(骨), 당(唐), 마(馬), 서(徐) 손(孫), 수(洙), 예(芮), 옹(邕), 운(芸), 원(袁), 은(殷) 조(曺), 진(晋), 진(秦), 진(眞), 창(倉), 편(扁), 하(夏) 홍(洪), 환(桓), 후(候)	수
11획	강(康), 견(堅), 국(國), 권(眷), 나(那), 낭(浪), 마(麻) 매(梅), 묘(苗), 반(班), 방(邦), 범(范), 빈(彬), 빈(賓) 설(偰), 양(梁), 어(魚), 연(連), 원(苑), 위(偉), 이(異) 장(張), 장(章), 정(旌), 최(崔), 해(海), 허(許), 형(邢) 호(胡), 호(扈)	목
12획	강(强), 경(景), 구(邱), 단(單), 돈(敦), 민(閔), 부(傅) 삼(森), 소(邵), 순(淳), 순(舜), 순(荀), 순(順), 운(雲) 유(庾), 저(邸), 정(程), 조(朝), 증(曾), 지(智), 팽(彭) 풍(馮), 필(弼), 허(虛), 황(黃), 동방(東方)	목

획수	성 씨	오행
13획	가(賈), 금(琴), 노(路), 뇌(雷), 돈(頓), 목(睦), 아(阿) 양(楊), 염(廉), 옹(雍), 자(慈), 장(莊), 춘(椿), 회(會) 강전(岡田), 사공(司空), 소봉(小峰)	화
14획	견(甄), 국(菊), 기(箕), 단(端), 배(裵), 봉(鳳), 신(愼) 영(榮), 온(溫), 조(趙), 채(菜), 학(郝), 공손(公孫) 서문(西門)	화
15획	갈(葛), 경(慶), 곽(郭), 궉(鴌), 노(魯), 누(樓), 동(董) 만(萬), 묵(墨), 섭(葉), 양(樑), 엽(葉), 영(影), 유(劉) 증(增), 진(陣), 탄(彈), 한(漢), 흥(興), 장곡(長谷)	토
16획	강(彊), 교(橋), 노(盧), 뇌(賴), 도(道), 도(都), 도(陶) 두(頭), 반(潘), 연(燕), 용(龍), 육(陸), 음(陰), 전(錢) 제(諸), 황보(皇甫)	토
17획	국(鞠), 사(謝), 양(襄), 장(蔣), 종(鐘), 채(蔡), 추(鄒) 한(韓)	금
18획	간(簡), 국(鞠), 망절(網切), 위(魏), 천(天), 호(鎬)	금
19획	국(麴), 담(譚), 방(龐), 변(邊), 설(薛), 정(鄭), 남궁(南宮), 어금(魚金)	수
20획	나(羅), 엄(嚴), 제(薺), 선우(鮮于)	수
21획	고(顧), 등(藤), 학(鶴)	목
22획	곽(藿), 권(權), 변(邊), 소(蘇), 습(襲), 온(蘊) 은(隱)	목
23획	난(欒)	화
25획	독고(獨孤), 명림(明臨)	토
31획	제갈(諸葛)	목

● 성씨별 삼원오행 예시

성이 1자 이름이 2자인 경우	성이 1자 이름이 1자인 경우
김(金) 준(峻) 수(秀) 김은 8획이니 오행의 金이 된다. 준은 10획이니 오행의 水가 된다. 수는 7획이니 오행의 金이 된다. 오행이 금,수,금이니 54p 표에서 찾으면 ◉이니 좋다.	김(金) 준(峻) 김은 8획이니 오행의 金이 된다. 준은 10획이니 오행의 水가 된다. 오행에서 금,수는 서로 상생의 관계이므로 좋다.

성이 2자 이름이 2자인 경우	성이 2자 이름이 1자인 경우
황보(皇甫) 준(峻) 수(秀) 황보는 16획이니 오행의 土가 된다. 준은 10획이니 오행의 水가 된다. 수는 7획이니 오행의 金이 된다. 오행이 토,수,금이니 54p 표에서 찾으면 ×이니 좋지 않다.	황보(皇甫) 준(峻) 황보는 16획이니 오행의 土가 된다. 준은 10획이니 오행의 水가 된다. 오행에서 토,수는 서로 상극의 관계 이므로 나쁘다.

(3) 삼원오행의 길흉 배치

성과 이름의 3글자 한자 획수에 따른 삼원오행의 길흉 배치는 53p, 54p 자원오행 길흉 배치표와 같으니 참조하면 된다.

4. 작명 불용 한자(不用漢字)

다음 예시(例示)한 한자들은 성(姓)으로 사용되면 무방하나 좋은 의미를 지니고 있어도 작명할 때는 가능하면 사용하지 않는 글자이니 유념해 두어야 한다.

(1) 일(一)에서 구(九)까지의 숫자와 십(十), 백(百), 천(千), 만(萬), 억(億), 조(兆) 등 숫자의 단위와 연관이 있는 한자는 사용하지 않는다.

(2) 10간인 갑(甲), 을(乙), 병(丙), 정(丁), 무(戊), 기(己), 경(庚), 신(辛), 임(壬), 계(癸)와 십이지인 자(子), 축(丑), 인(寅), 묘(卯), 진(辰), 사(巳), 오(午), 미(未), 신(申), 유(酉), 술(戌), 해(亥)는 영(靈)적인 강한 기운을 암시하고 있어 예외적인 경우만 제한적으로 사용한다.

(3) 사계절인 春(춘), 夏(하), 秋(추), 冬(동)은 계획한 일들이 순조롭지 못하여 도중에 실패하는 경우가 많다.

(4) 광(光), 귀(貴), 만(滿), 문(文), 부(富), 복(福), 비(飛), 수(壽), 수(秀), 충(忠), 영(榮), 행(幸), 효(孝)는 의미는 좋으나 뜻과 반대로 작용하는 경우가 많아 될 수 있으면 사용하지 않아야 한다.

(5) 개〔견(犬)〕, 개〔구(狗)〕, 닭〔계(鷄)〕, 말〔마(馬)〕, 소〔우(牛)〕, 돼지〔저(猪)〕 등 동물을 뜻하는 글자는 부적당하다.

(6) 매화〔매(梅)〕, 난초〔난(蘭)〕, 국화〔국(菊)〕, 대나무〔죽(竹)〕, 소나무〔송(松)〕 등 식물을 뜻하는 글자도 사용하기 부적당하다.

(7) 몸〔체(體)〕, 목〔항(項)〕, 눈〔목(目)〕, 귀〔이(耳)〕, 코〔비(鼻)〕, 머리〔두(頭)〕, 정수리〔정(頂)〕, 다리〔각(脚)〕, 어깨〔견(肩)〕, 무릎〔슬(膝)〕, 발〔족(足)〕, 손〔수(手)〕, 등〔배(背)〕, 간〔간(肝)〕, 위〔위(胃)〕, 배〔복(腹)〕, 신장〔신(腎)〕, 콩팥〔신(腎)〕, 창자〔장(腸)〕, 쓸개〔담(膽)〕, 입술〔순(脣)〕, 목구멍〔인(咽)〕 등 사람의 신체에 해당하는 글자는 부적당하니 사용하지 않는다.

(8) 간(姦), 난(鸞), 末(말), 망(亡), 병(病), 사(死), 재(災), 파(破), 패(敗), 흉(凶) 등 뜻이 불길한 글자는 사용하지 않는다.

(9) 경, 영(璟), 계, 결(契), 공, 강(釭), 관, 곤(琯), 구, 후(昫) 등 한 한자에 두 개의 음이 있는 글자는 부적당하나 성(姓)으로 사용되면 무방하다.

(10) 고(高), 대(大), 동(東), 맹(孟), 선(先), 수(首), 시(始), 원(元), 자(子), 장(長), 전(前), 종(宗), 천(天), 청(靑), 태(泰) 등은 장남이나 장녀에게 사용 가능하고 중(中), 차(次), 재(再) 등은 차남이나 차녀에게 쓸 수 있는 글자다.

(11) 강(江), 견(鵑), 공(蚣), 구(鳩), 굴(窟), 담(潭), 당(塘), 랑(狼), 록(鹿), 리(李), 린(麟), 목(木), 묘(猫), 무(霧), 문(蚊), 백(栢), 봉(鳳), 붕(鵬), 빙(氷), 사(獅), 사(蛇), 상(象), 서(鼠), 수(樹), 수(水), 악(岳), 안(雁), 앵(鶯), 양(壤), 양(羊), 어(魚), 연(蓮), 연(淵), 연(燕), 오(蜈), 운(雲), 웅(熊), 원(猿), 인(蚓), 작(雀), 저(狙), 제(堤), 조(鳥), 지(地), 지(芝), 천(天), 충(蟲), 취(翠), 토(兎), 토(土), 파(坡), 풍(風), 하(河), 항(港), 호(狐), 홍(虹), 홍(鴻) 등 자연과 동물을 뜻하는 글자는 사용하지 않는다.

개(介): 부부운이 불길하고 성격(性格)이 괴팍하게 된다.

걸(乭): 예로부터 지위나 사회적 신분이 낮고 천한 사람들에게 흔히 사용되었으며 불행한 운명(運命)이 따르는 글자이다.

경(卿): 여자가 쓰게 되면 애정(愛情)에 번뇌하고 고독하게 된다.

경(慶): 허영심이 많고, 단명(短命)하거나 질병으로 고생하며 배우자와 이혼 또는 사별하게 된다.

광(光): 신경통과 시력 약화(弱化)의 질병이 생기고 행동이 경박하게 된다.

구(龜): 천년을 살 수 있는 거북이라 좋을 것 같으나 이와 반대로 단명(短命)하기 쉽다.

극(極): 발음도 어렵지만 매사(每事) 중도에서 이루어지는 경우가 적다.

길(吉): 참을성이 부족하고 인정(仁情)이 없으며 또 신경이 예민하고 부모나 형제로 부터 덕이 없으며 부부가 사별하게 된다.

금(琴): 고집이 세고 예민하며 이성(異性) 문제 등 심한 분쟁과 분란이 많으며 배우자 덕이 없는 글자이다.

금(錦): 한때 성공을 이루나 오래 지속(持續)하지 못하고 고독을 면할 길이 없으며 평생 고생(苦生)을 한다.

남(男): 실속도 없이 허세(虛勢)를 부리며 배우자 덕도 없고 자손도 불효하게 되며 가정불화가 잦다.

대(代): 동생(同生)이 사용하면 형이 망(亡)하고 여자는 고독해진다.

덕(德): 초, 중년은 평탄(平坦)하지만, 말년에는 외로워지는 글자이다.

도(桃): 자주 배신을 당하고 구설수(口舌數)가 많으며 배우자와 이혼이나 사별을 하게 되고 질병이 따른다.

돌(乭): 한때 성공하나 오래 유지(維持)하기가 어렵고 주변 사람들로부터 덕이 없으며 고독하게 되는 글자이다.

동(童): 아이처럼 소견(所見)이 좁고 편파적인 가치관을 가지게 된다.

명(命): 마음을 붙여 도움받을 곳이 없으며 가는 곳마다 해(害)를 주는 사람들을 만나게 되는 글자이다.

명(明): 성품이 순하고 머리가 명석하고 총명하나 자존심이 강하며 고집이 센 경우가 많다.

미(美): 예민하며 모든 일에 소극적이고 부모덕이 없으며 팔자(八字)가 사납고 복이 없으니 늘 근심이 따른다.

민(敏): 성격이 날카롭고 불화(不和)가 많으니 매사(每事) 이루기가 어렵고 인덕이 없다.

분(分): 재주가 많으나 성격이 급하고 재산을 쉽게 잃고 팔자가 사나워 과부나 홀아비가 많다.

분(粉): 명예욕이 강하여 모든 일에 앞장서나 주변으로부터 배반(背反)을 당하게 되는 고독한 글자이다.

사(絲): 성격이 까다로워 생각만 하고 망설이다 좋은 기회를 놓치는 경우가 많으며 결혼운도 좋지 않다.

산(山): 자기 의견만 우기니 타인(他人)과 불화가 잦고 하는 일마다 막힘이 많으며 결혼운도 좋지 않다.

상(上): 기분에 따라 즉흥적이고 낭비(浪費)가 많으며 가정불화로 부부가 이혼하거나 사별(死別)하게 되는 경우가 많다.

석(石): 부모 유산(遺産)이 있어도 모든 일에 뜻을 이루기가 어려우니 가산(家産)을 모두 탕진하게 되고 단명의 우려가 있다

선(仙): 형편이나 경우에 따라 일을 막힘없이 처리하는 능력(能力)이 없고 재물복도 없으며 질병과 고난이 따르는 글자이다.

설(雪): 한때 성공을 이루나 빠르게 이루어지고 빠르게 패하게 되며 불운(不運)을 불러오는 글자이다.

성(聖): 신의 영역(營域)에 속하는 글자이다.

성(星): 자신의 가치나 품위(品位)를 지키려는 자존심이 강하고 재물운이 없는 글자이며 과부가 될 팔자이다.

소(笑): 뜻밖의 액운(厄運)으로 매사 뜻하는 일을 이루기가 어렵다.

숙(淑): 자존심이 강하고 매사 자신의 생각이 옳다고 행동(行動)하니 남과 다툼
이 잦으며 여자는 남편 덕이 없다.

순(順): 자신의 뜻이나 생각을 굽힐 줄 모르니 모든 일에 막히는 일이 많으며
특히 금전거래로 패하는 경우가 많다.

승(勝): 참고 견디는 끈기가 적고 재물운과 부모덕이 없으며 배우자와 이혼(離
婚)이나 사별을 하게 되는 글자이다.

신(新): 천성은 온순하고 착하나 허영심이 많고 끈기가 없으며 가정불화가 많은
글자이다.

실(實): 모든 일에 끈기가 부족하고 대개 과부가 되는 경우가 많으며 일생에 파
란이 겹치니 매사 뜻을 이루기가 힘들다.

심(心): 남을 동정(同情)하고 배려하는 마음이 없고 변덕(變德)이 심하며 재물
운도 없다.

암(岩): 불운으로 고난과 고통(苦痛)이 생기는 글자이다.

애(愛): 이치에 맞는 말을 잘하며 이성(異性) 문제 등 각종 분쟁(紛爭)과 분란
이 따르고 자식이 불효하게 된다.

여(女): 독선적이고 변덕이 많아 충돌(衝突)이 잦으며 재물운도 없다.

영(榮): 허영심과 불신(不信)을 초래하는 글자로 객사하게 되는 글자이다.

영(英): 남자는 괜찮은데 여자에게는 불길하고 고독하게 살게 된다.

예(禮): 남을 배려(配慮)하는 정과 주변의 인덕(人德)이 없으니 뜻을 이루기가
힘들고 질병으로 고생하게 된다.

우(隅): 육친(肉親)이 무정하고 자식에 근심이 생기며 부부불화가 생긴다.

월(月): 어두운 밤에 달과 같이 하늘 가운데 홀로 외롭게 떠 있으니 고독을 면
하기가 어렵다.

옥(玉): 모든 일이 깨어지고 산산조각이 나는 모양이니 실패수가 빈번하고 여자
는 과부가 되는 경우가 많다.

완(完): 형(兄)은 사용하여도 무방하나 동생이 쓰면 형에게 불길하다.

용(龍): 융통성이 부족하며 부모와 형제(兄弟)의 덕이 없는 고독한 글자이고 개띠나 돼지띠는 절대 사용하지 않는다.

은(銀): 마음은 착하나 주변의 인덕이 없고 매사 어려움이 따르니 성패가 잦고 변화(變化)가 많다.

이(伊): 옛날에는 많이 사용되었지만, 요즘에는 고독하고 보잘 것 없으며 천하게 된다고 사용하지 않는다.

인(仁): 고치기 어려운 난치병(難治病)이 생기고 불행이 빈번하게 찾아오니 일생 동안 뜻하지 않게 재난만 오게 된다.

일(日): 매사 방해(妨害)가 되는 일이 많이 생기고 몸이 불편하고 아픈 곳이 있어 활동(活動)하기가 어렵게 된다.

자(子): 신분이나 지위(地位)가 낮게 보여 요즘에는 사용하지 않는다.

진(珍): 모든 일이 중도(中途)에서 맞지 않거나 어긋나기 쉬우며 특히 여자에게는 과부(寡婦)가 되는 경우가 많다.

진(眞): 글자처럼 진실(眞實)하게 되면 좋으나 모든 일이 중도에 수포(水泡)로 돌아가게 되고 특히 여자는 남편의 덕이 없다.

천(川): 개천에 흐르는 물처럼 모든 것이 사방(四方)에 흩어진다.

철(鐵): 늘 가난(家難)과 고독이 따르니 남들에게 업신여김과 천대(賤待)를 받게 되는 글자이다.

초(初): 매사 불행히 뒤를 이어 계속 생겨나고 모든 일에 방해(妨害)가 많이 따르는 글자이다.

풍(豊): 뜻과 다르게 육친(肉親)이 무덕하고 재물을 크게 모아도 하루아침에 잃게 된다.

학(鶴): 성품(性品)이 맑고 깨끗하여 많은 사람에게 존경받게 되나 재물은 모이지 않고 항상 외로움이 따른다.

해(海): 매사 순조롭지 못하고 풍파와 곤란한 일들이 평생 생기는 글자이다.

행(幸): 글자의 뜻과 반대로 불행과 고달픔이 다르고 수술과 부상에 따른다.

호(虎): 자만심이 강하고 단명(短命)하는 경우가 많고 그렇지 않으면 가난하게 된다.

홍(紅): 단명할 수가 있고 경솔하여 모든 일이 뜻대로 잘 이루어지지 않는다.

화(華): 부부, 자녀운이 흉하고 고독하며 시비나 관재 구설이 따른다.

희(姬): 특히 여자가 사용하면 남자를 도와주기만 하니 자기 자신에게는 전혀 도움이 되지 않는 글자이다.

희(喜): 글자의 뜻과는 반대(反對)되는 슬픔과 고독을 면하지 못하며 재물 또한 흩어지는 글자이다.

이 밖에도 가(嘉), 고(高), 구(口), 國(국), 규(珪), 금(金), 령(靈), 마(瑪), 보(寶), 보(菩), 봉(峰), 분(紛), 빈(玭), 살(薩), 선(鮮), 옥(鈺), 원(元), 재(財), 전(錢), 점(點), 정(晶), 정(貞), 주(珠), 주(柱), 중(重), 지(枝), 진(鎭), 천(釧), 초(草), 출(出), 취(翠), 패(貝), 행(杏), 향(香), 현(玄), 호(好), 화(貨), 화(花), 희(熙) 등의 글자들도 사용을 피하는 것이 좋다.

지금까지 작명하는 방법(方法)에 관하여 여러 가지를 서술하였는데 어느 법칙을 우선으로 적용하여야 하는지 의문(疑問)을 가지게 되리라고 생각된다.

구태여 점수로 매긴다면 사주에 부족한 자원 오행의 한자를 찾아 넣으면 25점, 한글 자음의 발음 오행이 상생되면 15점, 한자 획수로 결정되는 수리가 모두 좋으면 15점, 한자 성과 이름의 자원 오행이 상생되면 15점이 되며 이 네 가지 원리(原理)만으로 작명하였어도 70점 정도의 이름이 된다.

또 불용한자 미사용 15점, 한글 성명에 모음의 음양(陰陽)을 잘 배치하면 6점, 한글 이름에 받침을 잘 넣으면 3점, 이름 두 글자를 상생으로 배치하면 2점, 성과 이름 마지막 글자의 상생 관계(關係) 1점, 삼원오행 배치와 한글, 한자의 획수 음양, 사주팔자의 음양 균형을 알아 적절하게 보충 등 기타가 3점 정도이다.

아무튼, 이 모든 법칙(法則) 간에도 서로 상반(相反)되는 경우가 있으니 완벽한 이름을 작명한다는 것은 고도의 집중력이 필요한 매우 어려운 일이지만 자녀나 자신에게 합당한 최상의 이름을 작명하여 인생에 활력(活力)을 불어넣는 원천(源泉)이 되었으면 한다.

이름으로 인하여 자신의 삶이 힘들고 어려운 일들이 생긴다고 생각한다면 긍정적인 생각으로 바뀔 수 있도록 반드시 개명(改名)을 해야 하며 현실적으로 바꾸기가 어려운 경우에는 우선 예명이나 아호(雅號)를 명함 등에 사용하면 된다.

그리고 개명한다고 하루아침에 운세(運勢)가 바뀌는 것이 아니니 너무 조급함을 갖지 않았으면 하고 당분간 개명한 이름을 사용해보고 좋은 느낌이나 감정(感情)이 생기면 그때 관공서에 신청하는 것이 좋을 것 같으며 서둘러 하였다 후회하는 일이 없도록 해야 한다.

끝으로 여러분의 현재 이름이 작명법에 합당하지 않을 수도 있겠지만 그 당시 부모님이 작명에 관한 이해(理解)가 부족하였어도 최선의 노력과 선택으로 여러분의 이름을 지었으리라 믿는다.

부모님의 고뇌(苦惱)와 자식 잘되기를 바라는 기운이 듬뿍 담긴 이름을 탓하기 전에 자신의 노력으로도 행복한 삶을 영위할 수 있다는 마음가짐과 자신감을 가졌으면 한다.

한자 획수는 필기할 때와 본래 획수가 일치하지 않아 혼동하는 경우가 많지만, 인명용 한자표에는 본래 획수를 수록하였기 때문에 걱정하지 않아도 된다.

◉ 틀리기 쉬운 부수(部首)의 예를 들면 氵(3획)→水(4획), 扌(3획)→手(4획), 忄(3획)→心(4획), 犭(3획)→犬(4획), ++.++(3,4획)→艸(6획), 阝(右부방,3획)→邑(7획), 阝(左부방,3획)→阜(8획), 王(4획)→玉(5획), 礻(4획)→示(5획), 耂(4획)→老(6획), 衤(5획)→衣(6획), 辶(4획)→辵(7획), 罒(5획)→网(6획), 月은 기본 4획으로 보나 고기 육(肉)의 뜻을 가질 때는 肉의 본래 획수인 6획으로 적용하였다.

그리고 숫자에 관한 것인데 四(5획)→4획, 五(4획)→5획, 六(4획)→6획, 七(2획)→7획, 八(2획)→8획, 九(2획)→9획, 十(2획)→10획으로 하였고 百(백), 千(천), 萬(만), 億(억), 兆(조) 등은 본래 획수로 하였다.

한문 한 글자의 음이 2개인 경우에는 뜻의 칸 안 괄호( )에 다른 음을 표기하였는데 가령 가(賈)의 경우 "값, 성(고)"로 수록하였다.

음	한글 표시.

자	한자 표시.

뜻	한자의 뜻으로 조금씩 다른 뜻도 가지고 있다.

획	한자 본래의 획수로 작명할 때 이 획수를 적용하면 된다.

자 원	한자가 가진 오행으로 사주에 부족한 기운을 보충할 때 사용.

품 위	◉:매우 좋음, ○:좋음, △:보통, ×:나쁨, ⊠:불용한자.

● 한자의 자원오행은 부수의 오행에 따라 결정되며 간혹 사전(辭典)에 따라 한자 부수의 분류가 달라 오행이 다를 수도 있으니 참고하였으면 한다.

획수	부수의 자원오행
1획	一(木), ｜(木), ノ(金), ﹨(木), 乙(木), ｜(金)
2획	二(木), 亠(火), 人(火), 亻(火), 儿(木), 入(木), 冂(土), 冖(水), 冫(水) 几(水), 凵(水), 刀(金), 刂(金), 力(土), 勹(金), 匕(金), 匚(土), 匸(水) 十(水), 卜(火), 卩(木, 水), 厂(水), 厶(木), 又(水)
3획	口(水), 囗(水), 土(土), 士(木), 夂(水), 夊(土), 夕(水), 大(木), 女(土) 子(水), 宀(木), 小(水), 尢(土), 尸(水), 寸(土), 屮(木), 山(土), 巛(水) 工(火), 己(土), 巾(木), 干(木), 幺(水), 广(木), 廴(木), 廾(木), 弋(金) 弓(火), 彐(火), 彡(火), 彳(火), 忄(火), 扌(木), 氵(水), 犭(土), 艹(木) 阝(土)
4획	心(火), 戈(金), 戶(木), 手(木), 支(土), 攴(金), 攵(金), 文(木), 斗(火) 斤(金), 方(土), 无(水), 日(火), 曰(火), 月(水), 木(木), 欠(火), 止(土) 歹(水), 殳(金), 毋(土), 比(火), 毛(火), 氏(火), 气(水), 水(水), 火(火) 灬(水), 爪(金), 父(木), 爻(火), 爿(木), 片(木), 牙(金), 牛(土), 犬(土) 王(金), 礻(木), 辶(土), 耂(土), 艹(木)
5획	玄(火), 玉(金), 瓜(木), 瓦(土), 甘(土), 生(木), 用(水), 田(土), 疋(土) 疒(水), 癶(水), 白(金), 皮(金), 皿(金), 目(木), 矛(金), 矢(金), 石(金) 禸(木), 禾(木), 穴(水), 立(金), 罒(木), 衤(木), 示(木)
6획	竹(木), 米(木), 糸(木), 缶(土), 网(木), 羊(土), 羽(火), 而(水), 老(土) 耒(木), 耳(火), 聿(火), 肉(水), 臣(火), 自(木), 至(土), 臼(土), 舌(火) 舛(木), 舟(木), 艮(土), 色(土), 艸(木), 虍(木), 虫(水), 血(水), 行(火) 衣(木), 襾(金)
7획	見(火), 角(木), 言(金), 谷(水), 豆(木), 豕(水), 豸(水), 貝(金), 赤(火) 走(火), 足(土), 身(火), 車(火), 辛(金), 辰(土), 辵(土), 邑(土), 酉(金) 釆(火), 里(土)
8획	金(金), 長(木), 門(木), 阜(土), 隶(水), 隹(火), 雨(水), 靑(木), 非(水)
9획	面(火), 革(金), 韋(金), 韭(木), 音(金), 頁(火), 風(木), 飛(火), 食(水) 首(水), 香(木)
10획	馬(火), 骨(金), 高(火), 髟(火), 鬥(金), 鬯(木), 鬲(土), 鬼(火)
11획	魚(水), 鳥(火), 鹵(水), 鹿(土), 麥(木), 麻(木)
12획	黃(土), 黍(木), 黑(水), 黹(木)
13획	黽(土), 鼎(火), 鼓(金), 鼠(水)
14획	鼻(金), 齊(土)	**15획** 齒(金)
16획	龍(土), 龜(水)	**17획** 龠(火)

음	자	뜻	획	자원	품격
가	加	더할, 베풀	5	土	◉
	可	옳을, 찬성할	5	水	◉
	伽	절, 사찰	7	火	×
	佳	아름다울	8	火	◉
	坷	평탄치 않을	8	土	×
	呵	꾸짖을	8	水	×
	架	세울, 시렁	9	木	◉
	柯	가지, 줄기	9	木	○
	枷	칼, 도리깨	9	木	×
	家	집, 가족	10	木	×
	珂	흰 옥돌	10	金	○
	珈	머리꾸미개	10	金	×
	哥	성, 노래	10	水	△
	哿	옳을, 좋을	10	水	◉
	痂	헌데딱지	10	水	×
	舸	배, 선박	11	木	△
	笳	갈대 피리	11	木	○
	袈	가사, 승려옷	11	木	×
	茄	가지, 연줄기	11	木	×
	耞	도리깨	11	木	×

음	자	뜻	획	자원	품격
가	苛	가혹할	11	木	×
	假	거짓, 바꿀	11	火	×
	斝	술잔, 기원할	12	火	×
	街	거리, 시가	12	火	○
	軻	굴대, 수레	12	火	×
	迦	막을, 차단	12	土	×
	跏	책상다리	12	土	×
	葭	갈대	13	木	△
	暇	틈, 한가할	13	火	×
	嫁	시집갈, 넘길	13	土	×
	賈	값, 성 (고)	13	金	⊠
	榎	팽나무	14	木	△
	歌	노래	14	火	△
	嘏	클 (하)	14	水	⊠
	嘉	아름다울	14	水	⊠
	稼	심을, 양식	15	木	◉
	蕸	갈대	15	木	○
	價	값어치, 값	15	火	×
	駕	멍에, 타다	15	火	×
	檟	개오동나무	17	木	△

음	자	뜻	획	자원	품격
가	謌	노래, 가사	17	金	△
	鎵	갈륨	18	金	×
각	各	각각, 제각기	6	水	×
	角	뿔, 구석	7	木	×
	却	그칠, 물리칠	7	火	○
	刻	새길, 깎을	8	金	○
	卻	물리칠, 그칠	9	水	×
	咯	울다, 뱉다	9	水	×
	恪	삼갈, 공경할	10	火	◉
	埆	메마를, 험한	10	土	×
	珏	쌍옥, 옥한쌍	10	金	○
	桷	가지, 서까래	11	木	△
	殼	껍질, 허물	12	金	×
	脚	다리, 정강이	13	水	×
	推	치다, 때리다	14	木	×
	閣	집, 문설주	14	木	△
	慤	삼갈, 정성	14	火	○
	愨	성실, 순박할	15	火	○
	擱	놓다, 멎을	18	木	×
	覺	깨달을, 터득	20	火	○

음	자	뜻	획	자원	품격
간	干	방패, 막을	3	木	×
	刊	새길, 발행할	5	金	○
	奸	간사할, 간통	6	土	×
	艮	어긋날	6	土	×
	杆	방패	7	木	×
	忓	다할, 요란할	7	火	×
	秆	볏짚, 짚	8	木	○
	侃	굳셀, 강직할	8	火	◉
	玕	옥돌	8	金	◉
	矸	산돌 (안)	8	金	☒
	柬	가릴, 선택할	9	木	○
	看	볼, 지킬	9	木	○
	竿	낚싯대, 장대	9	木	×
	衎	즐길, 기뻐할	9	火	○
	姦	간음할, 나쁠	9	土	☒
	肝	간, 정성	9	水	×
	栞	표할, 수정할	10	木	△
	赶	달릴, 쫓다	10	火	×
	迁	구할, 요구할	10	土	○
	桿	난간, 방패	11	木	×

음	자	뜻	획	자원	품격
간	侃	강직할	11	火	○
	秆	볏짚, 짚	12	木	○
	莨	독초 이름	12	木	×
	間	사이, 틈새	12	木	×
	幹	줄기, 근본	13	木	△
	揀	가릴, 분간할	13	木	△
	榦	줄기, 기둥	14	木	○
	慳	아낄, 인색할	15	火	×
	墾	개간, 김맬	16	土	×
	諫	간할, 간여할	16	金	×
	澗	산골 물	16	水	△
	懇	간절할, 정성	17	火	△
	艱	어려울	17	土	×
	磵	산골짜기	17	金	△
	癎	간질, 경풍	17	水	×
	簡	대쪽, 편지	18	木	△
	齦	깨물다 (은)	21	金	⊠
갈	圶	땅이름	6	木	○
	曷	어찌, 언제	9	火	×
	秸	볏짚	11	木	△

음	자	뜻	획	자원	품격
갈	喝	꾸짖을 (애)	12	水	⊠
	楬	푯말, 악기명	13	木	○
	渴	목마를, 갈증	13	水	×
	碣	비석 (게)	14	金	⊠
	竭	다할, 끝날	14	金	×
	葛	칡, 제갈 성	15	木	△
	褐	갈색, 베옷	15	木	△
	羯	불깐 양	15	土	×
	蝎	전갈, 수궁	15	水	×
	噶	맹세할	16	水	○
	鞨	말갈	18	金	×
	蠍	전갈 (헐)	19	水	⊠
감	甘	성, 달, 만족	5	土	○
	坎	구덩이, 고생	7	土	×
	坩	쇠 도가니	8	土	×
	弇	덮을 (엄)	9	木	⊠
	柑	귤, 감자	9	木	○
	玪	옥이름	9	金	◉
	泔	드물, 달다	9	水	◉
	疳	감질, 간병	10	水	×

음	자	뜻	획	자원	품격
감	紺	감색, 야청빛	11	木	○
	勘	헤아릴, 심문	11	土	○
	埳	구덩이	11	土	×
	欿	서운할, 근심	12	火	×
	堪	뛰어날, 견딜	12	土	○
	嵌	골짜기, 동굴	12	土	×
	嵁	험준할	12	土	×
	邯	땅이름 (한)	12	土	⊠
	敢	감히, 용감할	12	金	◉
	酣	흥겨울, 한창	12	金	○
	淦	물 이름, 성	12	水	×
	感	느낄, 감동할	13	火	○
	戡	이길, 평정할	13	金	△
	減	덜다, 줄다	13	水	×
	監	볼, 살필	14	金	◉
	橄	감람나무	16	木	○
	憨	어리석을	16	火	×
	澉	싱거울, 성	16	水	×
	撼	흔들다, 요동	17	木	×
	瞰	굽어볼, 보다	17	木	○

음	자	뜻	획	자원	품격
감	憾	섭섭할, 유감	17	火	×
	歛	줄, 바라다	17	火	△
	轗	가기 힘들다	20	火	×
	鹻	덩어리 소금	21	水	×
	龕	절의탑, 이길	22	土	△
	鑑	거울, 본보기	22	金	○
	鑒	비칠, 살필	22	金	○
	矙	엿볼, 보다	25	木	×
갑	甲	갑옷, 첫째	5	木	⊠
	匣	작은 상자	7	土	×
	岬	곶, 산허리	8	土	○
	胛	어깨뼈	11	水	×
	閘	수문, 물문	13	木	×
	鉀	갑옷	13	金	△
강	扛	마주들	7	木	○
	杠	깃대, 다리	7	木	◉
	江	강, 큰 내	7	水	⊠
	忼	강개할, 슬플	8	火	×
	岡	등성이, 고개	8	土	◉
	羌	굳셀, 오랑캐	8	土	○

음	자	뜻	획	자원	품격		음	자	뜻	획	자원	품격
	珛	옥이름	8	金	◉			羫	양고기 (강)	14	土	×
	矼	징검다리	8	金	×			降	내릴 (항)	14	土	☒
	舡	배, 술잔	9	木	×			腔	속 빌, 곡조	14	水	×
	姜	성, 군셀	9	土	◉			僵	넘어질	15	火	×
	豇	광저기, 식물	10	木	△			慷	슬퍼할	15	火	×
	剛	군셀, 강직할	10	金	◉			穅	겨, 쌀겨	16	木	△
	康	성, 편안할	11	木	◉			壃	지경, 밭두둑	16	土	○
	罡	별 이름	11	木	○			彊	군셀, 힘셀	16	火	◉
	堈	밭두둑, 언덕	11	土	△			鋼	강철, 단단할	16	金	◉
	崗	산등성이	11	土	△			橿	나무 이름	17	木	○
강	強	군셀, 강할	11	火	◉		강	繦	포대기, 띠	17	木	×
	茳	천궁 모종	12	木	○			糠	쌀겨, 겨	17	木	△
	絳	진홍색	12	木	○			講	외울, 연구할	17	金	△
	傋	어리석을(구)	12	火	☒			殭	굳어질	17	水	×
	悾	정성 (공)	12	火	☒			襁	포대기	18	木	×
	強	군셀, 단단할	12	火	○			鏹	군셀, 강쇠	18	金	○
	畺	지경, 한계	13	土	△			顜	밝을, 바를	19	火	○
	跭	세울 강 (항)	13	土	☒			薑	생강	19	木	△
	綱	근본, 벼리	14	木	◉			疆	지경, 한계	19	土	×
	嫝	편안할	14	土	◉			鏹	돈	20	金	△

음	자	뜻	획	자원	품격
강	韁	고삐, 굴레	22	金	×
	鱇	아귀	22	水	×
개	介	낄, 소개할	4	火	⊠
	匃	빌, 구할	5	金	×
	价	클, 착할	6	火	○
	改	고칠, 바꿀	7	金	△
	祄	도울, 돕다	9	木	◉
	皆	모두, 함께	9	金	○
	玠	홀, 큰 서옥	9	金	◉
	疥	옴, 학질	9	水	×
	芥	겨자, 작다	10	木	△
	豈	화락할 (기)	10	木	⊠
	個	낱개, 단위	10	火	△
	盖	덮을, 뚜껑	11	金	×
	凱	개선할, 착할	12	水	○
	開	열, 개척할	12	木	○
	剴	알맞을, 베다	12	金	△
	揩	닦을, 지울	13	木	×
	塏	높은 땅	13	土	○
	箇	낱개	14	木	△

음	자	뜻	획	자원	품격
개	愾	성낼, 분개할	14	火	×
	愷	편안할	14	火	◉
	槩	대부분, 절개	15	木	○
	槩	평미레, 억압	15	木	×
	慨	슬퍼할, 분노	15	火	×
	磕	돌깨는 소리	15	金	×
	漑	물 댈, 헹굴	15	水	○
	蓋	덮을, 뚜껑	16	木	×
	闓	열, 개방할	18	木	○
	鎧	갑옷, 무장할	18	金	×
객	客	손, 나그네	9	木	×
	喀	토할, 뱉을	12	水	×
갱	更	다시 (경)	7	火	⊠
	坑	구덩이	7	土	×
	硜	돌 소리	12	金	×
	粳	메벼	13	木	○
	賡	이을, 계속할	15	金	○
	羹	국, 끓이다	19	土	×
	鏗	금 옥소리	19	金	○
갹	醵	술잔치 (거)	20	金	⊠

음	자	뜻	획	자원	품격
거	巨	클, 많을	5	火	◉
	去	갈, 떠날	5	木	×
	車	수레 (차)	7	火	☒
	居	살, 거주	8	水	○
	呿	벌릴, 하품	8	水	×
	拒	막을, 방어할	9	木	×
	炬	횃불, 등불	9	火	◉
	昛	밝을	9	火	◉
	秬	검은 기장	10	木	△
	祛	떨, 떠날	10	木	×
	倨	거만할, 멍할	10	火	×
	苣	상추, 횃불	11	木	×
	袪	소매, 들다	11	木	×
	胠	겨드랑, 열다	11	水	×
	据	근거, 경영할	12	木	○
	距	떨어질, 도달	12	土	×
	筥	광주리, 볏단	13	木	△
	莒	감자	13	木	◉
	鉅	클, 단단할	13	金	◉
	渠	도랑, 크다	13	水	◉

음	자	뜻	획	자원	품격
거	裾	자락, 옷깃	14	木	△
	腒	날짐승 포	14	水	×
	鮔	버 새	15	火	×
	踞	기댈, 놀다	15	土	×
	鋸	톱, 자를	16	金	×
	據	근거, 근원	17	木	○
	擧	들, 일으킬	18	木	○
	蕖	연꽃, 토란	18	木	△
	遽	급할, 갑자기	20	土	×
	籧	대자리	23	木	△
	蘧	패랭이꽃	23	木	△
건	巾	수건, 헝겊	3	木	×
	件	물건, 사건	6	火	×
	建	세울, 일으킬	9	木	◉
	虔	공경할, 굳다	10	木	◉
	健	굳셀, 건강	11	火	◉
	乾	하늘, 임금	11	金	×
	搴	멜, 들다	13	木	△
	楗	문빗장, 막다	13	木	×
	愆	허물, 악질	13	火	×

음	자	뜻	획	자원	품격
건	犍	거세한 소	13	土	×
	建	세울, 일으킬	13	土	◉
	湕	물 이름	13	水	○
	搴	빼낼, 뽑을	14	木	×
	瞁	눈으로 셀	14	木	△
	漧	하늘, 남자	15	水	△
	腱	힘줄	15	水	×
	褰	펼치다, 열다	16	木	○
	踺	가는 모습	16	土	×
	蹇	절뚝발이	17	土	×
	謇	떠듬거릴	17	金	×
	鍵	열쇠, 비녀장	17	金	○
	鞬	포갤, 묶는다	18	金	△
	鰎	이지러질	20	火	×
걸	乞	빌, 소원	3	木	×
	乫	걸다, 매달다	6	木	⊠
	杰	뛰어날, 출중	8	木	◉
	桀	홰, 빼어나다	10	木	△
	傑	뛰어나다	12	火	◉
	榤	홰, 말뚝	14	木	×

음	자	뜻	획	자원	품격
걸	朅	갈, 떠나갈	14	火	×
	芡	가시 연	10	木	△
검	鈐	비녀장, 도장	12	金	○
	儉	검소할, 적다	15	火	○
	劍	칼, 검법	15	金	×
	劒	칼, 찌른다	16	金	×
	黔	검을, 그을다	16	水	×
	撿	단속할, 순찰	17	木	○
	檢	검사할, 조사	17	木	◉
	瞼	눈꺼풀, 곱다	18	木	×
겁	劫	위협할, 겁탈	7	土	×
	刦	겁탈할, 강도	7	金	×
	刧	겁탈할	7	金	×
	怯	겁낼, 약하다	9	火	×
	迲	자래, 고을명	12	土	○
게	偈	쉴, 휴식할	11	火	△
	揭	높이들, 걸다	13	木	△
	憩	쉴게	16	火	×
격	格	격식, 인품	10	木	○
	挌	칠, 때리다	10	木	×

음	자	뜻	획	자원	품격
격	鬲	막을, (력)	10	土	⊠
	覡	박수, 남무당	14	火	×
	毄	부딪칠, 털다	14	金	×
	鴃	때까치, 백로	15	火	×
	骼	뼈, 백골	16	金	×
	膈	가슴, 칸막이	16	水	×
	擊	칠, 공격할	17	木	×
	檄	격문, 편지	17	木	◉
	闃	고요할	17	木	○
	激	격할, 빠르다	17	水	×
	隔	막다, 숨기다	18	土	×
견	犬	개, 멸시	4	土	⊠
	見	볼 견 (현)	7	火	⊠
	畎	밭도랑	9	土	○
	肩	어깨, 견딜	10	水	⊠
	堅	굳을, 굳게	11	土	◉
	牽	이끌, 강요할	11	土	△
	狷	성급할	11	水	×
	筧	대 홈통	13	木	○
	絹	명주, 비단	13	木	◉

음	자	뜻	획	자원	품격
견	甄	질그릇, 살필	14	土	△
	縛	흰명주 (전)	17	木	⊠
	遣	보낼, 파견할	17	土	×
	鵑	두견새, 참꽃	18	火	⊠
	羂	올무, 그물	19	木	×
	繭	고치, 누에	19	木	×
	繾	곡진할	20	木	○
	譴	꾸짖을, 책망	21	金	×
	鰹	가물치 (견)	22	水	⊠
	蠲	밝을, 조촐할	23	水	△
결	抉	도려낼, 파다	8	木	×
	決	결단할, 결정	8	水	○
	契	맑을	9	土	◉
	玦	패옥, 깍지	9	金	△
	缺	이지러질	10	土	×
	觖	서운해할	11	木	×
	焆	불빛, 밝을	11	火	◉
	訣	이별할, 사별	11	金	×
	結	맺을, 묶을	12	木	△
	趏	뛸, 뛰다	13	土	△

음	자	뜻	획	자원	품격
결	潔	깨끗할	14	水	○
	潔	맑을, 간결	16	水	○
	闋	문닫을, 휴식	17	木	×
	鍥	새길, 조각할	18	金	×
겸	岒	산 이름	7	土	○
	拑	입 다물	9	木	×
	兼	겸할, 쌓을	10	金	◉
	傔	시중들, 하인	12	火	×
	鉗	칼, 집다	13	金	×
	嗛	겸손할, 부족	13	水	×
	槏	문설주, 단속	14	木	×
	箝	재갈 먹일	14	木	×
	慊	불만, 가난할	14	火	×
	歉	흉년들, 부족	14	火	×
	縑	비단, 생명주	16	木	○
	蒹	갈대, 물억새	16	木	△
	謙	겸손할, 사양	17	金	△
	黚	얕은 금향빛	17	水	○
	鎌	낫, 모서리	18	金	×
	鼸	두더지	23	水	×

음	자	뜻	획	자원	품격
경	冂	멀, 빌다	2	土	×
	冏	빛날, 밝다	7	土	◉
	更	고칠 (갱)	7	火	☒
	巠	지하수	7	水	×
	囧	빛날, 밝다	7	水	◉
	炅	빛날, 열기	8	火	◉
	京	서울, 수도	8	火	◉
	坰	들, 국경	8	土	○
	庚	일곱째 천간	8	金	☒
	扃	빗장, 출입문	9	木	×
	俓	지름길, 곧을	9	火	○
	亰	서울, 언덕	9	火	○
	畊	밭갈, 노력할	9	土	○
	勁	굳셀	9	土	◉
	剄	목 벨	9	火	×
	涇	차다	9	水	×
	倞	셀, 강할	10	火	○
	徑	지름길, 곧다	10	火	○
	耿	빛, 명백할	10	火	◉
	耕	밭갈, 노력할	10	木	○

음	자	뜻	획	자원	품격
경	勍	셀, 강하다	10	土	◉
	哽	목멜, 막힐	10	水	×
	梗	줄기, 대략	11	木	×
	絅	끌어질, 홑옷	11	木	×
	烱	빛날, 밝다	11	火	◉
	頃	이랑, 잠시	11	火	×
	竟	마침내, 도달	11	金	○
	涇	통할, 흐르다	11	水	○
	卿	벼슬, 선생	12	木	⊠
	景	햇빛, 숭배할	12	火	○
	惊	근심할	12	火	×
	硬	굳을, 온강할	12	金	○
	痙	경련	12	水	×
	莖	줄기, 근본	13	木	◉
	綆	두레박 줄	13	木	△
	經	지날, 다스릴	13	木	○
	傾	기울, 다툰다	13	火	×
	悙	근심, 독신자	13	火	×
	煢	외로울, 근심	13	火	×
	敬	공경, 정중할	13	金	◉

음	자	뜻	획	자원	품격
경	脛	정강이, 걸음	13	水	×
	輕	가벼울, 천할	14	火	×
	境	지경, 장소	14	土	○
	逕	좁은길, 당장	14	土	×
	儆	경계할, 위급	15	火	×
	慶	경사, 상	15	火	⊠
	熲	빛날, 불빛	15	火	◉
	駉	살질, 굳세다	15	火	○
	褧	홑옷	16	木	×
	憬	깨달을, 동경	16	火	△
	曔	밝을, 빛	16	火	◉
	曔	햇살, 환하다	16	火	○
	頸	목, 목덜미	16	火	⊠
	磬	경쇠, 다할	16	金	×
	璄	옥광채 (영)	16	金	⊠
	擎	들, 높이들	17	木	◉
	檠	도지개, 등불	17	木	○
	檠	등잔대, 등불	17	木	○
	憼	공경할, 갖출	17	火	◉
	曔	밝을, 마를	17	火	○

음	자	뜻	획	자원	품격
경	熲	홑옷, 느슨할	17	火	×
	罄	빌, 다할	17	土	×
	璟	옥빛 (영)	17	金	⊠
	璇	비취, 옥이름	18	金	◉
	謦	기침, 속삭일	18	金	×
	鯁	생선뼈, 재앙	18	水	×
	鶊	꾀꼬리	19	火	×
	鏡	거울, 밝힐	19	金	○
	鯨	고래, 들다	19	水	△
	瓊	구슬, 붉은옥	20	金	△
	競	다툴, 겨눌	20	金	×
	警	깨우칠, 총민	20	金	○
	黥	자자할	20	水	×
	競	다툴, 겨눌	22	金	×
	驚	놀랄, 다급할	23	火	×
계	系	묶을, 잇는다	7	木	○
	戒	경계할, 알릴	7	金	×
	届	이를, 지극할	8	水	○
	季	계절, 마지막	8	水	×
	契	맺을 (결)	9	木	⊠

음	자	뜻	획	자원	품격
계	係	이를, 핏줄	9	火	○
	界	지경, 경계	9	土	○
	計	셈하다, 계산	9	金	○
	癸	열번째 천간	9	水	⊠
	桂	성, 계수나무	10	木	⊠
	炷	화덕, 밝을	10	火	△
	械	기계, 형틀	11	木	×
	啓	열, 인도할	11	水	○
	棨	창, 부절	12	木	×
	悸	두근거릴	12	火	×
	堺	지경, 경계	12	土	○
	堦	섬돌, 층계	12	土	○
	禊	계제사 지냄	14	木	×
	綮	발고운 비단	14	木	○
	誡	경계할, 훈계	14	金	×
	溪	시내, 헛될	14	水	×
	瘈	미칠	14	水	×
	稽	상고할, 맞다	15	木	△
	磎	시내, 산골물	15	金	○
	緱	맬, 죄수	16	木	×

음	자	뜻	획	자원	품격
계	髻	상투	16	火	×
	階	섬돌, 층계	17	土	○
	谿	시내	17	水	○
	罽	물고기 그물	18	木	×
	雞	닭, 화계	18	火	☒
	薊	삽주, 현이름	19	木	×
	繫	맬, 죄수	19	木	×
	繼	이을, 이어서	20	木	○
	鷄	닭, 가금	21	火	×
고	古	옛, 오랠	5	水	△
	叩	두드릴, 묻다	5	水	×
	尻	꽁무니	5	水	×
	攷	생각할, 맞다	6	金	○
	估	값, 평가하다	7	火	○
	告	고할, 하소연	7	水	×
	杲	밝을, 높을	8	木	◉
	姑	시어머니	8	土	×
	考	생각할, 성취	8	水	○
	刳	가를, 깍다	8	金	×
	呱	울, 아이울음	8	水	×

음	자	뜻	획	자원	품격
고	固	굳을, 완고할	8	水	△
	孤	외로울, 홀로	8	水	×
	枯	마를, 시들다	9	木	×
	牯	암소	9	土	×
	故	연고, 본래	9	金	△
	沽	팔, 사다	9	水	×
	庫	창고, 곳집	10	木	○
	拷	칠, 약탈할	10	木	×
	栲	북나무, 고리	10	木	△
	高	성, 높을	10	火	☒
	羔	새끼양, 흑양	10	土	×
	羖	검은 암양	10	土	×
	涸	얼, 엉길	10	水	×
	皐	못, 논	10	金	△
	股	넓적다리	10	水	×
	苽	줄, 산수국	11	木	△
	苦	쓴맛, 괴로울	11	木	×
	罟	그물, 규칙	11	木	×
	皋	언덕, 물가	11	金	×
	稁	볏집	12	木	△

음	자	뜻	획	자원	품격
고	袴	바지 (과)	12	木	⊠
	觚	술잔, 네모	12	木	×
	雇	품팔 (호)	12	火	⊠
	詁	주낼, 해석할	12	金	○
	辜	허물, 재난	12	金	×
	酤	계명주, 사다	12	金	×
	胯	사타구니	12	水	×
	賈	장사 (가)	13	金	⊠
	鼓	북칠, 두드릴	13	金	×
	鼓	북, 연주할	13	金	○
	痼	고질, 입병	13	水	×
	槀	마를, 학대할	14	木	×
	槁	마를, 허술할	14	木	×
	睪	고환, 늪	14	木	×
	箍	둘레, 테	14	木	○
	菰	부추, 향초	14	木	△
	暠	흴 (호)	14	火	⊠
	郜	고을 이름	14	土	○
	敲	두드릴	14	金	×
	誥	고할, 가르침	14	金	○

음	자	뜻	획	자원	품격
고	稿	볏짚, 원고	15	木	○
	靠	기댈, 의지할	15	木	×
	篙	상앗대, 젓다	16	木	○
	糕	떡, 가루 떡	16	木	×
	鴣	자고, 새	16	火	×
	錮	땜질할, 막을	16	金	×
	膏	살찔, 기름질	16	水	×
	瞽	소경, 어두울	18	木	×
	翶	날, 비상할	18	火	△
	鹽	염지, 왕소금	18	金	×
	櫜	활집, 보따리	19	木	×
	藁	짚, 건조할	20	木	×
	顧	반성, 돌아볼	21	火	○
	鷱	새 이름	23	火	×
	蠱	기생충, 벌레	23	水	×
곡	曲	굽을, 불합리	6	火	×
	谷	골, 골짜기	7	土	△
	哭	통곡, 노래할	10	水	×
	梏	쇠고랑, 수갑	11	木	×
	斛	휘, 재다	11	火	△

음	자	뜻	획	자원	품격
곡	槲	떡갈나무	15	木	○
	穀	곡식, 복록	15	木	○
	縠	주름 비단	16	木	△
	觳	뿔잔, 살촉	17	木	×
	轂	바퀴, 추천할	17	火	×
	鵠	고니, 백조	18	火	×
	嚳	고할	20	水	○
곤	困	곤할, 난처할	7	水	×
	昆	맏이, 자손	8	火	×
	坤	땅, 서남쪽	8	土	☒
	袞	곤룡포	10	木	△
	捆	두드릴, 묶을	11	木	△
	梱	문지방, 치다	11	木	×
	裵	곤룡포	11	木	△
	悃	정성, 성실할	11	火	◉
	崑	산 이름	11	土	○
	崐	산 이름	11	土	○
	堃	땅, 유순할	11	土	○
	棍	몽둥이 (혼)	12	木	☒
	裍	이루다, 성취	13	木	○

음	자	뜻	획	자원	품격
곤	髡	머리 깎을	13	火	×
	琨	옥돌	13	金	◉
	緄	띠, 다발	14	木	×
	褌	잠방이, 속옷	15	木	×
	閫	문지방, 성문	15	木	△
	滾	흐를, 샘솟을	15	水	○
	錕	구리, 붉은쇠	16	金	○
	鶤	댓 닭, 곤계	19	火	×
	鯤	고니, 큰고기	19	水	×
	鵾	댓 닭, 봉황	20	火	×
	齫	이빠질, 물다	22	金	×
골	汨	다스릴, 잠길	8	水	×
	骨	뼈, 됨됨이	10	金	×
	搰	팔, 파낼	14	木	×
	榾	등걸	14	木	△
	滑	어지러울(활)	14	水	☒
	鶻	송골매	21	火	×
공	工	장인	3	火	○
	公	귀, 공적	4	金	○
	孔	성, 구멍	4	水	×

음	자	뜻	획	자원	품격
공	功	공로, 명예	5	土	◉
	共	함께, 같게할	6	金	◉
	攻	일, 직무	7	金	×
	供	이바지할	8	火	◉
	空	빌, 다할	8	水	○
	拱	맞잡을, 안을	10	木	○
	栱	두공, 말뚝	10	木	△
	倥	어리석을	10	火	×
	恭	공손할	10	火	◉
	恐	두려울, 협박	10	火	×
	貢	바칠, 공물	10	金	◉
	蚣	지네, 여치	10	水	☒
	崆	산 이름	11	土	○
	珙	큰 옥	11	金	◉
	釭	살촉 (강)	11	金	☒
	控	당길, 고할	12	木	×
	蚣	메뚜기	12	水	×
	蛩	귀뚜라미	12	水	×
	跫	발자국 소리	13	土	×
	槓	지렛대, 깃대	14	木	△

음	자	뜻	획	자원	품격
공	箜	공후, 바구니	14	木	×
	鞏	묶을, 굳다	15	金	×
	龔	공손할	22	土	○
	贛	줄, 하사할	24	金	△
곶	串	꿰다 (관)	7	木	☒
과	戈	창, 싸움	4	金	×
	瓜	오이	5	木	×
	夸	자랑할, 뻗을	6	木	○
	果	실과, 이루다	8	木	×
	侉	자랑할	8	火	○
	科	과정, 조목	9	木	○
	堝	도가니	12	土	×
	猓	꼬리 원숭이	12	土	×
	稞	보리, 알곡식	13	木	○
	跨	넘을	13	土	×
	誇	자랑할, 자만	13	金	×
	窠	보금자리, 방	13	水	○
	寡	적을	14	木	×
	菓	과일, 과자	14	木	△
	裹	싸다, 꾸러미	14	木	△

음	자	뜻	획	자원	품격
과	銙	대구	14	金	×
	夥	많을, 패거리	14	水	△
	踝	복사뼈	15	土	×
	課	매길, 조세	15	金	○
	蝌	올챙이	15	水	×
	過	지날, 초월할	16	土	×
	撾	치다, 때리다	17	木	×
	顆	낱알, 흙더미	17	火	×
	鍋	노구솥, 냄비	17	金	×
	騍	암말	18	火	×
곽	椁	덧널, 외관	12	木	×
	廓	둘레 (확)	14	木	⊠
	槨	덧널, 궤	15	木	×
	郭	성, 성곽	15	土	△
	霍	빠를, 갑자기	16	水	△
	鞹	생가죽	20	金	×
	癨	곽란, 위장병	21	水	×
	藿	콩잎	22	木	△
관	丱	어리다, 총각	5	木	×
	串	꿰다 (천)	7	木	⊠

음	자	뜻	획	자원	품격
관	官	벼슬, 관청	8	木	○
	冠	갓, 볏, 관	9	水	○
	梡	도마 (완)	11	木	⊠
	貫	꿸, 착용	11	金	×
	棺	널관, 입관할	12	木	×
	款	정성, 성의	12	火	◉
	涫	끓을, 대야	12	水	×
	祼	강신제	13	木	×
	筦	피리, 꾸리대	13	木	○
	琯	옥 피리 (곤)	13	金	⊠
	寬	너그러울	14	木	○
	管	피리, 대롱	14	木	○
	綰	얽을, 꿰뚫을	14	木	△
	菅	골풀, 난초	14	木	×
	寬	너그러울	15	木	◉
	慣	익힐, 익숙할	15	火	○
	輨	주요한, 줏대	15	火	○
	盥	씻다, 대야	16	金	×
	錧	쟁기, 비녀장	16	金	△
	舘	객사	16	火	△

음	자	뜻	획	자원	품격
관	窾	빌, 구멍	17	水	×
	館	객사, 투숙할	17	水	×
	雚	황새, 풀이름	18	火	×
	闗	빗장, 닫을	19	木	×
	爟	봉화, 횃불	22	火	○
	灌	물 댈, 붓다	22	水	○
	瓘	옥 이름	23	金	◉
	罐	두레박	24	土	△
	觀	볼, 더러 낼	25	火	○
	髖	허리뼈	25	金	×
	鑵	두레박	26	金	○
	顴	광대뼈	27	火	×
	鸛	황새, 구옥조	29	火	×
괄	佸	힘쓸, 모일	8	火	◉
	刮	깎을, 갈다	8	金	×
	括	묶을, 담을	10	木	○
	栝	노송나무	10	木	○
	恝	걱정없을(개)	10	火	☒
	筈	그러할	12	木	△
	聒	떠들썩할	12	火	×

음	자	뜻	획	자원	품격
괄	适	빠를, 신속할	13	土	○
	髺	머리 묶을	16	火	×
	鴰	재두루미	17	火	×
광	広	넓을	5	木	○
	光	빛, 광택	6	火	☒
	匡	바를, 구제할	6	土	○
	侊	성한 모양	8	火	◉
	炛	햇볕 뜨거울	8	火	○
	昳	빛날, 밝을	8	火	◉
	狂	미칠, 거만할	8	土	×
	桄	광랑 나무	10	木	○
	框	문테, 관의문	10	木	×
	恇	겁낼, 두려울	10	火	×
	洸	물 솟을	10	水	○
	珖	옥 피리	11	金	◉
	筐	광주리, 참상	12	木	△
	絖	솜, 고운 솜	12	木	○
	茪	초결명	12	木	△
	胱	방광, 오줌통	12	水	×
	誆	속일, 거짓말	13	金	×

음	자	뜻	획	자원	품격
광	誆	속일, 유혹할	14	金	×
	廣	넓을, 넓힐	15	木	◉
	礦	쇳돌	17	金	△
	壙	구덩이, 들판	18	土	×
	爌	불빛, 밝게할	19	火	○
	曠	밝을, 광야	19	火	◉
	獷	사나울	19	土	×
	纊	솜, 솜옷	21	木	△
	鑛	쇳돌, 광석	23	金	⊠
괘	卦	걸, 걸칠	8	火	×
	咼	입 삐뚤어질	9	水	×
	挂	걸다, 달다	10	木	×
	掛	걸어 놓을	12	木	×
	罣	거리낄, 걸다	12	木	×
	註	그르칠, 속일	13	金	×
	罫	줄, 바둑판	14	木	×
괴	乖	어길, 배반할	8	金	×
	拐	속일, 지팡이	9	木	×
	怪	기이할	9	火	×
	傀	클, 도깨비	12	火	×

음	자	뜻	획	자원	품격
괴	塊	흙, 흙덩이	13	土	×
	媿	창피 줄	13	土	×
	槐	홰나무	14	木	×
	愧	부끄러워할	14	火	×
	魁	으뜸, 수령	14	火	×
	瑰	구슬 이름	15	金	×
	廥	여물광, 곳간	16	木	○
	蒯	황모, 땅이름	16	木	○
	璝	구슬 이름	17	金	○
	檜	띠, 매듭	19	木	△
	壞	무너질	19	土	×
괵	馘	벨, 낯, 얼굴	17	水	×
굉	宏	클, 넓을	7	木	○
	訇	큰소리, 속일	9	金	×
	紘	갓끈, 밧줄	10	木	△
	肱	팔뚝	10	水	×
	浤	용솟음할	11	水	○
	閎	마을 문, 문	12	木	△
	觥	뿔잔, 강직할	13	木	○
	轟	천둥소리	21	火	×

음	자	뜻	획	자원	품격
교	巧	공교할, 예쁠	5	火	○
	交	사귈, 서로	6	火	◉
	佼	예쁠, 교활할	8	火	△
	姣	예쁠, 요염할	9	土	△
	咬	새소리, 물다	9	水	✕
	校	학교, 본받을	10	木	○
	晈	달빛, 밝을	10	火	◉
	狡	교활할	10	土	✕
	敎	가르칠, 스승	11	金	◉
	教	가르칠, 교령	11	金	◉
	皎	달빛, 햇볕	11	金	◉
	絞	목맬, 꼬다	12	木	✕
	喬	높을, 뛰어날	12	水	◉
	窖	움집, 구멍	12	水	✕
	蛟	도롱뇽, 상어	12	水	✕
	較	견줄, 나타낼	13	火	△
	郊	성 밖, 교외	13	土	✕
	榷	외다리 (각)	14	木	☒
	僑	높을, 뛰어날	14	火	◉
	暞	밝을	14	火	○

음	자	뜻	획	자원	품격
교	鉸	가위, 장식	14	金	△
	嘐	닭울음 (효)	14	水	☒
	嘄	울다 (규)	14	水	☒
	嬌	아리따울	15	土	◉
	嶠	높을, 산길	15	土	✕
	餃	경단	15	水	△
	撟	들다, 안마할	16	木	△
	橋	다리, 교량	16	木	✕
	憍	교만할	16	火	✕
	骹	정강이, 명적	16	金	✕
	噭	부르짖을(파)	16	水	☒
	鵁	해오라기	17	火	△
	鄗	땅이름 (호)	17	土	☒
	磽	메마른 땅	17	金	✕
	矯	바로잡을	17	金	○
	膠	아교, 끈끈할	17	水	✕
	鮫	상어, 교룡	17	水	✕
	蕎	메밀, 대극	18	木	△
	翹	꼬리 긴깃털	18	火	☒
	嚙	깨물	18	水	✕

음	자	뜻	획	자원	품격
교	趫	재빠를, 용감	19	火	○
	轎	작은 가마	19	火	×
	蹻	발돋움할	19	土	○
	齩	깨물, 씹을	21	金	×
	驕	교만할, 속일	22	火	×
	攪	이지러울	24	木	×
구	久	오랠, 오래다	3	金	△
	口	입, 어귀	3	水	☒
	仇	원수, 작	4	火	×
	勾	굽을, 갈고리	4	金	×
	厹	세모 창	4	木	×
	丘	언덕, 모을	5	木	×
	句	글귀 (귀)	5	水	☒
	叴	소리 높일	5	水	△
	臼	절구, 허물	6	土	×
	扣	두드릴, 빼다	7	木	×
	佝	꼽추, 약할	7	火	×
	灸	뜸, 뜸질	7	火	×
	劬	수고로울	7	土	×
	求	구할, 청할	7	水	○

음	자	뜻	획	자원	품격
구	究	궁리할, 끝	7	水	×
	岣	산꼭대기	8	土	○
	坵	언덕, 마을	8	土	◉
	具	갖출, 설비	8	金	○
	玖	옥돌	8	金	◉
	咎	허물, 재앙	8	水	×
	疚	오랜 병	8	水	×
	拘	잡을, 체포할	9	木	×
	柏	호두나무	9	木	○
	柩	널	9	木	×
	韭	부추	9	木	×
	俅	공손할, 입을	9	火	◉
	昫	따듯할 (후)	9	火	☒
	垢	때, 티끌	9	土	×
	姤	만날, 우아할	9	土	○
	狗	개, 강아지	9	土	☒
	九	아홉	9	水	☒
	俱	함께, 갖출	10	火	○
	冓	짤, 방	10	土	△
	矩	곱자, 네모	10	金	○

음	자	뜻	획	자원	품격
구	珣	옥돌	10	金	◉
	疴	곱사등	10	水	×
	寇	도둑, 원수	11	木	×
	捄	담을, 송이	11	木	○
	苟	진실로, 한때	11	木	△
	毬	공, 둥근물체	11	火	△
	區	지경, 나눌	11	水	×
	耈	늙을, 늙은이	11	土	×
	救	도울, 구원할	11	金	◉
	釦	금테 두를	11	金	○
	胊	멍에	11	水	×
	蚯	지렁이	11	水	×
	邱	언덕, 땅이름	12	土	○
	球	둥글	12	金	○
	裘	갖옷, 가죽옷	13	木	△
	絿	급박할, 구할	13	木	×
	傴	구부릴	13	火	×
	彀	당길	13	火	○
	鳩	비둘기, 모을	13	火	☒
	媾	화친할, 혼인	13	土	○

음	자	뜻	획	자원	품격
구	舅	시아버지	13	土	×
	詬	꾸짖을 (후)	13	金	☒
	鉤	갈고리, 낫	13	金	×
	廐	마구간, 벼슬	14	木	×
	廏	마구간, 벼슬	14	木	×
	搆	이해 못 할	14	木	×
	構	얽을, 맺을	14	木	○
	榘	곱자, 네모	14	木	○
	嫗	할머니, 여자	14	土	×
	嶇	험할, 괴로울	14	土	×
	逑	짝, 배우자	14	土	×
	嘔	노래할, 소리	14	水	×
	溝	하수도, 개천	14	水	×
	摳	던지다, 출구	15	木	×
	駒	망아지, 말	15	火	×
	歐	토할, 뱉는다	15	火	×
	毆	때리다, 치다	15	金	×
	銶	끌, 연장	15	金	×
	漚	담글, 거품	15	水	△
	篝	배롱, 모닥불	16	木	×

음	자	뜻	획	자원	품격
구	糗	볶은 쌀	16	木	×
	蒟	구장, 구약	16	木	×
	甌	사발, 악기	16	土	×
	璆	옥소리	16	金	○
	窶	가난할, 작을	16	水	×
	龜	거북 (균)	16	水	☒
	颶	구풍, 폭풍	17	木	×
	覯	만날, 합칠	17	火	◉
	遘	만날, 뵙다	17	土	○
	購	살, 화해할	17	金	×
	屨	신, 여러 번	17	水	×
	瞿	볼, 검소할	18	木	△
	舊	옛, 오랠	18	土	×
	軀	몸, 신체	18	火	×
	謳	노래할	18	金	△
	韝	까지, 팔찌	19	土	△
	匶	널	20	木	×
	驅	몰, 핍박할	21	火	×
	鷇	새새끼, 기를	21	火	×
	懼	두려워할	22	火	×

음	자	뜻	획	자원	품격
구	鷗	갈매기	22	火	×
	戵	창	22	金	×
	癯	여윌, 파리할	23	水	×
	衢	네거리, 도로	24	火	×
	鬮	제비, 추첨	26	金	×
	鸜	구관조	29	火	×
국	局	판, 도량	7	水	○
	匊	움켜 뜨다	8	金	△
	国	나라	8	水	☒
	國	나라	11	水	☒
	掬	움킬, 손바닥	12	木	×
	菊	국화, 대국	14	木	☒
	跼	구부릴, 굽다	14	土	×
	麴	누룩, 곡자	17	木	×
	鞠	성, 국문할	18	金	△
	麯	누룩, 술	19	木	×
군	君	임금, 세자	7	水	×
	軍	군사, 전투	9	火	×
	捃	주울, 줍다	11	木	△
	桾	고욤나무	11	木	○

음	자	뜻	획	자원	품격
군	窘	막힐, 궁해질	12	水	×
	裙	치마, 속옷	13	木	×
	群	무리, 떼	13	土	△
	郡	고을, 관청	14	土	△
	皸	손이 틈	14	金	×
굴	屈	굽을, 자를	8	水	×
	倔	고집셀, 굽다	10	火	×
	崛	우뚝 솟을	11	土	◉
	堀	굴, 땅을 팔	11	土	×
	掘	팔, 파낼	12	木	×
	詘	굽힐, 짧을	12	金	×
	淈	흐릴, 흐리다	12	水	×
	窟	굴, 움	13	水	⊠
궁	弓	활, 궁술	3	火	△
	穹	하늘, 막다를	8	水	×
	芎	궁궁이, 천궁	9	木	×
	宮	집, 담	10	木	○
	躬	몸, 자신	10	火	×
	躬	몸, 몸소	14	火	×
	窮	다할, 막힐	15	水	×

음	자	뜻	획	자원	품격
권	卷	쇠뇌, 증서	8	木	◉
	券	문서, 분명할	8	金	◉
	拳	주먹, 힘	10	木	×
	倦	게으를, 쉴	10	火	×
	勌	게으를	10	土	×
	眷	돌아볼, 은혜	11	木	○
	圈	짐승 우리	11	水	○
	捲	감아 말다	12	木	○
	棬	나무 그릇	12	木	△
	惓	삼갈, 싫증날	12	火	×
	淃	물 돌아흐를	12	水	○
	睠	돌아볼, 은혜	13	木	△
	綣	정다울	14	木	○
	蜷	구부릴	14	水	×
	權	권세	15	木	○
	勸	권할, 좋아할	20	土	◉
	權	성, 저울	22	木	○
궐	厥	그, 다할	12	水	×
	獗	날뛸, 사나울	16	土	×
	橛	도마	18	木	×

음	자	뜻	획	자원	품격
궐	闕	문, 대궐	18	木	○
	蹶	넘어질, 탕진	19	土	×
궤	几	안석	2	水	×
	机	책상	6	木	×
	氿	샘, 솟는 샘	6	水	◉
	佹	의지할, 속일	8	火	×
	軌	길, 도로	9	火	×
	跪	꿇어앉을, 발	13	土	×
	麂	큰 노루	13	土	×
	詭	기만, 책망할	13	金	×
	匱	함, 삼태기	14	土	×
	劂	조각칼	14	金	×
	撅	치다, 걷을	16	木	×
	樻	나무 이름	16	木	○
	憒	심란할	16	火	×
	潰	무너질, 성낼	16	水	×
	簋	제기 이름	17	木	×
	櫃	함	18	木	×
	繢	수놓을, 채색	18	木	○
	餽	보낼, 흉년	19	水	×

음	자	뜻	획	자원	품격
궤	闠	성시 바깥문	20	木	×
	饋	먹일, 올릴	21	水	×
귀	句	글 (구)	5	水	⊠
	鬼	귀신, 교활할	10	火	×
	晷	그림, 햇볕	12	火	△
	貴	귀할, 소중할	12	金	⊠
	鐀	삽, 두견새	14	金	×
	龜	거북 (구)	16	水	⊠
	歸	돌아갈	18	土	×
규	叫	부르다, 울다	5	水	×
	圭	홀, 모서리	6	土	△
	糺	꼴, 합치다	7	木	○
	糾	꼴, 합치다	8	木	△
	刲	찌를, 빼앗을	8	金	×
	虯	새끼용	8	木	×
	赳	용감할	9	火	◉
	奎	별 이름	9	木	○
	規	법, 규정	11	火	◉
	珪	홀, 서옥	11	金	⊠
	硅	규소, 깨트릴	11	金	×

음	자	뜻	획	자원	품격
규	頄	광대뼈, 거리	11	水	×
	茥	딸기	12	木	○
	揆	헤아릴, 꾀	13	木	○
	楏	호밋자루	13	木	×
	暌	어길, 어기다	13	火	×
	煃	불꽃	13	火	○
	頍	머리들	13	火	×
	邽	고을 이름	13	土	○
	跬	반걸음	13	土	×
	湀	물 솟아흐를	13	水	◉
	睽	사팔눈	14	木	×
	閨	도장방, 규방	14	木	△
	嫢	가는 허리	14	土	×
	槻	물푸레나무	15	木	△
	樛	휠, 구불구불	15	木	×
	葵	해바라기	15	木	×
	嬀	성, 강 이름	15	土	○
	逵	한길, 큰길	15	土	◉
	潙	강 이름 (위)	16	水	☒
	窺	엿볼	16	水	×

음	자	뜻	획	자원	품격
규	竅	구멍, 통할	18	水	×
	闚	엿볼, 훔쳐볼	19	木	×
	巋	가파를, 험준	20	土	×
균	勻	적을, 고를	4	金	○
	均	고를, 평평할	7	土	○
	囷	곳집	8	水	×
	畇	밭 개간할	9	土	×
	鈞	고를, 가락	12	金	○
	筠	대나무	13	木	○
	菌	버섯, 무궁화	14	木	×
	覠	크게 볼	14	火	○
	龜	거북 (구)	16	水	×
	麕	노루	18	土	×
귤	橘	귤나무	16	木	×
극	克	이길, 능할	7	木	○
	亟	빠를, 사랑할	9	木	△
	剋	이길, 정할	9	金	○
	尅	펼, 이길	10	土	○
	屐	나막신	10	水	×
	棘	멧대추나무	12	木	×

음	자	뜻	획	자원	품격
극	戟	창, 찌를	12	金	×
	極	다할, 한계	13	木	☒
	郄	틈, 결점	13	土	×
	劇	연극, 심할	15	金	△
	隙	틈, 결점	18	土	×
근	斤	무게, 베다	4	金	×
	劤	힘, 힘셀	6	金	○
	劲	힘줄	9	木	×
	卺	술잔, 따를	9	土	×
	根	뿌리, 근본	10	木	☒
	芹	미나리	10	木	○
	近	가까울, 닮을	11	土	△
	筋	힘줄, 체력	12	木	×
	釿	대패	12	金	×
	僅	겨우, 조금	13	火	×
	勤	부지런할	13	土	○
	跟	발꿈치, 시중	13	土	×
	靳	인색할	13	金	×
	厪	겨우, 작은집	14	木	×
	菫	제비꽃	14	木	△
근	嫤	여자 이름	14	土	○
	墐	진흙, 파묻을	14	土	×
	槿	무궁화 나무	15	木	○
	漌	맑을	15	水	◉
	瑾	아름다울 옥	16	金	◉
	懃	은근할	17	火	○
	覲	뵐, 만나다	18	火	○
	謹	삼갈, 공손할	18	金	○
	饉	흉년들	20	水	×
글	勂	뜻	6	土	×
	契	부족이름(결)	9	木	☒
금	今	이제, 혹은	4	火	☒
	妗	외숙모, 방정	7	土	×
	昑	밝을	8	火	◉
	金	쇠, 돈 (김)	8	金	☒
	笒	첨대, 대이름	10	木	△
	衾	이불	10	木	×
	衿	옷깃, 옷고름	10	木	×
	芩	풀이름, 황금	10	木	△
	唫	입 다물	11	水	×

음	자	뜻	획	자원	품격
금	禁	금할, 규칙	13	木	×
	禽	날짐승, 새	13	木	×
	琴	거문고, 성	13	金	⊠
	嶔	높고 험할	15	土	×
	黅	누른빛	16	土	△
	錦	비단	16	金	⊠
	噤	입다물, 닫을	16	水	×
	擒	사로잡을	17	木	×
	檎	능금나무	17	木	△
	襟	옷깃, 가슴	19	木	×
급	及	미칠, 이를	4	水	△
	伋	속일, 인명	6	火	×
	岋	높을	7	土	○
	圾	위태할	7	土	×
	皀	고소할	7	金	△
	扱	미칠, 수렴할	8	水	×
	汲	물을 길을	8	水	×
	急	급할, 빠를	9	火	×
	級	등급, 순서	10	木	○
	芨	말오줌나무	10	木	×

음	자	뜻	획	자원	품격
급	給	넉넉할, 대다	12	木	○
	礏	우뚝 솟을	18	金	○
긍	亘	걸칠, 펼	6	木	△
	亙	걸치다 (선)	6	木	⊠
	矜	불쌍히 여길	9	金	×
	肯	뼈 사이 살	10	水	×
	殑	까무러칠	11	水	×
	兢	삼갈, 두려울	14	木	×
기	己	자기, 몸	3	土	⊠
	企	꾀할, 바랄	6	火	◉
	伎	재주, 광대	6	火	◉
	屺	민둥산, 독산	6	土	×
	庋	시렁	7	木	×
	弃	버릴, 그만둘	7	木	×
	杞	갯버들 나무	7	木	○
	忌	꺼릴, 질투할	7	火	×
	圻	경기 (은)	7	土	⊠
	妓	기생	7	土	×
	岐	산 이름	7	土	◉
	技	재주, 묘기	8	木	◉

음	자	뜻	획	자원	품격
기	祁	성할, 많다	8	木	◉
	恈	믿을 (지)	8	木	☒
	忮	해칠, 거역할	8	火	×
	炁	기운	8	火	△
	奇	기이할, 운수	8	木	△
	歧	갈림길, 가다	8	土	×
	其	그, 어조사	8	金	○
	玘	패옥, 노리개	8	金	△
	沂	강 이름	8	水	○
	肌	근육, 피부	8	水	×
	祇	마침 (지)	9	木	☒
	祈	빌, 고할	9	木	×
	紀	벼리, 실마리	9	木	◉
	芰	세 발 마름	10	木	×
	芪	단너삼, 약초	10	木	×
	豈	어찌 (개)	10	木	☒
	起	일어날, 출세	10	火	◉
	旂	기	10	土	×
	耆	늙은이, 어른	10	土	×
	剞	새김 칼	10	金	×

음	자	뜻	획	자원	품격
기	記	기록할, 적을	10	金	○
	氣	기운, 공기	10	水	○
	肵	공경할 (근)	10	水	☒
	寄	부칠, 보낸다	11	木	×
	埼	험할, 곳	11	土	×
	基	터, 기초	11	土	◉
	崎	험할, 곳	11	土	×
	跂	육발이, 가다	11	土	×
	旣	벌써, 원래	11	水	×
	飢	주릴, 흉년들	11	水	×
	掎	끌, 당길	12	木	×
	棋	기, 바둑	12	木	×
	棊	바둑, 장기	12	木	×
	棄	버릴, 그만둘	12	木	×
	幾	기미, 조짐	12	水	○
	欺	속일, 거짓	12	火	×
	攲	기울어질	12	土	×
	猉	강아지	12	土	☒
	淇	강 이름	12	水	◉
	期	기약할, 만남	12	水	◉

음	자	뜻	획	자원	품격
기	朞	돌, 1주년	12	水	×
	稘	돌, 1주년	13	木	×
	祺	복, 즐거움	13	木	◉
	頎	헌걸찰	13	火	△
	畸	떼기밭	13	土	×
	碁	바둑, 바둑돌	13	金	×
	琪	옥	13	金	◉
	琦	옥, 훌륭할	13	金	◉
	嗜	즐길, 좋아할	13	水	△
	榿	오리나무	14	木	△
	旗	기, 표지	14	土	○
	箕	까부는 키	14	木	○
	綦	연둣빛	14	木	△
	綺	연둣빛	14	木	△
	綺	비단, 광택	14	木	◉
	僛	춤추는 모양	14	火	×
	愭	공손할	14	火	△
	暣	볕 기운	14	火	◉
	墍	맥질할, 휴식	14	土	×
	蜝	방게	14	水	×

음	자	뜻	획	자원	품격
기	㠊	산우뚝 솟을	15	土	○
	畿	경기, 서울	15	土	○
	機	틀, 용수철	16	木	×
	曁	함께, 칠할	16	火	×
	冀	바랄, 원할	16	金	◉
	璂	옥, 꾸미개	16	金	◉
	錡	솥, 톱, 끌	16	金	×
	錤	호미	16	金	×
	器	그릇	16	水	×
	機	조짐, 징조	17	木	○
	覬	바랄, 처지다	17	火	×
	璣	구슬, 혼천의	17	金	○
	磯	물가, 자갈밭	17	金	×
	騎	말 탈, 기병	18	火	×
	騏	천리마	18	火	×
	隑	사닥다리	18	土	×
	檾	갈, 논 갈	18	木	×
	蟣	서캐, 거머리	18	水	×
	麒	기린	19	土	×
	譏	충고, 나무랄	19	金	×

음	자	뜻	획	자원	품격
기	鬐	등 지느러미	20	火	×
	夔	외발 짐승	20	土	⊠
	璣	구슬, 혼천의	20	金	△
	饑	주릴, 흉년	21	水	×
	鰭	지느러미	21	水	×
	蘄	풀 이름	22	木	×
	羈	나그네, 굴레	23	木	×
	虁	조심할	25	木	×
	羈	굴레, 고삐	25	木	×
	驥	천리마, 준재	27	木	×
긴	緊	굳게 얽을	14	木	△
길	吉	길할, 복	6	水	⊠
	佶	건장할, 바를	8	火	◉
	姞	성, 삼갈	9	土	○
	拮	핍박할 (갈)	10	木	⊠
	桔	도라지	10	木	△
	蛣	장구벌레	12	水	×
김	金	성, 쇠 (금)	8	金	⊠
낏	喫	먹을, 마실	12	水	×
나	奈	어찌 (내)	8	木	⊠

음	자	뜻	획	자원	품격
나	拏	붙잡을 (라)	9	木	⊠
	奈	어찌 (내)	9	木	⊠
	剆	가지 칠 (라)	9	金	⊠
	拿	붙잡을	10	木	△
	挐	끌다, 붙잡을	10	木	△
	娜	아리따울	10	土	○
	砢	돌 쌓일 (라)	10	金	⊠
	挪	옮길	11	木	×
	梛	나무 이름	11	木	○
	那	어찌, 어떻게	11	土	△
	旀	깃발	12	土	○
	胗	성길 (치)	12	水	⊠
	喇	승려 (라)	12	水	⊠
	裸	벗을 (라)	13	木	⊠
	誽	붙잡을	13	金	○
	擵	정돈할 (라)	15	木	⊠
	萘	열매	16	木	△
	瘰	연주창 (라)	16	水	⊠
	螺	소라 (라)	17	水	⊠
	懦	나약할	18	火	×

음	자	뜻	획	자원	품격
나	懶	게으를 (라)	19	火	図
	覶	자세할 (라)	19	火	図
	糯	찰벼	20	木	○
	儺	공손한 모양	21	火	○
	癩	나환자 (라)	21	水	図
낙	烙	지지다 (락)	10	火	図
	樂	풍류 (락)	15	火	図
	諾	대답할 (락)	16	金	図
난	卵	알 (란)	7	水	図
	偄	언약할, 공손	11	火	○
	赧	얼굴 붉힐	12	火	×
	暖	따뜻할	13	火	○
	煖	더울	13	火	△
	饊	풀보기 잔치	18	水	×
	瀾	물결 (란)	21	水	図
	瓓	옥 광채 (란)	22	金	図
날	剌	어그러질(랄)	9	金	×
	捺	누를, 찍을	12	木	×
남	男	사내, 장부	7	土	図
	枏	녹나무	8	木	○

음	자	뜻	획	자원	품격
남	南	성, 남녘	9	火	図
	喃	재잘거릴	12	水	×
	楠	녹나무	13	木	○
	湳	강 이름	13	水	○
납	拉	꺾을 (랍)	9	木	図
	納	바칠, 거둘	10	木	○
낭	娘	아가씨	10	土	△
	曩	앞서, 이전에	21	火	△
	囊	주머니	22	水	×
내	乃	이에, 너	2	金	△
	內	안, 들일 나	4	木	×
	奶	젖, 유모	5	土	×
	奈	어찌할, 나	8	木	図
	柰	능금나무	9	木	図
	耐	견딜, 참을	9	水	○
	迺	이에, 곧	13	土	○
	鼐	가마솥	15	火	×
	嬭	젖, 양육할	17	土	×
녀	女	여자 (여)	3	土	図
녁	恧	혈출하다	12	火	×

음	자	뜻	획	자원	품격
년	年	해, 신년	6	木	×
	秊	해 (연)	8	木	⊠
	碾	맷돌, 돌절구	15	金	×
	撚	비틀 (연)	16	木	⊠
념	念	생각할 (염)	8	火	⊠
	拈	비틀 (접)	9	木	⊠
	恬	편안할, 조용	10	火	○
	捻	비틀 (염)	12	木	⊠
녑	惗	사랑할	12	火	○
녕	佞	아첨할, 재능	7	火	×
	甯	차라리, 소원	13	木	×
	寧	편안할 (영)	14	木	⊠
	儜	괴로워할	16	火	×
	嚀	간곡할	17	水	×
	獰	흉악할 (영)	18	土	⊠
	濘	진창	18	水	△
노	奴	노예, 포로	5	土	×
	努	힘쓸	7	土	○
	弩	쇠 노, 활	8	火	×
	呶	지껄일	8	水	×

음	자	뜻	획	자원	품격
노	孥	자식, 처자	8	水	×
	怒	성낼 (로)	9	火	⊠
	峱	산 이름, 개	10	土	×
	笯	새장	11	木	×
	猱	원숭이	13	土	×
	瑙	마노	14	金	×
	譺	기뻐할	14	金	○
	駑	둔할, 미련할	15	火	×
	臑	팔꿈치	20	水	×
농	農	농사, 농업	13	土	○
	儂	나, 저, 당신	15	火	△
	噥	헛소리	16	水	×
	濃	짙을, 무성할	17	水	○
	穠	무성할	18	木	○
	膿	고름, 짓무를	19	水	×
	醲	진한 술	20	金	×
뇌	惱	괴로워할	13	火	×
	腦	뇌	15	水	×
	餒	주릴, 굶주림	16	水	×
뇨	尿	오줌, 소변	7	水	×

음	자	뜻	획	자원	품격
뇨	淖	진흙, 진창	12	水	×
	嫋	예쁠	13	土	○
	鬧	시끄러울	15	金	×
	撓	어지러울(요)	16	木	⊠
	嬲	조롱할, 놀릴	17	土	×
	鐃	징, 동발	20	金	×
누	累	여러 (루)	11	木	⊠
	㖃	젖먹을	11	水	×
	㦷	정성스러울	14	火	◉
	嶁	봉우리 (루)	14	土	⊠
	樓	다락 (루)	15	木	⊠
	耨	김맬	16	木	×
눈	嫩	오릴, 예쁠	14	土	△
눌	吶	말 더듬을	7	水	×
	朒	살찔 눌	10	水	×
	訥	말을 더듬을	11	金	×
뉴	杻	감탕나무(유)	8	木	⊠
	忸	익을, 길들일	8	火	×
	紐	끈 (유)	10	木	⊠
	鈕	단추 (유)	12	金	⊠

음	자	뜻	획	자원	품격
뉵	衄	코피, 꺾일	10	水	×
능	能	능할, 잘할	12	水	○
	綾	비단 (릉)	14	木	⊠
니	尼	여승 (이)	5	水	⊠
	呢	소곤거릴	8	水	△
	柅	무성할	9	木	○
	怩	부끄러워할	9	火	×
	泥	진흙 (이)	9	水	⊠
	祢	아비 사당	10	木	×
	馜	진한 향기	14	木	○
	懝	마음 좋을	16	火	○
	瀰	많다, 넘칠	18	水	△
	膩	미끄러울(이)	18	火	⊠
	禰	아비사당(예)	19	木	⊠
닉	匿	숨을 (익)	11	水	⊠
	溺	빠질 (익)	14	水	×
닐	昵	친할, 선고	9	火	○
	暱	친할, 친해질	15	火	○
다	夛	많을, 넓다	6	水	◉
	多	많을, 넓을	6	水	◉

음	자	뜻	획	자원	품격
다	爹	아비, 아버지	10	木	⊠
	茶	소녀 (차)	12	木	⊠
	荼	마름	12	木	△
	窪	깊은 모양	12	水	⊠
	艖	뿔밑동, 크다	16	木	×
단	丹	붉을 (란)	4	木	⊠
	旦	아침	5	火	○
	但	다만, 무릇	7	火	○
	担	떨칠, 오를	9	木	△
	彖	단사, 판단할	9	火	○
	昍	밝을	9	火	○
	段	구분, 조각	9	金	△
	耑	시초, 실마리	9	水	○
	袒	웃통 벗을	11	木	×
	蛋	새알, 해녀	11	水	×
	胆	어깨 벗을	11	水	×
	短	짧을, 부족할	12	金	×
	單	홑, 혼자	12	水	×
	椴	자작나무	13	木	○
	煓	불꽃 성할	13	火	◉

음	자	뜻	획	자원	품격
단	亶	믿음, 진실로	13	火	◉
	湍	여울, 급류	13	水	×
	蜑	오랑캐 이름	13	水	×
	端	바를, 진실	14	金	○
	團	둥글, 모일	14	水	○
	緞	비단, 헝겊	15	木	△
	憚	근심할	15	火	×
	漙	이슬 많을	15	水	△
	腶	약포	15	水	×
	壇	단, 뜰	16	土	○
	檀	박달나무	17	木	○
	鍛	단련할, 숫돌	17	金	○
	癉	앓을, 황달	17	水	×
	簞	대 광주리	18	木	○
	斷	끊을, 결단할	18	金	×
	鄲	나라 이름	19	土	○
달	妲	여자 이름	8	土	○
	怛	슬플, 경악할	9	火	×
	疸	황달	10	水	×
	靼	다룸가죽	14	金	×

음	자	뜻	획	자원	품격
달	達	통달할	16	土	◉
	撻	매질할	17	木	×
	澾	미끄러울	17	水	×
	獺	수달	20	土	×
	闥	문, 문의 안	21	木	○
	韃	매질할	22	金	×
담	坍	무너질	7	土	×
	炎	불탈 (염)	8	火	⊠
	倓	고요할	10	火	○
	聃	귓바퀴 없을	11	火	×
	埮	평평한 땅	11	土	○
	啗	먹일, 머금다	11	水	×
	啖	먹을, 탐할	11	水	×
	毯	담요, 모포	12	火	△
	覃	미칠, 퍼질	12	金	◉
	啿	넉넉할	12	水	◉
	淡	맑을, 담박할	12	水	○
	湛	즐길, 빠질	13	水	×
	痰	가래, 천식	13	水	×
	儋	멜, 항아리	15	火	△

음	자	뜻	획	자원	품격
담	壜	땅이름	15	土	△
	郯	나라 이름	15	土	○
	談	말씀, 말할	15	金	○
	噉	씹을, 먹을	15	水	×
	曇	흐릴, 구름낄	16	火	×
	錟	창, 날카로울	16	金	×
	潭	깊을, 못	16	水	⊠
	擔	멜, 들다	17	木	○
	禫	담제, 고요할	17	木	○
	憺	편안할	17	火	◉
	澹	조용할	17	水	○
	薚	지모, 무덥다	18	木	×
	薝	치자나무	19	木	△
	壜	술병, 술단지	19	土	×
	譚	이야기	19	金	○
	膽	쓸개, 마음	19	水	×
	黮	검을	21	水	×
	罎	술병	22	土	×
	黵	문신할	25	水	×
답	沓	유창할, 합할	8	水	○

음	자	뜻	획	자원	품격
답	畓	논, 수전	9	土	○
	答	대답할, 맞출	12	木	×
	踏	밟을, 디딜	15	土	×
	遝	뒤섞일, 모일	17	土	×
당	倘	혹시	10	火	×
	唐	성, 당나라	10	水	△
	堂	집	11	土	△
	棠	팥배나무	12	木	○
	塘	못, 제방	13	土	⊠
	當	당할, 맡다	13	土	△
	搪	뻗을, 막다	14	木	×
	溏	진창, 진흙	14	水	×
	幢	기, 휘장	15	木	△
	瑭	옥 이름	15	金	◉
	撞	칠, 두드릴	16	木	△
	瞠	바라볼	16	木	○
	糖	사탕 (탕)	16	木	⊠
	檔	의자, 문서	17	木	○
	螳	사마귀	17	水	×
	璫	귀고리	18	金	△

음	자	뜻	획	자원	품격
당	礑	밑바닥	18	金	×
	餳	엿, 쌀강정	18	水	×
	襠	잠방이	19	木	△
	鐺	종고의 소리	19	金	×
	蟷	사마귀	19	水	×
	餹	엿, 굳힌 엿	19	水	×
	黨	무리, 동아리	20	水	×
	鐺	쇠사슬, 솥	21	金	×
	儻	빼어날, 혹시	22	火	△
	讜	곧은말, 직언	27	金	○
	戇	어리석을	28	火	×
대	大	큰, 넓다	3	木	⊠
	代	대신할	5	火	⊠
	旲	햇빛, 날빛	7	火	○
	汏	일, 파도	7	水	△
	垈	터, 집터	8	土	○
	坮	대	8	土	○
	岱	큰 산, 크다	8	土	○
	抬	볼기칠 (태)	9	木	⊠
	待	기다릴, 대비	9	火	○

음	자	뜻	획	자원	품격
대	玳	대모	10	金	○
	帶	띠, 차다	11	木	○
	袋	자루, 주머니	11	木	○
	貸	빌릴, 베풀	12	金	×
	曼	해 돋을	13	火	◉
	碓	방아, 방망이	13	金	×
	對	대답할, 상대	14	土	○
	臺	돈대, 관청	14	土	×
	儓	하인, 농부	16	火	×
	隊	대, 무리	17	土	×
	黛	여자의 눈썹	17	水	×
	擡	들다	18	木	○
	懟	원망할	18	火	×
	嚉	무성할	18	火	○
	戴	이다, 느낄	18	金	○
	鐓	창고 달	20	金	×
댁	宅	집 (택)	6	木	☒
덕	悳	덕, 선행	12	火	○
	德	덕, 선행	14	火	☒
	德	덕, 선행	15	火	☒

음	자	뜻	획	자원	품격
도	刀	칼	2	金	×
	夲	나아갈	5	木	◉
	叨	탐낼, 함부로	5	水	×
	忉	근심할, 걱정	6	火	×
	弢	활집	8	火	×
	到	이를, 찬찬할	8	金	○
	度	법 (탁)	9	木	×
	挑	휠, 굽다	10	木	×
	桃	복숭아	10	木	☒
	倒	넘어질	10	火	×
	徒	무리, 동아리	10	火	○
	島	섬	10	土	○
	洮	씻을 (조)	10	水	○
	涂	도랑, 개청	11	水	○
	掏	가릴, 퍼낼	12	木	×
	掉	흔들, 요동할	12	木	×
	棹	노, 키	12	木	×
	稌	찰벼, 메벼	12	木	○
	悼	슬퍼할, 떨다	12	火	×
	堵	담, 주거	12	土	△

음	자	뜻	획	자원	품격
	盜	훔칠, 도둑질	12	金	×
	屠	잡을, 무찌를	12	水	×
	淘	일, 깨끗할	12	水	◉
	裯	복, 행복	13	木	△
	塗	진흙, 칠할	13	土	×
	跳	뛸, 도약할	13	土	○
	逃	달아날, 회피	13	土	×
	渡	건널, 나루	13	水	○
	搗	찧을, 고칠	14	木	×
	掏	꺼낼, 뽑아낼	14	木	○
도	睹	볼, 분별할	14	木	◉
	萄	포도	14	木	△
	菟	토끼, 호랑이	14	木	×
	慆	기뻐할, 방자	14	火	○
	嶋	섬	14	土	△
	途	길, 도로	14	土	◉
	酴	술밑, 주모	14	金	×
	鞀	노도, 소고	14	金	×
	圖	그림, 그리다	14	水	×
	滔	물넘칠, 넓을	14	水	◉

음	자	뜻	획	자원	품격
	稻	벼	15	木	○
	導	이끌, 충고할	16	土	◉
	馞	향기로울	16	木	○
	覩	볼, 자세히	16	火	○
	道	길, 이치	16	土	○
	都	도읍, 성	16	土	○
	陶	질그릇	16	土	△
	賭	걸, 도박	16	金	×
	鍍	쇳덩이	16	金	×
	闍	망루	17	木	×
도	壔	성채, 언덕	17	土	△
	蹈	밟을, 지킬	17	土	○
	鍍	도금할	17	金	×
	擣	찧을, 공격할	18	木	×
	櫂	노, 배	18	木	△
	檮	등걸	18	木	△
	燾	비출, 덮을	18	火	○
	濤	큰물결, 조수	18	水	○
	禱	빌, 기원할	19	木	△
	韜	감출; 활집	19	金	×

음	자	뜻	획	자원	품격
도	鼗	땡땡이, 소북	19	金	×
	饕	탐할, 욕심	22	水	×
	鵜	비둘기	24	木	×
독	禿	대머리	7	木	×
	毒	독, 해독	8	土	×
	督	살펴볼, 개척	13	木	○
	篤	돌아올	16	木	×
	獨	성, 홀로	17	土	×
	牘	편지, 책	19	木	○
	櫝	함, 널	19	木	×
	犢	송아지	19	土	×
	瀆	도랑, 하수도	19	水	×
	讀	풀다 (두)	22	金	区
	纛	둑, 소고리	25	木	×
	黷	더럽힐	27	水	×
돈	旽	밝을	8	火	◉
	沌	어두울	8	水	×
	弴	활	11	火	×
	豚	돼지	11	水	×
	惇	도타울, 진심	12	火	○

음	자	뜻	획	자원	품격
돈	焞	성할 (순)	12	火	区
	敦	도타울	12	金	◉
	頓	조아릴	13	火	×
	墩	돈대	15	土	○
	暾	해돋을, 아침	16	火	◉
	燉	불빛	16	火	◉
	潡	큰물	16	水	○
	艧	거룻배, 정수	20	土	△
돌	乭	이름	6	木	区
	咄	꾸짖을	8	水	×
	突	갑자기	9	水	×
	堗	굴뚝	12	土	×
동	仝	한가지, 함께	5	火	○
	冬	겨울, 동면할	5	水	区
	同	한가지, 같게	6	水	○
	彤	붉을, 빨강	7	火	◉
	東	성, 동녘	8	木	区
	侗	무지할, 정성	8	火	△
	垌	항아리, 단지	9	土	△
	峒	산이름, 산굴	9	土	◉

음	자	뜻	획	자원	품격
동	哃	큰소리칠	9	水	×
	桐	오동나무	10	木	○
	烔	태울, 사를	10	火	◉
	凍	얼, 춥다	10	水	×
	洞	골짜기 (통)	10	水	⊠
	疼	아플	10	水	×
	苳	겨우살이	11	木	×
	動	움직일, 변할	11	土	○
	棟	용마루, 주석	12	木	○
	茼	쑥갓	12	木	△
	童	아이	12	金	⊠
	湅	소나기, 젖을	12	水	×
	胴	큰창자, 대장	12	水	×
	僮	아이, 하인	14	火	×
	勭	자랄, 움직일	14	土	○
	銅	구리, 도장	14	金	△
	蝀	무지개	14	水	○
	董	돈독할, 굳다	15	木	○
	橦	나무 이름	16	木	○
	憧	그리워할	16	火	×

음	자	뜻	획	자원	품격
동	曈	동틀	16	火	◉
	潼	강 이름	16	水	△
	朣	달뜰, 흐릴	16	水	×
	瞳	눈동자	17	木	○
	蕫	황모, 연뿌리	18	木	○
	艟	배, 싸움배	18	木	×
두	斗	말, 용량단위	4	火	×
	杜	성, 팥배나무	7	木	○
	豆	콩, 팥	7	木	○
	抖	떨, 흔들다	8	木	×
	枓	구기 (주)	8	木	⊠
	肚	배, 위	9	水	×
	蚪	올챙이	10	水	×
	兜	투구, 쓰개	11	木	×
	阧	우뚝 솟을	12	土	△
	痘	천연두, 마마	12	水	×
	荳	콩	13	木	○
	脰	목, 목덜미	13	水	⊠
	逗	머무를, 던질	14	土	×
	陡	험할, 갑자기	15	土	×

음	자	뜻	획	자원	품격
두	頭	머리, 꼭대기	16	火	⊠
	斁	썩을, 선택할	17	金	×
	竇	구멍, 물길	20	水	×
	讀	읽을 (독)	22	金	⊠
	蠹	좀, 나무좀	24	水	×
둔	屯	진칠, 주둔군	4	木	×
	窀	광중, 두터울	9	水	×
	芚	채소 이름	10	木	△
	迍	머뭇거릴	11	土	×
	鈍	무딜, 완고할	12	金	×
	遁	달아날 (돈)	16	土	⊠
	遯	달아날, 피할	18	土	×
	臀	볼기, 바닥	19	水	×
둘	乽	우리나라 자	5	木	△
득	得	얻을, 이익	11	火	◉
등	等	등급, 계급	12	木	△
	登	오를, 더할	12	水	○
	凳	걸상, 등상	14	水	×
	滕	물 솟을	14	水	◉
	嶝	고개, 비탈길	15	土	×

음	자	뜻	획	자원	품격
등	墱	자드락 길	15	土	×
	橙	등자 나무	16	木	○
	縢	봉할, 묶을	16	木	×
	燈	등잔, 등불	16	火	○
	螣	등사	16	水	×
	磴	돌 비탈길	17	金	×
	謄	베낄, 등사할	17	金	×
	鄧	나라 이름	19	土	○
	騰	오를, 올릴	20	火	◉
	鐙	등자, 등불	20	金	○
	籐	대 기구	21	木	△
	藤	넝쿨, 등나무	21	木	×
라	刺	칠 (나)	9	金	⊠
	倮	알몸 (나)	10	火	⊠
	砢	돌 쌓인모양	10	金	×
	喇	나팔 (나)	12	水	⊠
	裸	벌거벗을(나)	14	木	⊠
	摞	정돈할 (나)	15	木	⊠
	蓏	열매 (나)	16	木	⊠
	瘰	연주 창 (나)	16	水	⊠

음	자	뜻	획	자원	품격
라	螺	소라 (나)	17	水	☒
	覶	자세할, 차례	19	火	△
	羅	성 (나)	20	木	☒
	懶	게으를 (나)	20	火	☒
	儸	기만할 (나)	21	火	☒
	騾	노새 (나)	21	火	☒
	癩	문둥병 (나)	21	水	☒
	囉	소리 얽힐	22	水	✕
	曬	햇빛 없을	23	火	✕
	贏	되강오리	23	火	✕
	臝	벌거벗을	23	水	✕
	蘿	미나리 (나)	25	木	☒
	邏	순행할 (나)	26	土	☒
	鑼	징, 동발	27	金	✕
락	烙	지질 (낙)	10	火	☒
	洛	강 이름 (낙)	10	水	☒
	珞	목걸이 (낙)	11	金	☒
	絡	헌솜, 명주	12	木	△
	酪	식초 (낙)	13	金	☒
	駱	식초, 술	13	水	✕

음	자	뜻	획	자원	품격
락	犖	얼룩소, 밝다	14	土	○
	樂	풍류 (요)	15	木	☒
	落	떨어질 (낙)	15	木	☒
	駱	낙타 (낙)	16	火	☒
란	丹	붉을 (단)	4	木	☒
	卵	알 (난)	7	水	☒
	亂	어지러울(난)	13	木	☒
	闌	가로막을(난)	17	木	☒
	嬾	게으를 (난)	19	土	☒
	襴	내리닫이(난)	20	木	☒
	攔	막을, 칸막이	21	木	✕
	欄	난간 (난)	21	木	☒
	爛	선명할(난)	21	火	☒
	瀾	물결 (난)	21	水	☒
	璘	옥 광채 (난)	22	金	☒
	欒	나무이름(난)	23	木	☒
	蘭	난초 (난)	23	木	☒
	襴	난 삼 (난)	23	木	✕
	灓	새어 흐를	23	水	✕
	鑾	방울 (난)	27	金	☒

음	자	뜻	획	자원	품격
란	鸞	방울 (난)	30	火	⊠
랄	剌	어그러질	9	金	×
	埒	바자울, 뚝	10	土	△
	辣	매울, 맵다	14	金	×
람	婪	탐할 (남)	11	土	⊠
	婪	예쁠	11	土	◉
	惏	떨릴 (림)	12	火	⊠
	嵐	산바람 (남)	12	土	⊠
	漤	과실, 장아찌	15	水	×
	擥	잡을, 따다	18	木	○
	爁	불 번질	18	火	×
	濫	퍼질 (남)	18	水	⊠
	璼	옥 이름	19	金	◉
	籃	바구니 (남)	20	木	⊠
	藍	남색 (남)	20	木	⊠
	襤	누더기 (남)	20	木	⊠
	覽	볼, 전망할	21	火	○
	灆	물 맑을 (남)	22	水	⊠
	攬	잡을, 따다	25	木	○
	欖	감람나무	25	木	△

음	자	뜻	획	자원	품격
람	纜	닻줄	27	木	×
랍	拉	꺾을 (납)	9	木	⊠
	臘	납향 (납)	21	水	⊠
	蠟	밀랍 (납)	21	水	⊠
	鑞	땜납 (납)	23	金	⊠
랑	良	높을	10	木	○
	烺	빛 밝을 (낭)	11	火	⊠
	狼	이리 (낭)	11	土	⊠
	浪	물결 (낭)	11	水	⊠
	朗	밝을 (낭)	11	水	⊠
	稂	강아지풀	12	木	×
	琅	옥 이름 (낭)	12	金	⊠
	硠	단단할 (낭)	12	金	⊠
	廊	복도 (낭)	13	木	⊠
	莨	풀 이름 (낭)	13	木	⊠
	郎	남편, 서방	13	土	×
	蜋	사마귀 (낭)	13	水	⊠
	榔	나무 이름	14	木	△
	郞	사나이 (낭)	14	土	⊠
	閬	솟을대문	15	木	○

음	자	뜻	획	자원	품격
랑	瑯	고을 이름	15	金	○
	蜋	쇠똥구리	16	水	×
	駺	꼬리흰 말	17	火	×
래	来	오다 (내)	7	木	☒
	來	올 (내)	8	火	☒
	徠	위로할 (내)	11	火	☒
	峽	산 이름 (내)	11	土	☒
	淶	강 이름 (내)	12	水	☒
	萊	명아주풀(내)	14	木	☒
	趚	올, 다가올	15	火	◉
	騋	큰 말 (내)	18	火	☒
랭	冷	식힐 (냉)	7	水	☒
락	畧	다스릴 (약)	7	水	☒
	略	둘러볼 (약)	11	土	☒
	掠	노략질할(약)	12	木	☒
량	良	좋을 (양)	7	土	☒
	兩	둘, 짝 (양)	8	木	☒
	俍	좋을, 뛰어날	9	火	○
	亮	밝을 (양)	9	火	☒
	倆	두 사람 (양)	10	火	☒

음	자	뜻	획	자원	품격
량	凉	서늘할 (양)	10	水	☒
	梁	성, 다리(양)	11	木	☒
	悢	슬퍼할 (양)	11	土	☒
	量	헤아릴 (양)	12	土	☒
	喨	소리맑을(양)	12	水	☒
	涼	서늘할, 맑을	12	水	△
	粮	양식 (양)	13	木	☒
	粱	기장, 기장밥	13	木	△
	踉	뛸 (양)	14	土	☒
	樑	들보, 대들보	15	木	○
	輛	수레 (양)	15	火	☒
	諒	믿을 (양)	15	金	☒
	駺	흰꼬리 말	17	火	×
	糧	양식 (양)	18	木	☒
	魉	도깨비 (양)	18	火	☒
려	呂	성 (여)	7	水	☒
	戾	어그러질	8	木	×
	侶	짝, 벗할	9	火	○
	旅	나그네 (여)	10	土	☒
	梠	평고대 (여)	11	木	☒

음	자	뜻	획	자원	품격
려	唳	울, 새소리	11	水	×
	閭	마을 문 (여)	15	木	☒
	黎	무렵 (여)	15	木	☒
	慮	생각할, 근심	15	火	△
	厲	갈, 괴로울	15	水	×
	膂	등뼈, 근육힘	16	水	×
	儢	게으를 (여)	17	火	☒
	勵	도울 (여)	17	土	☒
	癘	창질, 염병	18	水	×
	廬	여인숙 (여)	19	木	☒
	櫚	종려나무(여)	19	木	×
	曞	햇살 퍼질	19	火	○
	麗	우아할 (여)	19	土	☒
	濾	거를, 맑게할	19	水	○
	礪	거친숫돌(여)	20	金	☒
	藜	나라 이름	21	木	△
	糲	현미 (여)	21	木	☒
	儷	짝 (여)	21	火	☒
	蠣	굴, 구조개	21	水	×
	蠡	좀 먹을 (여)	21	水	☒

음	자	뜻	획	자원	품격
려	邌	천천히 갈	22	土	△
	臚	살갗 (여)	22	水	☒
	鑢	줄, 갈다	23	金	×
	驢	당나귀 (여)	26	火	☒
	驪	가라말, 검을	29	火	×
력	力	힘 (역)	2	土	☒
	曆	책력 (역)	16	火	☒
	歷	지낼 (역)	16	土	☒
	櫟	상수리나무	19	木	△
	攦	다스릴	20	木	△
	櫪	말구유 (역)	20	木	☒
	礫	조약돌 (역)	20	金	☒
	瀝	거를, 받칠	20	水	△
	癧	연주창 (역)	21	水	☒
	轢	삐걱거릴	22	火	×
	轣	물레 (역)	23	火	☒
	靂	벼락, 천둥	24	水	×
	酈	땅 이름 (역)	26	土	×
련	楝	멀구슬나무	13	木	○
	煉	불릴 (연)	13	火	☒

음	자	뜻	획	자원	품격
련	涷	누일, 불릴	13	水	△
	連	잇닿을, 동행	14	土	⊠
	練	익힐 (연)	15	木	⊠
	輦	손수레 (연)	15	火	⊠
	漣	물놀이 (연)	15	水	⊠
	憐	불쌍히 여길	16	火	×
	璉	호련 (연)	16	金	⊠
	蓮	연밥 (연)	17	木	⊠
	聯	연결할 (연)	17	火	⊠
	鍊	정연할 (연)	17	金	⊠
	鏈	쇠사슬 (연)	19	金	⊠
	鰊	물고기 이름	20	水	×
	變	아름다울(연)	22	土	⊠
	鰱	연어 (연)	22	水	⊠
	攣	골릴, 연관될	23	木	×
	戀	사모할 (연)	23	火	⊠
	臠	저민 고기	25	水	×
렬	劣	못할 (열)	6	土	⊠
	列	베풀 (열)	6	金	⊠
	冽	찰, 찬바람	8	水	×

음	자	뜻	획	자원	품격
렬	烈	세찰, 강할	10	火	⊠
	洌	맑을 (열)	10	水	⊠
	捩	비틀, 꼰다	12	木	×
	裂	찢을 (열)	12	木	⊠
	颲	폭풍우 (열)	15	木	⊠
렴	廉	성 (염)	13	木	⊠
	磏	거친 숫돌	15	金	×
	斂	거둘, 저장할	17	金	◉
	濂	엷을 (염)	17	水	⊠
	殮	염할 (염)	17	水	⊠
	簾	발 (염)	19	木	⊠
	瀲	넘칠, 물가	21	水	×
렵	獵	사냥 (엽)	19	土	⊠
	躐	밟을, 넘을	22	土	×
	鬣	갈기 (엽)	25	火	⊠
령	令	영 (영)	5	火	⊠
	另	헤어질, 따로	5	水	×
	伶	영리할 (영)	7	火	⊠
	姈	슬기로울(영)	8	土	⊠
	岭	산 이름 (영)	8	土	⊠

음	자	뜻	획	자원	품격
령	岺	재 (영)	8	土	⊠
	呤	속삭일, 말할	8	水	△
	囹	감옥 (영)	8	水	⊠
	怜	영리할 (영)	9	火	⊠
	昤	날빛 영롱할	9	火	◉
	泠	깨우칠 (영)	9	水	⊠
	秢	벼 처음익을	10	木	○
	玲	옥소리 (영)	10	金	⊠
	苓	도꼬마리(영)	11	木	⊠
	笭	원추리 (영)	11	木	⊠
	聆	들을 (영)	11	火	⊠
	翎	깃, 화살 깃	11	火	×
	羚	영양 (영)	11	土	⊠
	蛉	잠자리 (영)	11	水	⊠
	軨	사냥 수레	12	火	×
	鈴	방울 (영)	13	金	⊠
	零	조용한 비	13	水	×
	領	옷깃 (영)	14	火	⊠
	逞	굳셀 (영)	14	土	⊠
	鴒	할미새 (영)	16	火	⊠

음	자	뜻	획	자원	품격
령	齢	소금	16	水	×
	嶺	재, 산봉우리	17	土	△
	澪	강 이름 (영)	17	水	⊠
	齢	나이 (영)	20	金	⊠
	靈	신령, 영혼	24	水	⊠
	欞	격자창, 처마	28	木	×
레	礼	예도, 예절	6	木	○
	例	법식, 보기	8	火	○
	隷	붙을 (예)	16	水	⊠
	澧	강 이름 (예)	17	水	⊠
	隸	붙을, 좇다	17	水	×
	禮	예도 (예)	18	木	⊠
	醴	단술 (예)	20	金	⊠
	鱧	가물치 (예)	24	水	⊠
로	老	늙은이 (노)	6	土	⊠
	牢	짐승의 우리	9	水	×
	旅	검을, 나그네	11	火	×
	鹵	소금, 염전	11	水	×
	虜	포로 (노)	12	木	⊠
	勞	노력 (노)	12	土	⊠

음	자	뜻	획	자원	품격
로	輅	수레 (노)	13	火	⊠
	路	길, 겪는 일	13	土	△
	滷	소금밭 (노)	15	水	×
	魯	성 (노)	15	水	⊠
	撈	잡을, 건져낼	16	木	×
	潦	장마 (노)	16	水	⊠
	澇	큰물결, 장마	16	水	×
	潞	강 이름 (노)	16	水	⊠
	盧	성 (노)	16	金	⊠
	擄	사로잡을(노)	17	木	⊠
	癆	중독, 아픔	17	水	×
	蕗	감초 (노)	18	木	⊠
	璐	아름다운	18	金	◉
	櫓	방패 (노)	19	木	⊠
	壚	흑토, 화로	19	土	×
	嚧	웃을 (노)	19	水	⊠
	櫨	낙엽교목(노)	20	木	⊠
	爐	화로, 향로	20	火	△
	瀘	강 이름 (노)	20	水	⊠
	露	이슬, 젖을	20	水	×

음	자	뜻	획	자원	품격
로	艪	노, 상앗대	21	木	×
	鑪	아교 그릇	21	金	×
	艫	뱃머리 (노)	22	木	⊠
	蘆	갈대 (노)	22	木	⊠
	轤	도르래 (노)	23	火	⊠
	鷺	해오라기(노)	23	火	⊠
	鑢	화로, 향로	24	金	×
	顱	머리뼈 (노)	25	火	⊠
	鸕	가마우지(노)	27	火	⊠
	鱸	농어 (노)	27	水	⊠
록	彔	근본 (녹)	8	火	⊠
	鹿	사슴 (녹)	11	土	⊠
	淥	받을, 압록강	12	水	△
	祿	행복 (녹)	13	木	⊠
	碌	돌 모양 (녹)	13	金	⊠
	綠	초록빛 (녹)	14	木	⊠
	菉	조개풀 (녹)	14	木	⊠
	漉	거를, 치다	15	水	×
	錄	기록할 (녹)	16	金	⊠
	簏	대 상자 (녹)	17	木	⊠

음	자	뜻	획	자원	품격
록	轆	도르래 (녹)	18	火	⊠
	鵦	새 이름	19	火	×
	麓	산기슭 (녹)	19	火	⊠
론	論	진술할 (논)	15	金	⊠
롱	弄	희롱할 (농)	7	木	⊠
	儱	미숙	18	火	×
	壟	언덕 (농)	19	土	⊠
	攏	누를, 묶을	20	木	×
	曨	어스레할(농)	20	火	×
	瀧	비 올 (농)	20	水	⊠
	朧	흐릿할 (농)	20	水	⊠
	瓏	옥소리 (농)	21	金	△
	礱	숫돌 (농)	21	金	⊠
	籠	대그릇 (농)	22	木	⊠
	蘢	개여뀌 풀	22	木	×
	聾	청각장애(농)	22	火	⊠
	隴	고개 이름	24	土	△
뢰	耒	쟁기, 굽정이	6	木	×
	牢	둘러쌈 (뇌)	7	土	⊠
	賂	뇌물 (뇌)	13	金	⊠

음	자	뜻	획	자원	품격
뢰	誄	뇌사, 조문	13	金	×
	雷	우레, 천둥	13	水	×
	酹	부을 (뇌)	14	金	⊠
	磊	돌무더기(뇌)	15	金	⊠
	賚	하사할 (뇌)	15	金	⊠
	賴	의뢰할	16	火	○
	賴	힘입을, 의지	16	金	○
	儡	피로할 (뇌)	17	火	⊠
	磥	돌 굴러내릴	18	金	×
	攂	갈라칠	19	木	×
	蕾	꽃봉우리(뇌)	19	木	⊠
	礌	바위너설(뇌)	20	金	⊠
	瀨	여울 (뇌)	20	水	⊠
	纇	실마디 (뇌)	21	木	⊠
	罍	술독 (뇌)	21	土	⊠
	籟	세구멍 퉁소	22	木	△
료	了	마칠 (요)	2	金	⊠
	料	헤아릴 (요)	10	火	⊠
	聊	의지할, 즐길	11	火	△
	廖	공허할 (요)	14	木	⊠

음	자	뜻	획	자원	품격
료	僚	동료 (요)	14	火	☒
	寮	벼슬아치(요)	15	木	☒
	嫽	외조모 (요)	15	土	☒
	嘹	울 (요)	15	水	☒
	撩	다스릴, 취할	16	木	×
	瞭	밝을 (요)	16	火	☒
	燎	화롯불 (요)	16	火	☒
	獠	밤 사냥	16	土	×
	潦	장마 (요)	16	水	☒
	膋	발 기름 (요)	16	水	☒
	瞭	밝을, 아득할	17	木	○
	蓼	여뀌 (요)	17	木	☒
	療	병고칠, 앓을	17	水	×
	繚	감길, 얽힐	18	木	×
	醪	막걸리 (요)	18	金	☒
	遼	늦출 (요)	19	土	☒
	飉	서풍, 공허함	20	木	×
	鐐	은, 족쇄	20	金	×
	飂	바람 (요)	21	木	☒
룡	竜	용	10	金	×
룡	龍	임금 (용)	16	土	☒
	龒	용	21	土	×
루	累	묶을 (누)	11	木	☒
	婁	별이름, 거둘	11	土	○
	淚	눈물 (누)	12	水	☒
	僂	구부릴 (누)	13	火	☒
	嶁	봉우리 (누)	14	土	☒
	陋	좁을 (누)	14	土	☒
	嘍	시끄러울	14	水	×
	屢	창 (누)	14	水	☒
	樓	다락 (누)	15	木	☒
	慺	정성스러울	15	火	◉
	熡	불꽃 (누)	15	火	☒
	漏	샐 (누)	15	水	☒
	瘻	부스럼, 혹	16	水	×
	縷	실 (누)	17	木	☒
	蔞	쑥 (누)	17	木	☒
	褸	남루할, 옷깃	17	木	×
	耬	밭을 갈다	17	木	△
	螻	땅강아지	17	水	×

음	자	뜻	획	자원	품격
루	壘	진 (누)	18	土	⊠
	鏤	새길 (누)	19	金	⊠
	髏	해골, 두개골	21	金	×
류	柳	성, 버들	9	木	△
	留	머무를 (유)	10	土	⊠
	流	흐를 (유)	11	水	⊠
	琉	유리 (유)	12	金	⊠
	硫	유황 (유)	12	金	⊠
	旒	깃발 (유)	13	土	⊠
	榴	석류나무(유)	14	木	⊠
	溜	여울, 급류	14	水	△
	劉	성 (유)	15	金	⊠
	瑠	유리 (유)	15	金	⊠
	瘤	혹 (유)	15	水	⊠
	橊	석류나무	16	木	△
	縲	포승줄 (유)	17	木	⊠
	遛	머무를 (유)	17	土	⊠
	謬	그릇될, 속일	18	金	×
	類	무리, 비슷할	19	火	×
	瀏	맑을 (유)	19	水	⊠

음	자	뜻	획	자원	품격
류	纍	갇힐, 매달릴	21	木	×
	鷚	올빼미 (유)	21	火	⊠
륙	六	여섯 (육)	6	土	⊠
	戮	죽일, 형벌	15	金	×
	陸	육지 (육)	16	土	⊠
륜	侖	둥글, 생각할	8	火	○
	倫	인륜 (윤)	10	火	⊠
	崙	산 이름 (윤)	11	土	⊠
	崘	산 이름	11	土	△
	圇	완전할 (윤)	11	水	△
	掄	가릴, 선택할	12	木	○
	淪	물놀이, 빠질	12	水	×
	綸	낚싯줄, 실	14	木	×
	輪	바퀴 (윤)	15	火	⊠
	錀	금 (윤)	16	金	⊠
률	律	법 (율)	9	火	⊠
	栗	밤나무 (율)	10	木	⊠
	率	거느릴 (솔)	11	火	△
	嵂	가파를 (율)	12	土	⊠
	慄	두려워할(율)	14	火	⊠

음	자	뜻	획	자원	품격
률	溧	강 이름 (율)	14	水	△
	瑮	옥 무늬 (율)	15	金	△
륭	隆	풍성할 (융)	17	土	⊠
	窿	활꼴 (융)	17	水	⊠
	癃	느른할, 늙을	17	水	×
륵	肋	갈비 (늑)	8	水	⊠
	泐	돌 갈라질	9	水	×
	勒	굴레, 재갈	11	金	×
름	菻	쑥, 땅 이름	14	木	○
	凜	의젓할 (늠)	15	水	⊠
	凛	찰, 꿋꿋할	15	水	○
	廩	곳집, 저장할	16	木	○
	澟	서늘할 (늠)	17	水	⊠
릉	倰	속일 (능)	10	火	⊠
	凌	능가할 (능)	10	水	⊠
	楞	모 (능)	13	木	⊠
	稜	모서리 (능)	13	木	⊠
	綾	비단 (능)	14	木	⊠
	菱	마름 (능)	14	木	⊠
	陵	큰언덕, 무덤	16	土	×

음	자	뜻	획	자원	품격
릉	薐	마름, 모날	17	木	×
리	吏	벼슬아치	6	水	×
	李	성 (이)	7	木	⊠
	里	마을, 거리	7	土	△
	利	날카로울(이)	7	金	⊠
	俐	똑똑할 (이)	9	火	⊠
	俚	속될, 부탁	9	火	×
	厘	다스릴	9	水	○
	哩	어조사 (이)	10	水	⊠
	唎	가는 소리	10	水	×
	梨	배나무 (이)	11	木	⊠
	悧	영리할 (이)	11	火	⊠
	离	산신, 흩어질	11	木	×
	犁	얼룩소 (려)	11	土	⊠
	狸	삵, 너구리	11	土	×
	浬	다다를 (이)	11	水	⊠
	浬	해리, 단위	11	水	△
	犂	밭을 갈	12	土	×
	理	다스릴, 통할	12	金	○
	痢	설사 (이)	12	水	⊠

음	자	뜻	획	자원	품격
리	裏	속, 안 (이)	13	木	☒
	裡	속, 가운데	13	木	△
	莉	말리나무(이)	13	木	☒
	莅	다다를, 직위	13	木	△
	剺	벗길, 가를	13	金	✕
	蜊	참 조개 (이)	13	水	☒
	嫠	과부 (이)	14	土	☒
	貍	삵, 살쾡이	14	水	✕
	履	밟을 (이)	15	水	☒
	摛	퍼질, 표현할	15	木	○
	漓	스며들, 엷을	15	水	△
	璃	유리 (이)	16	金	☒
	罹	근심, 곤란할	17	木	✕
	螭	교룡 (이)	17	水	☒
	釐	다스릴 (이)	18	土	☒
	鯉	잉어, 편지	18	水	✕
	離	떼놓을, 끊을	19	火	✕
	羸	여윌, 약할	19	土	✕
	魑	도깨비 (이)	21	火	☒
	黐	끈끈이 (이)	23	木	☒

음	자	뜻	획	자원	품격
리	籬	울타리 (이)	25	木	☒
	邐	이어질 (이)	26	土	☒
린	吝	아낄 (인)	7	水	☒
	悋	아낄, 인색할	11	火	✕
	粦	도깨비불	12	木	✕
	潾	물 맑을 (인)	14	木	☒
	嶙	가파를 (인)	15	土	☒
	撛	붙들, 구원할	16	木	△
	橉	나무 이름	16	木	△
	燐	반딧불 (인)	16	火	☒
	獜	튼튼할 (인)	16	土	☒
	潾	맑을, 돌샘	16	水	◉
	麐	기린, 암기린	17	土	☒
	璘	옥빛 (인)	17	金	☒
	磷	험할, 엷은돌	17	金	✕
	繗	이을, 잇다	18	木	○
	轔	수레 소리	19	火	✕
	鄰	이웃, 도울	19	土	○
	隣	이웃 (인)	20	土	☒
	鳞	굳셀 (인)	20	金	☒

음	자	뜻	획	자원	품격
린	藺	골풀 (인)	22	木	⊠
	驎	얼룩말, 화마	22	火	×
	躪	짓밟을 (인)	23	土	⊠
	麟	기린, 숫사슴	23	土	×
	鱗	비늘 (인)	23	水	⊠
	躙	짓밟을, 유린	27	土	×
림	林	성, 수풀(인)	8	木	⊠
	玲	옥이름 (감)	9	金	⊠
	棽	무성할 (침)	12	木	⊠
	晽	알고자 할	12	木	△
	淋	물뿌릴 (임)	12	水	⊠
	琳	아름다운 옥	13	金	○
	碄	깊을 (임)	13	金	⊠
	痲	임질, 대하증	13	水	×
	霖	장마 (임)	16	水	⊠
	臨	임할 (임)	17	火	⊠
립	立	설, 세울	5	金	○
	岦	산 우뚝할	8	土	△
	砬	돌 소리 (입)	10	金	⊠
	笠	구릿대 (입)	11	木	⊠

음	자	뜻	획	자원	품격
립	粒	쌀알, 낟알	11	木	△
마	馬	성, 말	10	火	⊠
	麻	삼, 삼베	11	木	△
	媽	어미, 암말	13	土	×
	痲	저릴, 홍역	13	水	×
	麽	잘, 무엇	14	木	△
	摩	갈, 문지르다	15	木	×
	瑪	마노	15	金	⊠
	碼	마노, 저울추	15	金	×
	磨	갈, 문지를	16	金	×
	蟆	말거머리	16	水	×
	蟇	두꺼비	17	水	×
	魔	마귀, 마술	21	火	×
	劘	깎을, 베다	21	金	×
막	莫	넓을, 저물	13	木	×
	幕	막, 군막	14	木	×
	寞	쓸쓸할	14	木	×
	漠	사막, 조용할	15	水	×
	暯	백태	16	木	×
	膜	막, 어루만질	17	水	×

음	자	뜻	획	자원	품격
막	鏌	칼 이름	19	金	×
	邈	멀, 아득할	21	土	×
만	万	성, 일만	3	木	×
	卍	만자	6	水	×
	娩	해산할, 순박	10	土	△
	挽	당길, 말릴	11	木	△
	曼	끌, 아름다울	11	火	◉
	晚	해 질 무렵	11	火	×
	幔	막, 천막	14	木	×
	輓	수레를 끌다.	14	火	×
	墁	흙손, 벽장식	14	土	×
	嫚	업신여길	14	土	×
	萬	일만, 다수	15	木	⊠
	慢	게으를	15	火	×
	滿	찰, 넉넉할	15	水	⊠
	漫	질펀할, 넘칠	15	水	×
	瞞	속일, 눈깜을	16	木	×
	蔓	덩굴, 자라다	17	木	○
	縵	명주, 늘어질	17	木	△
	蹣	비틀거리(반)	18	土	⊠

음	자	뜻	획	자원	품격
만	謾	속일, 헐뜯을	18	金	×
	鏋	금, 금 정기	19	金	○
	鏝	흙손	19	金	△
	饅	만두	20	水	×
	鬘	머리 장식	21	火	×
	彎	굽을, 당길	22	火	×
	巒	뫼, 산	22	土	×
	鰻	뱀장어	22	水	×
	蠻	오랑캐	25	水	×
	灣	물굽이	26	水	×
말	末	끝, 신하	5	木	⊠
	帕	머리띠 (파)	8	木	⊠
	抹	바를, 지울	9	木	△
	沫	거품, 물방울	9	水	×
	秣	꼴, 말먹이	10	木	×
	朰	끝	10	水	×
	茉	말리 나무	11	木	△
	靺	버선	14	金	×
	襪	버선, 족의	21	木	×
망	亡	망할, 달아날	3	火	⊠

음	자	뜻	획	자원	품격
망	妄	허망할, 거짓	6	土	✕
	忙	바쁠, 조급할	7	火	✕
	忘	잊을, 끝날	7	火	✕
	汒	황급할	7	水	✕
	罔	그물, 잡다	9	木	✕
	芒	털, 바늘	9	木	✕
	邙	산 이름	10	土	△
	望	바랄, 기대할	11	水	○
	茫	아득할	12	木	✕
	惘	멍할	12	火	✕
	網	그물, 규칙	12	火	✕
	莽	우거질, 잡초	14	木	✕
	朢	보름	14	水	✕
	輞	바퀴 테	15	火	✕
	漭	넓을	15	水	◉
	魍	도깨비	18	火	✕
매	每	매양, 언제나	7	土	○
	呆	어리석을(태)	7	水	☒
	枚	줄기, 채찍	8	木	✕
	妹	누이, 소녀	8	土	✕

음	자	뜻	획	자원	품격
매	昧	새벽, 탐낼	9	火	△
	玫	아름다운 돌	9	金	○
	沫	어둑어둑할	9	水	✕
	眛	눈이 어두울	10	木	✕
	埋	묻을, 메울	10	土	✕
	梅	매화나무	11	木	☒
	苺	딸기	11	木	✕
	寐	잠잘, 죽을	12	木	✕
	媒	중매, 매개	12	土	△
	買	살, 사다	12	金	△
	楳	매화나무	13	木	△
	莓	나무딸기	13	木	△
	煤	그을음, 석탄	13	火	✕
	酶	술밑	14	金	✕
	魅	도깨비, 유혹	15	火	✕
	賣	팔, 내통할	15	金	✕
	霉	매우, 곰팡이	15	水	✕
	罵	욕할, 꾸짖을	16	木	✕
	邁	갈, 떠날	20	土	✕
맥	麥	보리, 매장할	11	木	✕

음	자	뜻	획	자원	품격
맥	脈	맥, 혈맥	12	水	×
	貊	북방 종족	12	水	×
	貉	북방 종족	13	水	×
	陌	두렁, 경계	14	土	△
	獏	짐승 이름	18	水	×
	驀	말탈, 갑자기	21	火	×
맹	盲	소경, 어두울	8	木	×
	氓	백성	8	火	△
	甿	백성, 농부	8	土	△
	孟	맏이, 처음	8	水	⊠
	虻	등에, 새이름	9	水	×
	猛	사나울	12	土	×
	盟	맹세할, 약속	13	金	○
	萌	싹, 죽순	14	木	○
	甍	용마루 기와	16	土	△
멱	覓	찾을, 구할	11	火	△
	幎	덮을, 덮는보	13	木	×
	冪	덮을, 상보	16	水	×
면	免	면할, 해직할	7	木	×
	沔	물흐를, 씻을	8	水	△

음	자	뜻	획	자원	품격
면	眄	애꾸눈, 곁눈	9	木	×
	俛	힘쓸	9	火	○
	面	낯, 얼굴	9	火	×
	勉	힘쓸, 강요할	9	土	○
	眠	잠잘, 쉴	10	木	×
	冕	면류관	11	土	○
	棉	목화	12	木	○
	湎	빠질, 변천할	13	水	×
	綿	이어질, 연속	14	木	◉
	緬	가는실, 멀다	15	木	×
	緜	햇솜, 읽힐	15	木	○
	麪	밀가루, 국수	15	木	×
	麵	밀가루, 국수	20	木	×
멸	滅	멸망할, 제거	14	水	×
	篾	대 껍질	17	木	×
	蔑	업신여길	17	木	×
	蠛	모독할, 코피	21	水	×
명	皿	그릇	5	金	△
	名	이름, 외형	6	水	△
	明	밝을, 환하게	8	火	⊠

음	자	뜻	획	자원	품격
명	命	목숨, 운수	8	水	⊠
	明	밝게볼, 밝을	9	木	◉
	冥	어두울, 어둠	10	水	×
	洺	강 이름	10	水	○
	榆	홈통	12	木	×
	茗	늦게 딴 차	12	木	×
	酩	술 취할	13	金	×
	慏	맘 너그러울	14	火	×
	暝	어두울	14	火	×
	鳴	울, 새 울음	14	火	×
	銘	새길, 조각할	14	金	○
	溟	어두울, 바다	14	水	×
	瞑	눈감을, 소경	15	木	×
	蓂	명협, 풀이름	16	木	△
	螟	마디충, 모기	16	水	×
	鷍	초명, 새이름	19	火	×
메	袂	소매	10	木	×
모	毛	모, 가벼울	4	火	×
	母	어미, 할미	5	土	×
	矛	창, 자루긴창	5	金	×

음	자	뜻	획	자원	품격
모	牟	소 우는소리	6	土	×
	牡	수컷, 왼쪽	7	土	×
	皃	얼굴, 다스릴	7	金	×
	侔	가지런할	8	火	○
	姆	여스승, 유모	8	土	×
	某	아무, 어느것	9	木	×
	眊	눈 흐릴	9	木	×
	侮	업신여길	9	火	×
	姥	할미, 아내	9	土	×
	冒	무릅쓸, 덮을	9	土	×
	耗	줄, 소비할	10	木	×
	芼	풀 우거질	10	木	×
	恈	탐할	10	火	×
	旄	깃대 장식	10	土	×
	耄	늙은이	10	土	×
	眸	눈동자, 눈	11	木	×
	茅	띠, 띳집	11	木	△
	軞	병 거	11	火	△
	帽	모자	12	木	×
	媢	강샘 할	12	土	×

음	자	뜻	획	자원	품격
모	募	모을, 뽑음	13	土	△
	髦	긴 털	14	火	×
	嫫	추녀	14	土	×
	瑁	서 옥, 대모	14	金	○
	貌	얼굴	14	水	×
	摸	찾을, 가질	15	木	○
	摹	베낄, 본뜰	15	木	×
	模	법, 본보기	15	木	○
	慔	힘쓸	15	火	◉
	慕	그리워할	15	火	△
	暮	해 질 무렵	15	火	×
	蟊	해충, 가래	15	水	×
	橅	규범 (무)	16	木	☒
	謀	꾀할, 술책	16	金	×
	蝥	해충	17	水	×
	謨	꾀, 계책	18	金	×
목	木	나무	4	木	☒
	目	눈, 눈짓할	5	木	×
	牧	칠, 목장	8	土	△
	沐	머리 감을	8	水	×

음	자	뜻	획	자원	품격
목	苜	거여목	11	木	×
	睦	화목할, 공손	13	木	◉
	穆	화목할, 공경	16	木	◉
	鶩	집오리, 달릴	20	火	×
몰	沒	가라앉을	8	水	×
	歿	죽을, 끝낼	8	水	×
몽	雺	안개	13	水	×
	夢	꿈, 환상	14	水	△
	濛	이슬비	14	水	△
	曹	어두울	16	木	×
	蒙	입을, 받을	16	木	○
	幪	덮을, 머리띠	17	木	×
	懞	어두울, 돈독	18	火	×
	曚	어두울	18	火	×
	濛	가랑비 올	18	水	△
	朦	풍성할	18	水	○
	曚	청명 과니	19	木	△
	艨	싸움배	20	木	×
	鸏	비둘기	25	火	×
묘	卯	토끼, 동방	5	木	☒

음	자	뜻	획	자원	품격
	妙	묘할, 젊을	7	土	△
	杳	깊숙할	8	木	○
	眇	애꾸눈	9	木	×
	昴	별자리 이름	9	火	○
	玅	땅 이름	9	金	△
	畝	이랑 (무)	10	土	⊠
	苗	모, 어린 벼	11	木	×
묘	淼	물이 아득할	12	水	×
	描	그림 그릴	13	木	△
	猫	고양이	13	土	⊠
	渺	아득할	13	水	×
	墓	무덤, 묘지	14	土	×
	廟	사당, 위패	15	木	×
	貓	고양이	16	水	×
	錨	닻	17	金	○
	无	없을	4	水	×
	母	말, 아닐	4	土	×
무	戊	천간, 무성할	5	土	⊠
	巫	무당, 산이름	7	火	×
	武	굳셀, 용맹할	8	土	⊠

음	자	뜻	획	자원	품격
	拇	엄지손가락	9	木	×
	畒	백평, (묘)	10	土	⊠
	茂	우거질, 풍족	11	木	○
	務	일, 힘쓸	11	土	○
	無	없을, 허무	12	火	×
	貿	바꿀, 무역할	12	金	○
	楙	무성할	13	木	○
	珷	옥돌	13	金	◉
	舞	춤출	14	木	×
	誣	무고할, 깔볼	14	金	×
무	廡	집	15	木	×
	橅	분명치 않음	15	水	×
	撫	어루만질	16	木	×
	橅	법 (모)	16	木	⊠
	儛	춤출	16	火	△
	憮	어루만질	16	火	×
	繆	얽을, 묶을	17	木	×
	懋	힘쓸, 노력할	17	火	○
	蕪	거칠어질	18	木	×
	鵡	앵무새	18	火	×

음	자	뜻	획	자원	품격
무	膴	포	18	水	×
	騖	달릴, 질주할	19	火	△
	霧	안개, 어두울	19	水	⊠
묵	墨	먹, 검을	15	土	△
	嘿	고요할	15	水	△
	默	묵묵할, 고독	16	水	⊠
문	文	글월, 채색	4	木	⊠
	刎	목 벨, 끊을	6	金	×
	吻	입술, 입가	7	水	×
	抆	닦을, 문지럴	8	木	△
	門	문, 출입문	8	木	○
	炆	따뜻할	8	火	◉
	汶	성, 내 이름	8	水	△
	紋	무늬, 주름	10	木	△
	紊	어지러울	10	木	×
	們	들, 무리	10	火	×
	蚊	모기	10	水	⊠
	悗	의혹할 (만)	11	火	⊠
	問	물을, 질문	11	水	○
	捫	어루만질	12	木	×

음	자	뜻	획	자원	품격
문	雯	구름무늬	12	水	×
	聞	들을, 방문할	14	火	○
	璊	붉은 옥	16	金	○
	懣	번민할	18	火	×
물	勿	말, 없을	4	金	×
	物	만물, 무리	8	土	○
	沕	아득할	8	水	×
미	未	아닐, 미래	5	木	⊠
	米	쌀	6	木	△
	尾	꼬리, 등 뒤	7	水	×
	侎	어루만질	8	火	△
	弥	두루, 널리	8	火	○
	采	두루, 점점	8	水	○
	味	맛, 맛볼	8	水	○
	眉	눈썹, 노인	9	木	×
	弭	활고자, 각궁	9	火	△
	美	아름다울	9	土	⊠
	娓	장황할, 힘쓸	10	土	○
	敉	어루만질	10	金	△
	洣	강 이름	10	水	○

음	자	뜻	획	자원	품격
미	梶	나무 끝	11	木	×
	茉	맛	11	木	○
	媄	빛고울, 예쁠	12	土	◉
	媚	아첨할, 아양	12	土	×
	嵋	산 이름	12	土	○
	嵄	산 이름	12	土	○
	楣	문미, 처마	13	木	×
	微	작을, 적을	13	火	△
	煝	빛날, 불꽃	13	火	○
	媺	착할	13	土	○
	迷	미혹할, 전념	13	土	×
	湄	물가, 더운물	13	水	×
	渼	물놀이	13	水	△
	瑂	옥돌	14	金	◉
	躾	예절 가르칠	16	火	△
	糜	죽, 싸라기	17	木	×
	縻	고삐, 줄	17	木	×
	彌	두루, 널리	17	火	○
	麋	큰 사슴	17	土	×
	謎	수수께끼	17	金	×

음	자	뜻	획	자원	품격
미	濄	물가, 가랑비	17	水	×
	瀰	치렁할 (니)	18	水	☒
	薇	고비	19	木	×
	靡	쓰러질, 복종	19	水	×
	獼	원숭이	21	土	×
	瀰	물 넓을	21	水	○
	亹	힘쓸, 물 문	22	水	△
	蘪	천궁	23	木	×
	黴	곰팡이	23	水	×
	蘼	장미, 천궁	25	木	×
민	民	백성	5	火	△
	忞	힘쓸, 노력할	8	火	○
	忟	힘쓸, 노력할	8	火	○
	旼	온화할, 하늘	8	火	◉
	旻	하늘	8	火	○
	岷	산 이름	8	土	△
	旼	볼	9	木	○
	敃	강인할, 힘쓸	9	金	◉
	玟	옥돌	9	金	◉
	砇	옥돌	9	金	◉

음	자	뜻	획	자원	품격
민	泯	망할, 멸망할	9	水	×
	珉	옥돌	10	金	◉
	苠	속대	11	木	×
	罠	낚싯줄	11	木	×
	敏	재빠를, 총명	11	金	☒
	閔	성, 위문할	12	木	△
	悶	번민할	12	火	×
	愍	근심할, 걱정	13	火	×
	暋	굳셀, 강할	13	火	◉
	黽	힘쓸, 맹꽁이	13	土	×
	瑉	옥돌	13	金	◉
	瑉	옥돌	13	金	◉
	銏	철판	13	金	×
	脗	꼭 맞을 (문)	13	水	☒
	緡	낚싯줄	14	木	×
	閩	종족 이름	14	木	×
	頣	강할, 굳셀	14	火	◉
	磻	옥돌	14	金	◉
	瑉	옥돌	14	金	◉
	緡	낚싯줄	15	木	×

음	자	뜻	획	자원	품격
민	慜	총명할, 영리	15	火	◉
	憫	근심할	16	火	×
	潣	물 흘러내릴	16	水	△
	顒	강할	18	火	◉
	鰵	대구, 민어	22	水	×
밀	密	조용할, 비밀	11	木	×
	蜜	꿀, 벌꿀	14	水	△
	樒	침향	15	木	△
	滵	물결	15	水	△
	謐	고요할, 조용	17	金	○
박	朴	성, 순박할	6	木	×
	拍	칠, 박자	9	木	×
	泊	배 댈, 머물	9	水	○
	亳	땅이름, 엷다	10	火	△
	剝	벗길, 괴롭힐	10	金	×
	珀	호박	10	金	△
	舶	큰 배, 상선	11	木	△
	粕	술지게미	11	木	×
	迫	닥칠, 접근할	12	土	×
	博	넓을, 평탄함	12	水	◉

음	자	뜻	획	자원	품격
박	鉑	금박	13	金	○
	雹	누리, 우박	13	水	△
	牔	박공, 집지붕	14	木	×
	箔	발, 잠박	14	木	△
	駁	얼룩말	14	火	×
	撲	칠, 넘어질	16	木	×
	樸	통나무	16	木	△
	縛	묶을, 포승	16	木	×
	駮	짐승 이름	16	火	×
	膊	포, 들추다	16	水	×
	璞	옥돌, 본바탕	17	金	◉
	鎛	종, 호미	18	金	×
	薄	엷을, 천할	19	木	×
	髆	어깻죽지	20	金	×
	欂	두공, 쪼구미	21	木	×
반	反	되돌릴	4	水	×
	半	반, 조각	5	水	×
	伴	짝, 따를	7	火	△
	扳	끌어당길	8	木	△
	攽	나눌	8	金	×

음	자	뜻	획	자원	품격
반	拌	버릴, 뒤섞일	9	木	×
	盼	눈 예쁠	9	木	△
	叛	배반할	9	水	×
	泮	학교, 녹을	9	水	○
	般	돌릴, 옮길	10	木	×
	畔	두둑, 경계	10	土	△
	絆	줄, 매다	11	木	×
	返	돌아올, 바꿀	11	土	△
	班	나눌, 차례	11	金	○
	胖	희생 반쪽	11	水	×
	斑	얼룩, 나눌	12	木	×
	頒	나눌, 구분할	13	火	×
	媻	비틀거릴	13	土	×
	飯	밥, 먹을	13	水	×
	搬	옮길, 이사갈	14	木	×
	攀	덜, 옮길	14	木	×
	槃	쟁반, 소반	14	木	△
	頖	학교 이름	14	火	○
	盤	소반, 대야	15	金	△
	磐	너럭바위	15	金	△

음	자	뜻	획	자원	품격
반	潘	뜨물	16	水	△
	蟠	가뢰, 진딧물	16	水	×
	磻	강 이름 (번)	17	金	☒
	斒	얼룩지다(빈)	17	水	☒
	蟠	서릴, 두를	18	水	×
	攀	매달릴	19	木	×
	礬	명반	20	金	△
발	拔	뺄, 뛰어날	9	木	○
	炦	불기운	9	火	△
	勃	갑자기, 성할	9	土	△
	哱	어지러울	10	水	×
	浡	일어날	11	水	◉
	發	보낼, 일어날	12	水	△
	跋	밟을, 넘어갈	12	土	×
	鉢	바리때, 법도	13	金	△
	鈸	방울, 동발	13	金	△
	渤	바다, 물소리	13	水	△
	脖	배꼽	13	水	×
	髮	터럭, 머리털	15	火	×
	魃	가물 귀신	15	火	×

음	자	뜻	획	자원	품격
발	撥	다스릴, 없앨	16	木	×
	潑	뿌릴	16	水	△
	鵓	집 비둘기	18	火	×
	醱	술을 빚을	19	金	×
방	方	사방	4	土	×
	仿	헤맬, 모방할	6	火	×
	彷	거닐, 비슷할	7	火	×
	坊	동네, 막을	7	土	△
	妨	방해할	7	土	×
	尨	삽살개	7	土	×
	房	방, 성	8	木	×
	枋	다목, 뗏목	8	木	△
	昉	마침, 비로소	8	火	○
	放	놓을, 추방할	8	金	×
	厖	클, 섞일	9	水	△
	芳	꽃다울, 향기	10	木	○
	紡	지을, 달아맬	10	木	△
	舫	배, 뗏목	10	木	△
	倣	본뜰, 의지할	10	火	○
	旁	두루, 널리	10	土	○

음	자	뜻	획	자원	품격
방	肪	기름, 비계	10	水	×
	蚌	민물조개	10	水	×
	梆	목어, 목탁	11	木	×
	瓬	옹기장	11	土	×
	邦	나라	11	土	○
	訪	찾을, 방문할	11	金	○
	幇	도울	12	木	○
	舽	배	12	木	△
	傍	곁, 비슷할	12	火	×
	防	둑, 막을	12	土	×
	傍	시중들	13	火	×
	搒	배저을, 매질	14	木	×
	榜	매, 방목	14	木	×
	牓	액자, 게시판	14	木	△
	髣	비슷할	14	火	△
	滂	비 퍼부을	14	水	×
	磅	돌 구른소리	15	金	×
	魴	방어	15	水	×
	蒡	인동덩굴	16	木	○
	膀	쌍 배	16	水	×

음	자	뜻	획	자원	품격
방	螃	방게	16	水	×
	幫	도울, 패거리	17	木	△
	謗	헐뜯을, 비방	17	金	×
	鎊	깎을	18	金	×
	龐	클, 높을	19	土	○
배	扒	뺄, 발굴할	6	木	×
	坏	언덕, 깔볼	7	土	×
	貝	조개 (패)	7	金	☒
	杯	잔, 그릇	8	木	×
	拜	절, 감사할	9	木	○
	盃	잔	9	金	×
	倍	곱, 갑절	10	火	○
	俳	광대, 장난	10	火	×
	配	아내, 짝	10	金	×
	徘	노릴	11	火	×
	培	북돋을	11	土	○
	背	등, 등 뒤	11	水	×
	胚	아이밸, 시초	11	水	×
	排	밀칠, 배척할	12	木	×
	焙	불에 쬘	12	火	◉

음	자	뜻	획	자원	품격
배	珜	구슬꿰미	13	金	○
	湃	물결 칠모양	13	水	○
	裵	옷 치렁할	14	木	△
	裴	옷 치렁할	14	木	△
	褙	속 적삼	15	木	×
	輩	무리, 동아리	15	火	△
	賠	물어줄, 배상	15	金	×
	蓓	꽃봉오리	16	木	○
	陪	쌓아 올릴	16	土	◉
	蓓	꽃봉오리	17	木	○
백	白	흰	5	金	○
	百	일백, 모든	6	金	⊠
	伯	맏, 우두머리	7	火	×
	帛	비단, 풀이름	8	木	◉
	佰	일백, 백사람	8	火	×
	柏	측백나무	9	木	△
	栢	측백나무	10	木	⊠
	珀	호박 (박)	10	金	⊠
	苩	성, 꽃	11	木	○
	魄	넋, 형제	15	火	×

음	자	뜻	획	자원	품격
번	袢	속옷	11	木	×
	番	갈마들, 차례	12	土	△
	煩	괴로워할	13	화	×
	幡	표기, 나부낄	15	木	△
	樊	울타리, 새장	15	木	×
	燔	구울, 말릴	16	火	×
	繁	많을, 번성할	17	木	◉
	磻	강 이름 (반)	17	金	⊠
	蕃	우거질, 많을	18	木	○
	繙	되풀이할	18	木	×
	翻	날, 뒤집을	18	火	×
	膰	제사 고기	18	水	×
	藩	덮을, 지킬	21	木	×
	飜	뒤칠, 엎어질	21	火	×
	蘩	머위	23	木	△
벌	伐	칠, 공적	6	火	×
	筏	떼, 뗏목	12	木	△
	閥	공훈, 기둥	14	木	△
	罰	죄, 형벌	15	木	×
	橃	뗏목, 큰 배	16	木	△

음	자	뜻	획	자원	품격
벌	罰	죄	16	木	×
범	凡	무릇, 모두	3	水	◉
	帆	돛, 돛단배	6	木	△
	犯	범할, 죄인	6	土	×
	氾	넘칠, 떠다닐	6	水	×
	机	수부 나무	7	木	○
	汎	뜰, 띄울	7	水	○
	泛	뜰, 물 부을	9	水	○
	訊	말 많을	10	金	×
	梵	읊을, 불경	11	木	×
	笵	법, 법률	11	木	○
	范	풀 이름, 벌	11	木	○
	釩	떨칠	11	金	○
	渢	물소리 (풍)	13	水	⊠
	範	법, 본보기	15	木	◉
	滼	뜰, 뜨다	15	水	○
	颿	말 달릴	19	木	×
법	法	법, 예의	9	水	⊠
	琺	법랑, 유리	13	金	△
벽	辟	임금, 법	13	金	△

음	자	뜻	획	자원	품격
	碧	푸른 옥	14	金	○
	僻	후미질	15	火	×
	劈	조갤, 가를	15	金	×
	壁	벽, 울타리	16	土	△
	檗	황벽나무	17	木	○
	擘	엄지손가락	17	木	×
	擗	가슴칠, 열다	17	木	×
벽	甓	벽돌	18	土	×
	璧	둥근 옥	18	金	○
	癖	적취, 버릇	18	水	×
	襞	주름, 접을	19	木	×
	闢	열, 제거할	21	木	×
	霹	벼락, 천둥	21	水	×
	蘗	황경나무(얼)	23	木	⊠
	鷿	논병아리	26	土	×
	鼊	거북	26	土	×
변	卞	조급할, 법	4	火	×
	弁	고깔, 서두를	5	木	×
	采	분별할	7	火	○
	抃	손뼉 칠	8	木	△

음	자	뜻	획	자원	품격
변	忭	기뻐할	8	火	○
	便	소식 (편)	9	火	⊠
	骈	더할	13	金	○
	胼	굳은살	14	水	×
	駢	나란히 (병)	16	火	⊠
	鴘	두 살 된 매	16	火	×
	辨	분별할	16	金	○
	骿	통갈비	16	金	×
	辮	땋은 머리	20	木	×
	辯	말 잘함	21	金	○
	邊	근처, 부근	22	土	×
	變	변할, 움직일	23	金	×
	籩	제기 이름	25	木	×
별	別	나눌, 다를	7	金	×
	炦	불기운 (발)	9	火	⊠
	勎	클, 힘셀	12	土	○
	苶	모종 낼	13	木	○
	馠	향기, 향기날	13	木	○
	彆	호라 뒤틀릴	15	火	×
	瞥	언뜻 볼	17	木	×

음	자	뜻	획	자원	품격
별	馤	향기 조금날	17	木	△
	撆	옷을 털다	18	木	×
	鷩	붉은 꿩	23	火	×
	鱉	금계	23	水	×
	鼈	자라, 고사리	25	土	×
병	丙	남녘, 밝음	5	火	⊠
	并	어우를	6	木	○
	兵	군사, 병사	7	金	×
	並	아우를, 함께	8	木	○
	幷	어우를, 함께	8	木	○
	秉	잡을, 볏단	8	木	⊠
	柄	자루, 근본	9	木	⊠
	抦	잡을	9	木	△
	昺	밝을, 빛날	9	火	◉
	昞	밝을, 빛나다	9	火	◉
	炳	밝을, 빛날	9	火	⊠
	倂	아우를	10	火	○
	竝	나란히 할	10	金	○
	病	병, 질병	10	水	⊠
	屛	병풍, 가릴	11	水	×

음	자	뜻	획	자원	품격
병	棅	자루, 손잡이	12	木	△
	瓶	단지, 항아리	13	土	△
	迸	달아날	13	土	×
	鈵	굳을	13	金	○
	絣	이를, 명주	14	木	○
	缾	두레박	14	土	△
	鉼	판금	14	金	×
	軿	수레 소리	15	火	×
	餅	떡, 먹을	17	水	×
	駢	나란히할(변)	18	火	☒
보	步	걸음, 보병	7	土	×
	甫	틀, 사나이	7	水	○
	宝	보배	8	木	◉
	歨	걸음, 운수	8	土	×
	保	지킬, 돕다	9	火	◉
	俌	도울	9	火	◉
	洑	보, 나루	10	水	△
	珤	보배	11	金	◉
	珵	보배	11	金	◉
	晡	볼, 보다	12	木	△

음	자	뜻	획	자원	품격
보	普	널리, 두루	12	火	◉
	堡	작은성, 제방	12	土	×
	報	갚을, 알릴	12	土	○
	盙	제기 이름	12	金	×
	補	도울, 더할	13	木	◉
	湺	보	13	水	○
	菩	보리, 자리	14	木	☒
	輔	도움, 보좌	14	火	○
	褓	포대기	15	木	×
	葆	뿌리, 채소	15	木	△
	駂	흰털섞인 말	15	火	×
	潽	끊을	16	水	×
	簠	제기 이름	18	木	×
	黼	수놓은 옷	19	木	△
	譜	계보, 족보	19	金	△
	寶	보배, 보물	20	木	☒
복	卜	점, 점칠	2	火	×
	扑	칠, 넘어질	6	木	×
	伏	엎드릴, 숨을	6	火	×
	宓	편안할, 몰래	8	木	△

음	자	뜻	획	자원	품격
복	服	옷, 의복	8	水	×
	匐	길, 엎드릴	11	金	×
	茯	복령, 약이름	12	木	△
	復	돌아올, 다시	12	火	○
	福	복, 돕다	14	木	⊠
	箙	화살 넣는통	14	木	×
	菔	무, 칼집	14	木	×
	僕	종, 마부	14	火	×
	幞	업	15	木	○
	複	겹옷, 솜옷	15	木	×
	墣	흙덩이	15	土	×
	腹	배, 창자	15	水	×
	蝠	박쥐, 살무사	15	水	×
	蝮	살무사, 독사	15	水	×
	輻	바퀴살 (부)	16	火	⊠
	輹	바퀴 테	16	火	×
	蔔	무, 치자꽃	17	木	○
	鍑	솥, 가마솥	17	金	△
	馥	향기, 풍길	18	木	○
	覆	뒤집힐, 반전	18	金	×

음	자	뜻	획	자원	품격
복	濮	강 이름	18	水	○
	鵬	새 이름	19	火	×
	鰒	전복, 떡조개	20	水	×
본	本	밑, 뿌리	5	木	◉
볼	乶	땅이름 (폴)	8	木	⊠
봉	丰	예쁠, 풍채	4	木	○
	夆	끌, 이끌	7	水	○
	奉	받들, 기를	8	木	○
	芃	풀 무성할	9	木	×
	封	봉할, 편지	9	土	△
	俸	복, 봉급	10	火	△
	峰	봉우리, 산	10	土	⊠
	峯	봉우리, 뫼	10	土	⊠
	烽	봉화, 경계	11	火	○
	洚	물 이름	11	水	○
	捧	받들, 들다	12	木	○
	棒	두드릴, 칠	12	木	×
	縫	꿰맬	13	木	×
	琫	칼집, 장식	13	金	△
	蜂	벌, 잡담할	13	水	×

음	자	뜻	획	자원	품격
봉	菶	풀 무성할	14	木	×
	鳳	봉황새	14	火	⊠
	逢	만날, 영합할	14	土	○
	熢	연기, 불기운	15	火	×
	鵟	꿩 (격)	15	火	⊠
	鋒	칼끝, 첨단	15	金	×
	澧	물 이름	15	水	○
	篷	뜸, 작은 배	17	木	×
	縫	꿰맬, 붙일	17	木	×
부	不	아닐 (불)	4	木	⊠
	夫	지아비, 남편	4	木	×
	父	아비	4	木	×
	付	줄, 청할	5	火	○
	缶	장군	6	土	○
	孚	믿을, 붙을	7	水	○
	否	아닐, 부정할	7	水	×
	扶	도울, 붙잡을	8	木	△
	抔	움킬, 움큼	8	木	×
	府	마을, 관청	8	木	△
	阜	언덕, 대륙	8	土	◉

음	자	뜻	획	자원	품격
부	斧	도끼, 베다	8	金	×
	咐	분부할, 숨쉴	8	水	×
	拊	어루만질	9	木	×
	俘	사로잡을	9	火	×
	赴	나아갈	9	火	○
	玞	옥돌	9	金	◉
	訃	부고, 통보할	9	金	×
	負	질, 책임질	9	金	×
	祔	합장, 합사할	10	木	△
	芙	부용, 연꽃	10	木	△
	芣	질경이	10	木	△
	罦	그물, 덮치기	10	木	×
	俯	구부릴	10	火	×
	剖	쪼갤, 가를	10	金	×
	釜	가마	10	金	○
	蚨	파랑 강충이	10	水	×
	桴	마룻대, 북채	11	木	×
	符	부신, 부적	11	木	×
	苻	귀목풀, 깍지	11	木	△
	袚	나들이 옷	11	木	△

음	자	뜻	획	자원	품격
부	埠	선창	11	土	△
	婦	며느리, 아내	11	土	×
	趺	책상다리	11	土	×
	副	버금, 도움	11	金	△
	浮	뜰, 떠오를	11	水	×
	腑	장부, 창자	11	水	×
	富	가멸, 풍성할	12	木	☒
	掊	모으다	12	木	○
	傅	스승, 후견인	12	火	○
	復	돌아올 (복)	12	火	☒
	媍	며느리, 여자	12	土	×
	跗	발등	12	土	×
	鈇	도끼	12	金	×
	涪	물거품	12	水	×
	筟	대청	13	木	△
	罘	그물, 덮치기	13	木	×
	裒	모을, 많다	13	木	△
	艀	작은 배	13	木	×
	莩	풀이름, 갈대	13	木	×
	鳧	오리, 산이름	13	火	×

음	자	뜻	획	자원	품격
부	附	붙을, 의지할	13	土	△
	蜉	하루살이	13	水	×
	榑	부상	14	木	×
	孵	알깔, 자라다	14	水	×
	溥	넓을, 광대할	14	水	○
	腐	썩을, 냄새날	14	水	×
	腑	오장육부	14	水	×
	麩	밀기울	15	木	×
	頫	머리 숙일	15	火	×
	駙	곁마, 부마	15	火	×
	部	거느릴, 나눌	15	土	○
	敷	펼, 진술할	15	金	○
	賦	구실, 조세	15	金	×
	鮒	붕어, 두꺼비	16	水	×
	蔀	빈지문, 덮게	17	木	×
	賻	부의	17	金	×
	膚	살갗, 피부	17	水	×
	簿	장부, 회계부	19	木	△
북	北	북녘 (배)	5	水	☒
분	分	나눌, 구분할	4	金	☒

음	자	뜻	획	자원	품격
분	帉	걸레, 행주	7	木	×
	坋	먼지, 티끌	7	土	×
	吩	뿜을, 명령할	7	水	◉
	奔	달릴, 달아날	8	木	×
	扮	꾸밀, 합하다	8	木	○
	枌	나무 이름	8	木	○
	忿	성낼, 원망할	8	火	×
	昐	햇빛	8	火	◉
	氛	기운, 조짐	8	水	△
	汾	클	8	水	◉
	肦	머리 클	8	水	×
	砏	큰 소리	9	金	△
	盆	밥 짓는그릇	9	金	○
	芬	향기로울	10	木	☒
	紛	어지러울	10	木	☒
	粉	가루, 쌀가루	10	木	☒
	畚	삼태기	10	土	×
	笨	거칠, 조잡할	11	木	×
	棼	마룻대	12	木	△
	棻	향나는 나무	12	木	○

음	자	뜻	획	자원	품격
분	焚	불사를	12	火	×
	犇	달아날	12	土	×
	賁	클, 결을 낼	12	金	△
	雰	안개	12	水	×
	溢	용솟음할	13	水	○
	墳	무덤, 언덕	15	土	×
	噴	뿜을, 꾸짖을	15	水	△
	奮	떨칠, 성낼	16	木	×
	黺	오색 수놓을	16	木	○
	憤	분할, 흥분할	16	火	×
	濆	뿜을, 물가	16	水	×
	糞	똥, 더러울	17	木	×
	魵	두더지	17	水	×
	蕡	들깨, 삼 씨	18	木	△
	轒	병거	19	火	×
	膹	곰국	19	水	×
불	不	아니 (부)	4	木	☒
	弗	아닐, 버릴	5	火	×
	佛	부처, 어기다	7	火	×
	彿	비슷할	8	火	×

음	자	뜻	획	자원	품격
불	岪	산길	8	土	×
	拂	떨, 닦을	9	木	△
	祓	푸닥거리할	10	木	×
	紱	인끈, 제복	11	木	×
	艴	풀 우거질	11	木	×
	艴	발끈할, 성낼	11	土	×
	韍	페슬, 인끈	14	金	×
	髴	비슷할	15	火	×
	黻	수, 페슬	17	木	×
붕	朋	벗, 친구	8	水	○
	崩	무너질	11	土	×
	堋	광중, 묻을	11	土	×
	棚	시렁, 선반	12	木	△
	硼	돌 이름 (평)	13	金	☒
	漰	물결 소리	15	水	×
	繃	묶을, 감을	17	木	×
	髼	헝클어짐	18	火	×
	鵬	붕새, 상상새	19	火	☒
비	匕	비수, 숟가락	2	金	×
	比	견줄, 모방할	4	火	×

음	자	뜻	획	자원	품격
비	丕	클, 으뜸	5	木	○
	庀	다스릴, 갖출	5	木	○
	仳	떠날, 추할	6	火	×
	妃	왕비	6	土	△
	圮	무너질	6	土	×
	庇	덮을, 그늘	7	木	×
	伾	힘셀	7	火	○
	妣	죽은 어미	7	土	×
	屁	방귀	7	水	×
	枇	비파나무	8	木	○
	批	칠, 밀다	8	木	×
	卑	낮을, 저속할	8	水	×
	沘	강 이름	8	水	○
	非	아닐, 배반할	8	水	×
	秕	쭉정이	9	木	×
	毖	삼갈, 근신할	9	火	×
	毗	도울, 쇠퇴할	9	火	×
	毗	도울, 배꼽	9	火	×
	飛	날, 오를	9	火	○
	狒	비비, 원숭이	9	土	×

음	자	뜻	획	자원	품격
비	狉	너구리 새끼	9	土	×
	砒	비상, 비소	9	金	×
	沸	끓는 물	9	水	×
	泌	샘물모양(필)	9	水	⊠
	匪	대상자, 도둑	10	土	×
	秘	숨길, 비밀	10	木	×
	祕	귀신, 숨길	10	木	×
	紕	가선, 깁다	10	木	△
	芘	풀 이름	10	木	○
	芾	우거질 (불)	10	木	⊠
	粃	쭉정이, 모를	10	木	×
	俾	더할, 시킬	10	火	△
	剕	발 벨	10	金	×
	蚍	왕개미	10	水	×
	肥	살찔	10	水	×
	庳	집 낮을	11	木	×
	棐	클	11	木	○
	埤	더할, 낮은담	11	土	○
	婢	여자종, 소첩	11	土	×
	扉	문짝, 사립문	12	木	×

음	자	뜻	획	자원	품격
비	斐	아름다울	12	木	○
	棑	도지개, 도울	12	木	△
	椑	술통, 술잔	12	木	×
	備	갖출, 준비	12	火	◉
	悱	표현 못 할	12	火	×
	悲	슬플, 슬퍼할	12	火	×
	邳	클, 언덕	12	土	○
	費	쓸, 비용	12	金	×
	淝	강 이름	12	水	○
	渒	강 이름	12	水	○
	痞	체한 정상	12	水	×
	睥	곁눈질	13	木	×
	閟	문닫을, 멎을	13	木	×
	琵	비파	13	金	○
	碑	돌기둥, 비석	13	金	×
	痺	암메추라기	13	水	⊠
	痹	저릴	13	水	×
	榧	비자나무	14	木	△
	菲	엷을, 쇠퇴할	14	木	×
	蜚	비해, 도롱이	14	木	×

음	자	뜻	획	자원	품격
비	緋	붉은빛	14	木	○
	裨	도울, 보좌할	14	木	◉
	翡	비취	14	火	○
	鼻	코, 구멍	14	金	×
	蜚	바퀴, 메뚜기	14	水	×
	脾	소의 밥통	14	水	×
	腓	장딴지	14	水	×
	鄪	고을 이름	15	土	○
	誹	비방할	15	金	×
	篦	빗치개, 통발	16	木	×
	蓖	아주까리	16	木	×
	憊	고달플	16	火	×
	裨	성가퀴, 돕다	16	土	△
	霏	눈 펄펄내릴	16	水	×
	馡	향기로울	17	木	○
	貔	비휴	17	水	×
	騑	곁 마	18	火	×
	鄙	다라울, 인색	18	土	×
	髀	넓적다리	18	金	×
	濞	물소리	18	水	△

음	자	뜻	획	자원	품격
비	驆	빠른 말	19	火	×
	鞴	풀무, 살집	19	金	×
	臂	팔, 쇠뇌자루	19	水	×
	羆	큰곰	20	木	×
	譬	비유할	20	金	△
	贔	힘쓸, 큰거북	21	金	×
	鼙	작은북	21	金	×
	轡	고삐, 재갈	22	火	×
빈	份	빛날	6	火	◉
	牝	암컷, 음	6	土	×
	玭	구슬 이름	9	金	⊠
	彬	빛날, 훌륭할	11	火	◉
	邠	나라 이름	11	土	○
	貧	가난할, 곤궁	11	金	×
	浜	물가, 선거	11	水	△
	斌	빛날	12	木	◉
	賓	손, 손님	14	金	×
	儐	인도할, 대접	16	火	○
	頻	자주, 급박할	16	火	×
	嬪	아내, 궁녀	17	土	×

음	자	뜻	획	자원	품격
빈	豳	나라이름(반)	17	水	⊠
	檳	빈랑나무	18	木	○
	擯	물리칠	18	木	×
	濱	물가, 임박할	18	水	△
	殯	염할, 묻을	18	水	×
	馪	향기	19	木	○
	矉	찡그릴	19	木	×
	璸	구슬 이름	19	金	○
	贇	예쁠 (윤)	19	金	⊠
	嚬	찡그릴	19	水	×
	霦	옥 광채	19	水	○
	繽	어지러울	20	木	×
	瀕	물가, 임박할	20	水	△
	臏	정강이뼈	20	水	×
	蘋	개구리밥	22	木	×
	鑌	강철, 광낼	22	金	△
	馣	향내 날	23	木	○
	顰	찡그릴	24	火	×
	鬢	살쩍, 귀밑털	24	火	×
빙	氷	얼음, 기름	5	水	⊠

음	자	뜻	획	자원	품격
빙	凭	기댈, 의지할	8	水	×
	娉	장가들, 예쁠	10	土	△
	聘	찾아갈, 방문	13	火	○
	憑	기댈, 의거할	16	火	×
	騁	달릴, 평평할	17	火	×
사	士	선비	3	木	△
	巳	뱀, 자식	3	火	⊠
	四	넉, 사방	4	火	⊠
	仕	벼슬할, 섬길	5	火	◉
	乍	잠깐, 갑자기	5	金	×
	史	역사	5	水	△
	司	맡을, 관리	5	水	○
	糸	가는 실	6	木	×
	寺	절, 관청	6	土	×
	死	죽을, 죽음	6	水	⊠
	些	적을, 조금	7	木	×
	私	사사, 개인	7	木	×
	似	같을, 닮을	7	火	△
	伺	살필, 찾을	7	火	○
	汜	지류, 웅덩이	7	水	×

음	자	뜻	획	자원	품격
사	事	일, 전념할	8	金	○
	社	단체	8	木	○
	祀	제사, 지낼	8	木	×
	使	하여금, 시킬	8	火	×
	舍	집, 관청	8	火	○
	姒	동서, 언니	8	土	×
	卸	풀다, 떨어질	8	水	×
	咋	깨물, 씹을	8	水	×
	沙	모래, 사막	8	水	×
	査	사실, 조사할	9	木	△
	柶	숫가락	9	木	×
	俟	기다릴	9	火	×
	思	생각할	9	火	○
	砂	모래	9	金	×
	泗	물이름, 콧물	9	水	×
	師	스승	10	木	○
	祠	사당, 제사	10	木	×
	紗	깁, 외올실	10	木	△
	娑	춤출	10	土	△
	射	궁술, 쏠	10	土	×

음	자	뜻	획	자원	품격
사	剚	찌를, 두다	10	金	×
	唆	부추길	10	水	×
	梭	북, 베짱이	11	木	△
	笥	상자	11	木	△
	徙	옮길, 넘길	11	火	×
	斜	비낄, 기울다	11	火	×
	赦	용서할, 사면	11	火	○
	邪	간사할, 속일	11	土	×
	蛇	뱀	11	水	⊠
	奢	사치할	12	木	△
	捨	버릴, 중단할	12	木	×
	絲	명주실, 실	12	木	⊠
	傞	취하여 춤출	12	火	×
	覗	엿볼, 훔쳐볼	12	火	×
	斯	이, 어조사	12	金	△
	竢	기다릴	12	金	×
	詐	속일, 거짓말	12	金	×
	詞	말씀, 알릴	12	金	○
	痧	괴질, 홍역	12	水	×
	楂	떼, 뗏목	13	木	×

음	자	뜻	획	자원	품격
	莎	향부자	13	木	△
	裟	가사, 승복	13	木	×
	肆	방자할	13	火	×
	嗣	이을, 상속자	13	水	○
	渣	찌끼 강이름	13	水	×
	榭	정자, 사당	14	木	×
	獅	사자, 강아지	14	土	区
	皶	여드름	14	金	×
	蜡	납향, 구할	14	水	×
	飼	먹일, 사료	14	水	×
사	寫	베낄, 없앨	15	木	△
	僿	잘게 부술	15	火	×
	駟	사마	15	火	×
	駛	달릴, 빠르다	15	火	△
	賜	줄, 하사할	15	金	○
	魦	문절망둑	15	水	×
	篩	체, 치다	16	木	×
	蓑	도롱이, 덮을	16	木	×
	謝	사례할, 용서	17	金	△
	鯊	모래무지	18	水	×

음	자	뜻	획	자원	품격
	辭	말, 하소연	19	金	×
	瀉	쏟을, 물흐를	19	水	×
사	麝	사향노루	21	土	×
	鯆	물고기 이름	21	水	×
	鰤	주부 코 (차)	23	木	区
	削	깎을, 범할	9	金	×
	索	선택할 (색)	10	木	区
	朔	초하루	10	水	×
	搠	바를, 찌를	14	木	×
삭	槊	창, 요 솜	14	木	×
	蒴	말오줌때	16	木	×
	爍	빛날, 더울	19	火	○
	鑠	녹일, 달굴	23	金	×
	山	뫼, 무덤	3	土	区
	刪	깎을	7	金	×
	汕	오구	7	水	△
산	姍	헐뜯을, 비방	8	土	×
	疝	아랫배 아픔	8	水	×
	祘	수를 셀	10	木	△
	珊	산호, 패 옥	10	金	○

음	자	뜻	획	자원	품격
산	訕	헐뜯을	10	金	×
	産	낳을, 태어날	11	木	△
	產	낳을, 태어날	11	木	△
	狻	사자	11	土	×
	傘	우산	12	火	×
	散	흩을, 헤어질	12	金	×
	剷	깎을	13	金	×
	算	셀, 바구니	14	木	○
	酸	식초	14	金	×
	慚	착할 (찬)	15	火	⊠
	橵	산자	16	木	△
	蒜	달래	16	木	○
	潸	눈물 흐를	16	水	×
	繖	일산, 우산	18	木	×
	鏟	대패, 깎을	19	金	×
	霰	싸라기눈	20	水	×
	孿	쌍둥이 (련)	22	水	⊠
살	乷	우리 한자	8	木	△
	殺	죽일 (쇄)	11	金	⊠
	煞	죽일, 단속할	13	火	×

음	자	뜻	획	자원	품격
살	撒	뿌릴, 흩을	16	木	×
	薩	보살	20	木	⊠
삼	三	석, 거듭	3	木	⊠
	杉	삼나무	7	木	○
	衫	적삼, 윗도리	9	木	×
	芟	벨, 제거할	10	木	×
	參	간여할 (참)	11	木	×
	釤	낫, 큰 낫	11	金	×
	森	나무 빽빽할	12	木	○
	滲	스밀, 적실	15	水	△
	蔘	인삼	17	木	△
	糝	나물죽	17	木	×
	鬖	헝클어질	21	火	×
삽	卅	서른, 삼십	4	水	×
	唼	쪼아 먹을	11	水	×
	鈒	창, 새길	12	金	×
	揷	꽂을, 끼울	13	木	×
	插	꽂을, 가래	13	木	×
	歃	마실, 꽂을	13	火	×
	颯	바람 소리	14	木	×

음	자	뜻	획	자원	품격
삽	翣	운 삽, 덮개	14	火	×
	霅	비올, 번개칠	15	水	×
	澁	떫을, 말꺼림	16	水	×
	霎	가랑비, 잠시	16	水	×
	鍤	가래, 바늘	17	金	×
상	上	위, 하늘	3	木	⊠
	床	책상, 밥상	7	木	○
	牀	평상, 침상	8	木	○
	狀	형상 (장)	8	土	⊠
	尙	오히려, 높일	8	水	◉
	庠	학교	9	木	○
	相	서로, 보다	9	木	○
	峠	고개	9	土	×
	桑	뽕나무	10	木	○
	晌	정오, 대낮	10	火	×
	常	항상, 전법	11	木	◉
	祥	상서로울	11	木	×
	徜	노닐, 배회할	11	火	×
	爽	시원할, 밝을	11	火	○
	商	헤아릴, 장사	11	水	△

음	자	뜻	획	자원	품격
상	廂	행랑	12	木	×
	翔	빙빙 돌아날	12	火	×
	喪	죽음, 초상	12	水	×
	象	코끼리, 그림	12	水	⊠
	傷	상처, 닿을	13	火	×
	想	생각할, 모양	13	火	○
	嘗	맛볼	13	土	×
	詳	자세할	13	金	○
	湘	강 이름	13	水	○
	裳	치마	14	木	×
	像	형상, 닮을	14	火	△
	塽	높고 밝은	14	土	○
	嘗	맛볼, 시험할	14	水	×
	樣	모양 (양)	15	木	⊠
	箱	상자, 곳집	15	木	×
	緗	담황색	15	木	△
	慡	성품 밝을	15	火	○
	賞	상줄, 찬양할	15	金	△
	殤	일찍 죽을	15	水	×
	橡	상수리나무	16	木	△

음	자	뜻	획	자원	품격
상	瀁	세찰, 헹굴	16	水	×
	償	갚을, 보상	17	火	○
	霜	서리, 세월	17	水	⊠
	觴	술잔, 잔질할	18	木	×
	鐌	방울 소리	18	金	×
	顙	이마, 머리	19	火	×
	孀	과부	20	土	×
	鬺	삶을, 익힐	21	土	×
새	塞	변방 (색)	13	土	⊠
	賽	굿할	17	金	×
	璽	도장, 옥새	19	金	○
	鰓	아가미	20	水	×
색	色	빛, 색채	6	土	○
	索	찾을 (삭)	10	木	⊠
	塞	변방 (새)	13	金	⊠
	嗇	아낄, 인색할	13	水	×
	槭	단풍나무(축)	15	木	⊠
	濇	껄끄러울	17	水	×
	穡	거둘, 농사	18	木	○
	瀒	깔깔할	19	水	×

음	자	뜻	획	자원	품격
생	生	날, 태어날	5	木	⊠
	省	살필 (성)	9	木	⊠
	牲	희생	9	土	×
	眚	눈에 백태낄	10	木	×
	笙	생황	11	木	△
	甥	생질, 사위	12	木	×
	鉎	녹	13	金	×
서	西	서녘	6	金	⊠
	序	차례, 학교	7	木	○
	忞	너그러울	7	金	○
	抒	풀, 펴낼	8	木	◉
	叙	베풀, 쓰다	9	水	◉
	栖	깃들일	10	木	○
	紓	느슨할	10	木	×
	芧	상수리나무	10	木	△
	徐	성, 천천할	10	火	◉
	恕	용서할	10	火	△
	書	쓸, 기록할	10	火	◉
	庶	여러, 많을	11	木	○
	偦	재주 있을	11	火	◉

음	자	뜻	획	자원	품격
서	悆	잊을 (여)	11	火	☒
	敍	펼, 순서	11	金	◉
	敘	차례	11	金	◉
	胥	서로, 함께	11	水	○
	棲	살, 머무를	12	木	×
	捿	살, 깃들일	12	木	×
	絮	솜, 솜옷	12	木	×
	黍	기장, 오곡	12	木	△
	焈	밝을	12	火	◉
	舒	펼, 흩어질	12	火	○
	壻	사위, 남편	12	土	×
	婿	사위, 사나이	12	土	×
	犀	무소, 무소뿔	12	土	×
	揟	고기 잡을	13	木	×
	筮	초점, 점칠	13	木	×
	耡	구실 이름	13	木	×
	暑	더울, 여름	13	火	×
	惛	슬기, 지혜	13	火	◉
	鉏	호미, 괭이	13	金	×
	湑	거를, 거른술	13	水	×

음	자	뜻	획	자원	품격
서	鼠	쥐, 근심할	13	水	☒
	稰	가을 할	14	木	○
	墅	농막, 교외	14	土	×
	逝	갈, 떠날	14	土	×
	瑞	상서, 길조	14	金	◉
	誓	맹세할, 훈계	14	金	○
	署	관청	15	木	×
	緖	실마리, 시초	15	木	○
	縃	서로, 함께	15	木	○
	鋤	호미, 김맬	15	金	×
	撕	쪼갤, 훈계할	16	木	×
	諝	슬기, 헤아릴	16	金	◉
	噬	씹을, 이르다	16	水	×
	嶼	섬, 작은 섬	17	土	△
	㠱	섬	17	土	△
	澨	물가, 돋운땅	17	水	×
	曙	새벽, 아침	18	火	○
	薯	참마, 산약	20	木	×
	藇	아름다울	20	木	◉
	遾	미칠	20	土	×

음	자	뜻	획	자원	품격
석	夕	저녁, 밤	3	水	×
	石	돌, 비석	5	金	⊠
	汐	조수, 썰물	7	水	×
	析	가를, 해부할	8	木	×
	昔	옛, 옛날	8	火	×
	矽	석비례, 규소	8	金	×
	席	자리, 지위	10	木	○
	秳	백이십 근	10	木	×
	惜	아낄, 가엾을	12	火	×
	晰	밝을	12	火	◉
	晳	밝을	12	火	◉
	舃	신, 빛날	12	土	×
	淅	쌀일, 씻은쌀	12	水	×
	鉐	놋쇠	13	金	△
	碩	클, 가득 찰	14	金	◉
	腊	포, 건어	14	水	×
	蜥	도마뱀	14	水	×
	奭	클, 성하다	15	木	◉
	蓆	넓고 많을	16	木	◉
	褯	자리, 기저귀	16	木	×

음	자	뜻	획	자원	품격
석	錫	주석, 하사할	16	金	⊠
	潟	개펄	16	水	×
	鼫	날다람쥐	18	水	×
	釋	풀, 풀리다	20	火	△
선	仙	신선	5	火	⊠
	屳	날, 신선	5	土	×
	先	먼저, 나아갈	6	木	⊠
	亘	걸칠 (긍)	6	木	⊠
	宣	베풀, 공포할	9	木	◉
	扇	사립문, 부채	10	木	×
	洒	물뿌릴(쇄)	10	水	⊠
	洗	씻을 (세)	10	水	⊠
	船	배, 옷깃	11	木	×
	旋	돌, 회전할	11	土	×
	珗	옥돌	11	金	◉
	筅	솔, 부엌 솔	12	木	×
	琁	옥, 구슬	12	金	◉
	善	착할	12	水	◉
	僐	춤출, 선인	13	火	×
	愃	쾌활, 잊을	13	火	△

음	자	뜻	획	자원	품격
선	羨	부러워할	13	土	△
	跣	맨발	13	土	×
	詵	많을, 모이다	13	金	◉
	尠	적을, 드물다	13	水	×
	渲	물적실, 화법	13	水	△
	煽	부칠, 부채질	14	火	×
	嫙	예쁠	14	土	◉
	瑄	도리옥	14	金	○
	銑	끌, 금장식	14	金	△
	線	줄, 실	15	木	△
	墡	백토, 좋은흙	15	土	△
	嬋	고울, 잇닿을	15	土	○
	腺	샘	15	水	○
	瞔	눈 아름다울	16	木	△
	嬿	고울	16	火	◉
	敾	글 잘 쓸	16	金	○
	璇	아름다운 옥	16	金	◉
	禪	봉선, 전해줄	17	木	◉
	鮮	고울, 깨끗할	17	水	⊠
	繕	기울, 고칠	18	木	×

음	자	뜻	획	자원	품격
선	璿	아름다울(수)	18	金	△
	膳	반찬, 권할	18	水	×
	蟬	매미, 퍼지다	18	水	×
	選	가릴, 열거할	19	土	△
	璠	아름다운 옥	19	金	◉
	譔	가르칠, 칭송	19	金	○
	鏇	갈이틀, 선반	19	金	×
	騸	거세할	20	火	×
	譱	착할	20	金	○
	鐥	복자, 좋은쇠	20	金	○
	饍	반찬, 드릴	21	水	×
	癬	옴, 종기	22	水	×
	蘚	이끼	23	木	×
	鱓	사선, 선어	23	水	×
	鱻	생선	33	水	×
설	舌	혀	6	火	×
	契	맺을 (계)	9	木	⊠
	泄	샐, 발생할	9	木	×
	屑	가루, 부수다	10	木	×
	洩	샐, 퍼질	10	水	○

음	자	뜻	획	자원	품격
설	紲	고삐, 매다	11	木	×
	偰	맑을	11	火	◉
	卨	사람 이름	11	火	△
	設	베풀, 설립할	11	金	○
	雪	눈	11	水	⊠
	媟	깔볼, 얕보다	12	土	×
	离	은나라	12	木	△
	楔	문설주, 쐐기	13	木	△
	揲	셀, 맥 짚을	13	木	△
	渫	칠, 흩어질	13	水	×
	稧	볏단 (계)	14	木	⊠
	緤	가죽 다룰	14	金	×
	說	말씀 (열)	14	金	⊠
	撧	찢어질 (제)	15	木	⊠
	蓺	거만할	15	火	×
	蔎	향기로울	17	木	○
	褻	더러울, 속옷	17	木	×
	薛	대쑥, 향부자	19	木	○
	爇	불사를	19	火	×
	齧	흠, 침식할	21	金	×

음	자	뜻	획	자원	품격
섬	閃	번쩍할	10	木	○
	剡	땅이름 (염)	10	金	⊠
	睒	언뜻 볼	13	木	×
	銛	가래, 작살	14	金	×
	掺	섬섬할 (삼)	15	木	⊠
	陝	고을 이름	15	土	○
	暹	해 돋을	16	火	◉
	韱	산부추	17	木	△
	憸	간사할	17	火	×
	蟾	두꺼비	19	水	×
	孅	가늘, 가냘픈	20	土	×
	贍	넉넉할, 돕다	20	金	◉
	譫	헛소리, 수다	20	金	×
	殲	다죽일, 멸할	21	水	×
	纖	가늘, 비단	23	木	△
섭	涉	건널, 미칠	11	水	×
	葉	뽕나무 (엽)	15	⊠	×
	燮	불꽃, 익힐	17	火	○
	聶	소곤거릴	18	火	×
	欆	첩섭, 삿자리	21	木	×

음	자	뜻	획	자원	품격
섭	囁	소곤거릴	21	水	×
	攝	당길, 잡을	22	木	○
	懾	두려워할	22	火	×
	灄	강이름, 뗏목	22	水	△
	躞	걸을	24	土	×
	躡	밟을, 올라갈	25	土	×
	鑷	족집게	26	金	×
성	成	이룰, 정해질	7	金	○
	姓	성, 아들	8	土	×
	省	살필 (생)	9	木	⊠
	性	성품, 생명	9	火	○
	星	별, 수성	9	火	⊠
	宬	서고, 장서실	10	木	◉
	晟	밝을, 환할	10	火	◉
	城	성, 도읍	10	土	○
	娍	아름다울	10	土	◉
	晠	밝을	11	火	◉
	晠	밝을, 빛나다	11	火	◉
	胜	비릴, 날고기	11	水	×
	盛	담을, 채우다	12	金	○

음	자	뜻	획	자원	품격
성	珹	옥 이름	12	金	○
	貹	재물 (생)	12	金	⊠
	筬	바디, 베틀	13	木	×
	惺	영리할	13	火	○
	聖	성스러울	13	火	△
	猩	무자비할	13	土	×
	誠	정성, 공경할	14	金	◉
	瑆	옥빛	14	金	◉
	腥	비릴, 군살	15	水	×
	醒	깰, 잠이 깰	16	金	×
	聲	소리, 음향	17	火	△
	騂	붉은 말	17	火	×
세	世	대, 세상	5	木	○
	忕	사치할 (태)	7	火	⊠
	帨	수건, 닦다	10	木	×
	洗	씻을 (선)	10	水	⊠
	洒	물뿌릴 (쇄)	10	水	⊠
	笹	조릿대	11	木	△
	細	가늘, 미미할	11	木	×
	涗	잿물, 닦을	11	水	×

음	자	뜻	획	자원	품격
세	稅	구실, 징수할	12	木	×
	貰	세낼, 용서할	12	金	×
	歲	해, 새해	13	土	○
	勢	기세, 무리	13	土	○
	蛻	허물 (태)	13	水	⊠
	說	말씀 (설)	14	金	⊠
	鋭	구리 녹날	15	金	×
	繐	가늘고 설핀	18	木	×
소	小	작을, 짧다	3	水	×
	少	적을, 조금	4	水	×
	召	부를	5	水	○
	邵	높을, 높다	7	火	◉
	佋	소목, 소개할	7	火	△
	劭	힘쓸, 권장할	7	土	◉
	所	바, 지역	8	木	△
	柖	과녁, 흔들릴	9	木	×
	昭	밝을 (조)	9	火	⊠
	炤	밝을, 비칠	9	火	○
	唉	웃을	9	水	△
	沼	늪	9	水	○

음	자	뜻	획	자원	품격
소	泝	올라갈, 향할	9	水	△
	宵	밤, 야간	10	木	×
	素	흴소, 근본	10	木	◉
	笑	웃을, 꽃이필	10	木	⊠
	珆	아름다운 옥	10	金	◉
	梳	빗, 빗다	11	木	×
	捎	없앨, 스칠	11	木	△
	紹	이을, 알선할	11	木	○
	埽	쓸, 털다	11	土	×
	疏	트일, 통할	11	土	○
	巢	집, 모이다	11	水	○
	消	사라질, 약할	11	水	×
	掃	쓸, 버릴	12	木	×
	傃	향할, 지킬	12	火	○
	疎	트일, 통할	12	土	◉
	邵	고을 이름	12	土	○
	訴	하소연할	12	金	×
	酥	연우, 깨끗할	12	金	△
	甦	긁어모을	12	木	○
	筱	가는 대	13	木	△

<table>
<thead>
<tr><th>음</th><th>자</th><th>뜻</th><th>획</th><th>자원</th><th>품격</th></tr>
</thead>
<tbody>
<tr><td rowspan="20">소</td><td>翛</td><td>날개 찢어질</td><td>13</td><td>火</td><td>×</td></tr>
<tr><td>塑</td><td>토우</td><td>13</td><td>土</td><td>×</td></tr>
<tr><td>塐</td><td>토우, 정성</td><td>13</td><td>土</td><td>△</td></tr>
<tr><td>嗉</td><td>모이주머니</td><td>13</td><td>水</td><td>×</td></tr>
<tr><td>蛸</td><td>사마귀 알</td><td>13</td><td>水</td><td>×</td></tr>
<tr><td>搔</td><td>긁을</td><td>14</td><td>木</td><td>×</td></tr>
<tr><td>愫</td><td>정성, 진정</td><td>14</td><td>火</td><td>◉</td></tr>
<tr><td>愬</td><td>하소연할</td><td>14</td><td>火</td><td>×</td></tr>
<tr><td>逍</td><td>거닐, 노닐다</td><td>14</td><td>土</td><td>△</td></tr>
<tr><td>韶</td><td>이을</td><td>14</td><td>金</td><td>◉</td></tr>
<tr><td>溯</td><td>거슬러 오름</td><td>14</td><td>水</td><td>△</td></tr>
<tr><td>樔</td><td>풀 막, 움막</td><td>15</td><td>木</td><td>×</td></tr>
<tr><td>箾</td><td>음악, 치다</td><td>15</td><td>木</td><td>△</td></tr>
<tr><td>銷</td><td>녹일, 흩어질</td><td>15</td><td>金</td><td>×</td></tr>
<tr><td>瘙</td><td>종기, 부스럼</td><td>15</td><td>水</td><td>×</td></tr>
<tr><td>霄</td><td>하늘</td><td>15</td><td>水</td><td>○</td></tr>
<tr><td>穌</td><td>긁어모을</td><td>16</td><td>木</td><td>○</td></tr>
<tr><td>篠</td><td>조릿대</td><td>16</td><td>木</td><td>△</td></tr>
<tr><td>艘</td><td>배</td><td>16</td><td>木</td><td>×</td></tr>
<tr><td>燒</td><td>사를, 불태울</td><td>16</td><td>火</td><td>×</td></tr>
</tbody>
</table>

<table>
<thead>
<tr><th>음</th><th>자</th><th>뜻</th><th>획</th><th>자원</th><th>품격</th></tr>
</thead>
<tbody>
<tr><td rowspan="15">소</td><td>澌</td><td>깨끗할</td><td>16</td><td>火</td><td>○</td></tr>
<tr><td>璅</td><td>옥돌</td><td>16</td><td>金</td><td>◉</td></tr>
<tr><td>嘯</td><td>휘파람 불</td><td>16</td><td>水</td><td>×</td></tr>
<tr><td>膆</td><td>살찌다</td><td>16</td><td>水</td><td>×</td></tr>
<tr><td>繅</td><td>고치를 켜다</td><td>17</td><td>木</td><td>△</td></tr>
<tr><td>蔬</td><td>푸성귀, 나물</td><td>17</td><td>木</td><td>△</td></tr>
<tr><td>魈</td><td>산의 요괴</td><td>17</td><td>火</td><td>×</td></tr>
<tr><td>遡</td><td>거슬러 오를</td><td>17</td><td>土</td><td>×</td></tr>
<tr><td>鮹</td><td>물고기 이름</td><td>18</td><td>水</td><td>×</td></tr>
<tr><td>簫</td><td>퉁소, 악기</td><td>19</td><td>木</td><td>×</td></tr>
<tr><td>蕭</td><td>맑은 대 쑥</td><td>19</td><td>木</td><td>×</td></tr>
<tr><td>霰</td><td>싸라기눈</td><td>19</td><td>水</td><td>×</td></tr>
<tr><td>騷</td><td>떠들, 근심할</td><td>20</td><td>火</td><td>×</td></tr>
<tr><td>瀟</td><td>강 이름</td><td>21</td><td>水</td><td>×</td></tr>
<tr><td>蘇</td><td>소생할, 쉬다</td><td>22</td><td>木</td><td>○</td></tr>
<tr><td rowspan="5">속</td><td>束</td><td>묶을, 언약할</td><td>7</td><td>木</td><td>△</td></tr>
<tr><td>俗</td><td>풍속, 바라다</td><td>9</td><td>火</td><td>△</td></tr>
<tr><td>洬</td><td>비가 올</td><td>10</td><td>水</td><td>×</td></tr>
<tr><td>涑</td><td>헹굴</td><td>11</td><td>水</td><td>×</td></tr>
<tr><td>粟</td><td>조, 오곡</td><td>12</td><td>木</td><td>○</td></tr>
</tbody>
</table>

음	자	뜻	획	자원	품격
속	速	빠를, 빨리할	14	土	△
	謖	일어날	17	金	◉
	遬	펼 (칙)	18	土	⊠
	續	이을, 이어질	21	木	○
	屬	엮을 (촉)	21	水	⊠
	贖	속바칠, 바꿀	22	金	×
손	孫	소자, 후손	10	水	×
	飧	저녁밥, 짓다	11	水	×
	巽	손괘, 동남쪽	12	木	×
	飡	저녁밥, 말다	12	水	×
	損	덜, 감소할	14	木	×
	蓀	풀이름, 창포	16	木	○
	遜	겸손할, 양보	17	土	○
솔	乺	솔	9	木	△
	帥	장수 (수)	9	木	⊠
	率	거느릴 (수)	11	火	⊠
	窣	갑자기 나올	13	水	×
	蟀	귀뚜라미	17	水	×
	達	장수 (수)	18	土	⊠
송	宋	송나라	7	木	△

음	자	뜻	획	자원	품격
송	松	소나무	8	木	⊠
	悚	두려워할	11	火	×
	訟	송사할, 논쟁	11	金	×
	竦	삼갈, 놀랄	12	金	×
	淞	강 이름	12	水	○
	頌	기릴, 칭송할	13	火	△
	送	보낼, 전송	13	土	○
	誦	욀, 암송할	14	金	△
	憽	똑똑할	16	火	◉
	鬆	더벅머리	18	火	×
쇄	刷	쓸, 닦을	8	金	○
	殺	죽일 (살)	11	金	⊠
	碎	부술, 깨뜨릴	13	金	×
	瑣	자질구레할	15	金	×
	鎖	쇠사슬, 잠글	18	金	×
	鎻	쇠사슬, 가둘	18	金	×
	曬	쬐다, 말리다	23	火	△
	灑	뿌릴, 청소할	23	水	×
쇠	衰	쇠할, 약해질	10	木	×
	釗	힘쓸 (소)	10	金	⊠

음	자	뜻	획	자원	품격
수	手	손, 사람	4	木	⊠
	殳	창, 몽둥이	4	金	×
	水	물, 홍수	4	水	⊠
	囚	가둘, 죄인	5	水	×
	守	지킬, 책무	6	木	△
	收	거둘, 그치다	6	金	○
	戍	지킬, 병영	6	金	△
	秀	빼어날	7	木	⊠
	寿	목숨	7	土	⊠
	汙	헤엄칠	7	水	×
	垂	드리울, 베풀	8	土	○
	岫	산 굴	8	土	△
	峀	산 굴	8	土	△
	受	받을, 얻다	8	水	◉
	帥	장수 (솔)	9	木	⊠
	泗	헤엄칠	9	水	×
	首	머리, 시초	9	水	⊠
	祟	빌미	10	木	×
	修	닦을, 고칠	10	火	○
	狩	사냥	10	土	×

음	자	뜻	획	자원	품격
수	叟	늙은이	10	水	×
	殊	다를, 결심할	10	水	×
	洙	강 이름	10	水	⊠
	袖	소매	11	木	×
	羞	바칠, 음식물	11	土	×
	售	팔, 유행할	11	水	×
	授	줄, 내려질	12	木	○
	茱	수유 나무	12	木	○
	晬	돌, 1주년	12	火	×
	須	모름지기	12	火	×
	琇	옥돌	12	金	◉
	廋	숨길, 헤아릴	13	木	×
	睟	바라볼	13	木	△
	睢	비방할 (휴)	13	木	⊠
	睡	잘, 졸음	13	木	×
	綏	편안할	13	木	◉
	愁	시름, 근심할	13	火	×
	嫂	형수, 호칭	13	土	×
	竪	더벅머리	13	金	×
	酬	갚을, 배상할	13	金	×

음	자	뜻	획	자원	품격
수	脩	포, 고기반찬	13	水	×
	搜	찾을, 고르다	14	木	○
	粹	순수할	14	木	○
	綏	실을 땋은끈	14	木	×
	銖	무게 단위	14	金	×
	嗽	기침할	14	水	×
	壽	목숨, 수명	14	木	☒
	溲	반죽할, 씻을	14	水	×
	脺	얼굴 윤기	14	水	×
	需	구할, 기다릴	14	水	△
	瞍	소경, 여위다	15	木	×
	穂	이삭, 벼이삭	15	木	○
	豎	더벅머리	15	木	×
	數	샘할 (삭)	15	金	☒
	誰	누구, 묻을	15	金	×
	賥	재물, 재화	15	金	△
	銹	녹슬, 녹	15	金	×
	漱	양치할, 씻을	15	水	×
	瘦	파리할	15	水	×
	樹	나무, 담장	16	木	☒

음	자	뜻	획	자원	품격
수	蓚	수산, 기쁠	16	木	○
	蒐	사냥할	16	木	×
	輸	나를, 옮길	16	火	×
	遂	이를, 통달할	16	土	◉
	陲	위태할, 근처	16	土	×
	膄	여위다, 줄다	16	水	×
	穗	이삭	17	木	△
	燧	부싯돌	17	火	△
	雖	비록, 그러나	17	火	×
	隋	수나라 (타)	17	土	☒
	濉	물 이름	17	水	○
	璲	패옥	18	金	△
	繡	수, 수놓을	19	木	△
	颼	바람 소리	19	木	×
	鶐	새매, 솔개	19	火	×
	獸	짐승	19	土	×
	髓	골수	19	水	×
	饈	드릴, 반찬	20	水	△
	籔	휘, 열엿 말	21	木	×
	藪	늪, 덤불	21	木	×

음	자	뜻	획	자원	품격
수	邃	깊을, 깊숙할	21	土	△
	隨	따를, 허락할	21	土	○
	隧	길, 도로, 굴	21	土	×
	璲	구슬	21	金	△
	鬚	수염	22	火	×
	讐	원수, 당할	23	金	×
	讎	짝, 원수	23	金	×
	髓	골수	23	金	×
숙	夙	일찍, 조신할	6	水	×
	叔	아재비, 젊을	8	水	×
	俶	비롯할, 정돈	10	火	○
	倏	갑자기	10	火	×
	宿	묵을, 숙박할	11	木	×
	婌	벼슬 이름	11	土	○
	孰	누구, 무엇	11	水	△
	淑	맑을, 정숙할	12	水	⊠
	肅	엄숙할, 정중	13	火	△
	琡	옥 이름	13	金	◉
	菽	콩, 대두	14	木	△
	塾	글방, 과녁	14	土	○

음	자	뜻	획	자원	품격
숙	熟	익을, 성숙할	15	火	○
	橚	우거지다	17	木	×
	潚	성, 빠를	17	水	×
	儵	빠를, 검다	19	火	×
	璹	옥 그릇	19	金	○
	驌	말 이름	23	火	×
	鷫	기르기 종류	24	火	×
순	旬	열흘	6	火	×
	巡	돌, 어루만질	7	水	×
	徇	재빠를, 깊다	8	火	△
	帉	사귈	8	土	×
	盹	졸다, 선잠	9	木	×
	盾	방패, 숨을	9	木	×
	紃	끈, 둥근 끈	9	木	×
	徇	주창할	9	火	△
	峋	깊숙할	9	土	×
	栒	가름 대나무	10	木	△
	恂	정성, 진실할	10	火	◉
	洵	참으로, 진실	10	水	○
	殉	따라 죽을	10	水	×

음	자	뜻	획	자원	품격
순	朒	광대뼈	10	水	✕
	眴	눈깜짝일(현)	11	木	⊠
	珣	옥 이름	11	木	◉
	筍	죽순	12	木	△
	荀	풀 이름	12	木	○
	舜	순임금	12	木	✕
	循	좇을	12	火	✕
	焞	성할 (돈)	12	火	⊠
	順	순할, 잇다	12	火	⊠
	淳	순박할	12	水	○
	楯	난간, 방패	13	木	✕
	馴	길들, 순종할	13	火	✕
	詢	물을, 자문할	13	金	✕
	脣	입술, 언저리	13	水	✕
	諄	타이를	15	金	△
	醇	진한 술	15	金	✕
	橓	무궁화 나무	16	木	○
	駒	말이 달려갈	16	火	✕
	錞	악기 이름	16	金	△
	瞬	눈 깜짝할	17	木	✕

음	자	뜻	획	자원	품격
순	蓴	순채	17	木	△
	蕣	무궁화	18	木	○
	鬊	헝클어질	19	火	✕
	鶉	메추라기	19	火	✕
술	戌	개, 열한번째	6	土	⊠
	垏	언덕	8	土	△
	絨	끈, 줄	11	木	✕
	術	꾀, 계략	11	火	✕
	述	지을, 설명할	12	土	○
	鉥	돗바늘	13	金	✕
숭	崇	높을, 존중할	11	土	◉
	崧	우뚝 솟을	11	土	○
	嵩	높을	13	土	○
	菘	배추	14	木	✕
쉬	倅	백사람 (졸)	10	火	⊠
	焠	담금질	12	火	△
	淬	담금질할	12	水	△
슬	虱	이, 참깨	8	水	✕
	瑟	큰 거문고	14	金	○
	蝨	이슬	15	水	✕

음	자	뜻	획	자원	품격
슬	瑟	푸른 구슬	16	金	△
	膝	무릎	17	水	⊠
	璱	옥구슬	18	金	◉
습	拾	주울 (십)	10	木	⊠
	習	익힐, 연습할	11	火	○
	榴	쐐기, 대들보	15	木	○
	慴	두려워할	15	火	×
	褶	주름, 겹옷	17	木	×
	濕	축축할	18	水	×
	襲	엄습할	22	木	×
	隰	진펄	22	土	×
승	升	되, 오를	4	水	◉
	承	받들, 계승할	5	水	○
	丞	도울, 이을	6	木	○
	承	받들, 계승할	8	木	○
	昇	오를, 해돋을	8	火	◉
	丞	도울, 이을	8	土	○
	乘	탈, 오를	10	金	○
	勝	이길, 뛰어날	12	土	⊠
	阩	오를, 전진할	12	土	◉

음	자	뜻	획	자원	품격
승	塍	밭 두둑, 둑	13	土	×
	滕	바디, 베틀	14	木	×
	僧	중, 승려	14	火	×
	陞	오를, 전진할	15	土	◉
	陹	해뜰	16	土	◉
	繩	줄, 먹줄	19	木	×
	蠅	파리	19	水	×
	鬠	헝클어질	22	火	×
시	尸	죽음, 시체	3	水	×
	市	저자, 시가	5	木	×
	示	보일, 가르칠	5	木	○
	矢	화살, 맹세할	5	金	×
	豕	돼지	7	水	×
	兕	외뿔 들소	8	木	×
	侍	모실, 받들	8	火	○
	始	처음, 근본	8	土	⊠
	柿	감나무	9	木	△
	枾	감나무	9	木	△
	枲	모시풀, 삼	9	木	△
	柴	섶, 꾸밈없음	9	木	△

음	자	뜻	획	자원	품격
시	柿	감나무	9	木	△
	眂	볼	9	木	○
	是	옳을, 인정할	9	火	◉
	施	베풀, 행할	9	土	○
	屎	똥, 앓을	9	水	×
	屍	주검	9	水	×
	沶	고을 이름	9	水	○
	時	때	10	火	⊠
	恃	믿을	10	火	○
	翅	날개	10	火	×
	豺	승냥이	10	水	×
	絁	깁, 가늘다	11	木	△
	豉	메주, 된장	11	木	×
	偲	굳셀, 똑똑할	11	火	◉
	匙	숟가락	11	金	×
	視	볼, 문안할	12	火	○
	媤	시집, 남편집	12	土	×
	媞	곱다 (제)	12	土	⊠
	猜	샘할, 의심할	12	土	×
	啻	뿐, 다만	12	水	×

음	자	뜻	획	자원	품격
시	偲	책선할 (새)	13	火	△
	毸	날개 칠	13	火	×
	塒	홰, 횃대	13	土	△
	弑	죽일	13	金	×
	詩	시, 악보	13	金	○
	試	시험할	13	金	×
	塒	홰, 횃대	13	土	×
	褆	편안할, 행복	14	木	◉
	翄	날개	14	火	×
	厮	하인, 나눌	14	水	×
	廝	하인, 종	15	木	×
	緦	시마복	15	木	×
	嘶	울, 흐느낄	15	水	×
	澌	흐를	15	水	×
	蒔	모종 낼	16	木	○
	蓍	시초, 점대	16	木	△
	諡	시호, 칭호	16	金	△
	諰	이, 생각할	16	金	△
	諰	두려워할	16	金	×
	澌	다할, 없어질	16	水	×

음	자	뜻	획	자원	품격
시	鍉	열쇠, 창끝	17	金	×
	顋	뺨, 아가미	18	火	×
	釃	술을 거를	26	金	×
식	式	법, 규정	6	金	○
	食	밥, 식사	9	水	×
	栻	점치는 기구	10	木	×
	拭	닦을	10	木	△
	息	숨 쉴, 호흡	10	火	△
	埴	찰흙 (치)	11	土	☒
	寔	이. 진실로	12	木	△
	植	심을, 식물	12	木	☒
	殖	번성할, 기를	12	水	◉
	軾	수레 난간	13	火	×
	媳	며느리	13	土	×
	湜	물 맑을	13	水	◉
	熄	꺼질, 없어질	14	火	×
	飾	꾸밀, 청소할	14	水	△
	篒	대 밥통	15	木	×
	蝕	좀먹을, 월식	15	水	×
	識	적을 (지)	19	金	☒

음	자	뜻	획	자원	품격
신	申	성, 아홉째	5	金	☒
	臣	신하	6	火	×
	囟	정수리	6	水	×
	伸	펼	7	火	☒
	身	몸, 신체	7	火	×
	辰	지지 (진)	7	土	☒
	辛	매울, 고생할	7	金	☒
	汛	물뿌릴, 만조	7	水	△
	侁	걷는 모양	8	火	△
	呻	끙끙거릴	8	水	×
	信	믿을, 분명할	9	火	◉
	姺	나라 이름	9	土	○
	矧	하물며, 잇몸	9	金	×
	哂	비웃을, 미소	9	金	×
	宸	집, 처마	10	金	×
	神	귀신, 정신	10	木	×
	娠	임신, 잉태할	10	土	×
	迅	빠를, 신속할	10	土	△
	訊	물을, 진술할	10	金	×
	紳	큰 띠, 묶을	11	木	○

음	자	뜻	획	자원	품격
신	晨	새벽, 아침	11	火	◉
	莘	긴 모양	13	木	△
	新	새, 새로운	13	金	☒
	蜃	무명조개	13	水	×
	脤	제육	13	水	×
	愼	삼갈, 진실로	14	火	○
	腎	콩팥	14	水	☒
	頤	눈 뜨고 봄	15	火	×
	駪	말 많을	16	火	×
	燼	타다 남은것	18	火	×
	薪	섶나무, 풀	19	木	×
	璶	옥돌	19	金	◉
	藎	조개 풀	20	木	△
	贐	전별할, 예물	21	金	×
실	失	잃을, 잘못	5	木	×
	実	열매, 내용	8	木	○
	室	집, 방	9	木	△
	悉	다, 모두	11	火	○
	實	열매, 가득찰	14	木	☒
	蟋	귀뚜라미	17	水	×

음	자	뜻	획	자원	품격
심	心	마음, 가슴	4	火	☒
	沁	스며들	8	水	○
	沈	빠지다 (침)	8	水	☒
	甚	심할, 중후할	9	土	○
	芯	물건의 중심	10	木	○
	尋	찾을, 보통	12	土	○
	深	깊을, 매우	12	水	○
	審	살필, 자세히	15	木	○
	葚	오디, 뽕나무	15	木	△
	燖	삶을, 데칠	16	火	×
	諶	참, 진실로	16	金	○
	潯	물가, 소	16	水	×
	潘	즙, 강 이름	19	水	△
	鐔	날밑, 작은검	20	金	×
	鱏	심어	23	水	×
십	什	열 사람	4	火	×
	拾	열 (습)	10	木	☒
	十	열, 전부	10	水	☒
쌍	双	쌍, 짝	4	水	×
	雙	쌍, 짝이 될	18	火	×

음	자	뜻	획	자원	품격
씨	氏	성, 각시	4	火	×
아	丫	가장 귀	3	木	×
	牙	어금니, 깨물	4	金	×
	亜	버금, 동아리	7	木	△
	我	나, 우리	7	金	×
	児	아이, 어리다	7	木	×
	枒	야자나무(야)	8	木	×
	亞	버금	8	木	△
	兒	아이	8	木	×
	妸	고울, 여자	8	土	◉
	俄	갑자기, 기울	9	火	×
	砑	갈다, 맷돌	9	金	×
	笌	대순	10	木	○
	芽	싹, 조짐보일	10	木	○
	娥	예쁠, 미녀	10	木	○
	峩	높을	10	土	○
	峨	높을, 산이름	10	土	○
	哦	읊을	10	水	△
	疴	병, 앓을	10	水	×
	婀	아리따울	11	土	◉

음	자	뜻	획	자원	품격
아	娿	아리따울	11	土	◉
	姬	동서, 아양떨	11	土	×
	迓	마중할	11	土	○
	訝	맞을, 위로할	11	金	○
	婀	사랑할	11	水	○
	啞	벙어리	11	水	×
	椏	가장 귀	12	木	×
	雅	초오, 우아할	12	火	○
	猗	아름다울(의)	12	土	×
	皒	흰빛, 흰색	12	金	○
	硪	바위	12	金	×
	莪	지칭개, 약초	13	木	△
	衙	마을, 관청	13	火	×
	阿	언덕, 구석	13	土	×
	蛾	나방, 초승달	13	水	×
	鴉	갈까마귀	15	火	×
	錏	투구 목가림	16	金	×
	餓	굶주림	16	水	×
	鵝	거위	18	火	×
	鵞	거위	18	火	×

음	자	뜻	획	자원	품격
악	岳	큰 산	8	土	⊠
	咢	놀랄, 직언할	9	水	×
	偓	거리낄	11	火	×
	堊	백토, 석회	11	土	△
	幄	휘장, 천막	12	木	△
	惡	악할 (오)	12	火	⊠
	喔	닭 소리	12	水	×
	握	쥘, 수중	13	木	×
	愕	놀랄, 갑자기	13	火	×
	渥	두터울	13	水	◉
	樂	풍류 (락)	15	木	⊠
	萼	꽃받침	15	木	△
	腭	잇몸	15	水	×
	鄂	땅이름	16	土	○
	諤	기탄없이	16	金	△
	鼉	놀랄	16	水	×
	嶽	큰 산, 대신	17	土	×
	鍔	칼날, 칼등	17	金	×
	顎	근엄할	18	火	×
	鶚	물수리	20	火	×

음	자	뜻	획	자원	품격
악	鰐	악어	20	水	×
	齷	악착할	24	金	×
안	安	편안할, 즐길	6	木	◉
	犴	들개	7	土	×
	侒	편안할, 늦을	8	火	○
	岸	언덕, 기슭	8	土	×
	矸	깨끗한돌(간)	8	金	⊠
	姲	종용할	9	土	×
	案	책상, 소반	10	木	△
	桉	안수, 책상안	10	木	△
	按	누를, 당길	10	木	×
	晏	늦을, 편안할	10	火	△
	眼	눈, 눈매	11	木	×
	嫡	고울	11	土	◉
	雁	기러기, 가짜	12	火	⊠
	鴈	기러기	15	火	×
	鞍	안장	15	金	×
	鮟	아귀, 메기	17	水	×
	顔	얼굴, 안면	18	火	×
	饐	배부를 (온)	19	水	⊠

음	자	뜻	획	자원	품격
알	穵	구멍, 더듬을	6	水	×
	軋	삐걱거릴	8	火	×
	訐	들추어낼	10	金	×
	揠	뽑을	13	木	×
	斡	관리할, 돌다	14	火	×
	嘎	새소리	14	水	×
	頞	콧대	15	火	×
	閼	가로막을	16	木	×
	遏	막을, 중지할	16	土	×
	謁	아뢸, 참배할	16	金	△
	鴶	뻐꾹새	17	火	×
암	岩	바위, 높을	8	金	☒
	庵	암자, 초막	11	木	×
	唵	머금을	11	水	△
	晻	어두울	12	火	×
	媕	머뭇거릴	12	土	×
	崦	바위, 가파를	12	土	×
	啽	잠꼬대	12	水	×
	暗	밤, 어두울	13	火	×
	菴	풀 이름	14	木	△

음	자	뜻	획	자원	품격
암	萻	풀 이름	15	木	△
	腤	고기 삶을	15	水	×
	頷	턱 (함)	16	火	☒
	諳	욀, 암송할	16	金	×
	蓭	암자, 초막	17	木	×
	闇	닫힌 문, 밤	17	木	×
	馣	향기로울	17	木	○
	癌	암, 종양	17	水	×
	黯	어두울, 검을	21	水	×
	巖	바위, 가파를	23	土	×
압	押	누를, 도장	9	木	×
	狎	익숙할, 업신	9	土	×
	鴨	오리, 여종	16	火	×
	壓	누를	17	土	×
앙	卬	나, 자신	4	水	×
	央	가운데, 중앙	5	木	△
	仰	우러를, 믿을	6	火	○
	昂	오를, 높다	8	火	◉
	坱	먼지	8	土	×
	怏	원망할	9	火	×

음	자	뜻	획	자원	품격
앙	昻	오를, 높다	9	火	◉
	泱	끝없을	9	水	×
	殃	재앙, 해칠	9	水	×
	秧	모, 심을	10	木	○
	盎	동이, 가득할	10	金	△
	鞅	가슴걸이	14	金	×
	鴦	원앙새	16	火	△
애	艾	쑥, 쑥빛	8	木	△
	厓	언덕, 물가	8	水	×
	哀	슬플, 슬퍼할	9	水	×
	埃	티끌, 먼지	10	土	×
	娭	계집종	10	土	×
	唉	그래, 오냐	10	水	×
	挨	칠, 밀칠	11	木	×
	焿	빛날, 더울	11	火	○
	欸	한숨 쉴	11	火	×
	崖	벼랑, 기슭	11	土	×
	崕	벼랑	11	土	×
	唾	물어뜯을	11	水	×
	捱	막을, 저지할	12	木	×

음	자	뜻	획	자원	품격
애	涯	물가, 근처	12	水	△
	睚	눈초리	13	木	×
	愛	사랑	13	火	☒
	碍	거리낄, 방해	13	金	×
	獃	못생길	14	土	×
	僾	어렴풋할	15	火	×
	皚	희다	15	金	○
	磑	맷돌, 쌓을	15	金	○
	賹	사람 이름	15	金	○
	漄	물가	15	水	△
	噯	어머나	16	水	×
	曖	가릴, 흐릴	17	火	×
	騃	어리석다	17	火	×
	瞹	흐릿할	18	木	×
	隘	좁을, 작다	18	土	×
	薆	숨길, 덮을	19	木	×
	礙	거리낄, 방해	19	金	×
	藹	열매 열릴	22	木	○
	靄	아지랑이	24	水	×
	靉	구름 낄	25	水	×

음	자	뜻	획	자원	품격
액	厄	재앙, 불행	4	水	×
	厄	좁을, 고생할	5	木	×
	扼	누를, 움켜질	8	木	×
	呝	울	8	水	×
	掖	겨드랑	12	木	×
	阨	좁을, 험할	12	土	×
	液	성, 진액	12	水	×
	搤	잡을, 조를	14	木	×
	腋	겨드랑이	14	水	×
	縊	목맬	16	木	×
	額	이마, 현판	18	火	×
앵	嫈	예쁠	13	土	○
	罃	물독, 술단지	16	土	×
	罌	병의 총칭	20	土	×
	嚶	새소리	20	水	×
	櫻	앵두나무	21	木	△
	鶯	꾀꼬리	21	火	⊠
	鸚	앵무새	28	火	×
야	也	또한, 잇달다	3	木	△
	冶	불릴, 장식할	7	水	○

음	자	뜻	획	자원	품격
야	夜	밤	8	水	×
	耶	어조사	9	火	○
	揶	희롱할	11	木	×
	若	같을 (약)	11	木	⊠
	倻	땅 이름	11	火	○
	埜	들, 성 밖	11	土	×
	野	들, 들판	11	土	×
	捓	빈정거릴	13	木	×
	椰	야자나무	13	木	△
	爺	아비, 아버지	13	木	×
	惹	이끌, 당길	13	火	○
약	約	약속, 묶을	9	木	○
	弱	약할, 쇠해질	10	火	×
	若	같을 (야)	11	木	⊠
	葯	구리때 잎	15	木	△
	篛	대 껍질	16	木	×
	蒻	부들	16	木	△
	龠	피리	17	火	△
	藥	약, 치료할	21	木	×
	爚	사를, 빛	21	火	×

음	자	뜻	획	자원	품격
약	鸙	댓 닭, 투계	21	火	×
	躍	뛸, 흥분할	21	土	×
	禴	종묘 제사	22	木	×
	籥	피리, 자물쇠	23	木	×
	鑰	자물쇠	25	金	×
양	羊	양, 배회할	6	土	⊠
	佯	거짓, 헤맬	8	火	×
	徉	노릴	9	火	×
	昜	볕, 양지	9	火	○
	恙	근심, 걱정할	10	火	×
	烊	구울, 녹이다	10	火	×
	洋	바다, 큰물결	10	水	△
	眻	눈썹 사이	11	木	×
	梁	성, 다리(량)	11	木	⊠
	椋	푸조나무(량)	12	木	⊠
	揚	오를, 날다	13	木	○
	楊	버드나무	13	木	△
	暘	해돋이, 밝다	13	火	◉
	煬	쬘, 말리다	13	火	△
	敭	오를, 쳐들	13	金	○

음	자	뜻	획	자원	품격
양	瘍	종기, 상처	14	水	×
	樣	모양 (상)	15	木	⊠
	漾	출렁거릴	15	水	×
	養	기를, 양육	15	水	○
	輰	임금의 수레	16	火	×
	襄	도울, 오를	17	木	○
	陽	볕, 양지	17	土	○
	颺	날릴, 일어날	18	木	×
	瀁	물 이름	19	水	○
	壤	흙, 토지	20	土	⊠
	孃	여자애, 엄마	20	土	×
	癢	가려울	20	水	×
	攘	물리칠	21	木	×
	瀼	이슬 많을	21	水	×
	禳	제사 이름	22	木	×
	穰	풍년, 풍족할	22	木	◉
	蘘	양하, 풀이름	23	木	△
	讓	사양할, 양보	24	金	×
	釀	빚을, 술	24	金	×
	鑲	거푸집 속	25	金	×

음	자	뜻	획	자원	품격
양	驤	머리들	27	火	×
어	於	어조사, 탄식	8	土	×
	圄	옥, 감옥	10	水	×
	御	다스릴	11	火	×
	敔	막을, 금할	11	金	×
	唹	고요히 웃을	11	水	○
	圉	마부, 감옥	11	水	×
	魚	고기	11	水	⊠
	馭	말부릴, 마부	12	火	×
	淤	진흙, 앙금	12	水	×
	瘀	병, 어혈	13	水	×
	飫	물릴, 식사	13	水	×
	語	말씀, 가르칠	14	金	○
	漁	고기 잡을	15	水	×
	禦	막을, 감당할	16	木	△
	衞	멈출 (소)	16	火	⊠
	齬	어긋날	22	金	×
억	抑	누를, 물리칠	8	木	×
	億	억, 많은 수	15	火	⊠
	檍	감탕나무	17	木	△

음	자	뜻	획	자원	품격
억	憶	생각할, 추억	17	火	△
	繶	끈, 묶다	19	木	×
	臆	가슴, 마음	19	水	×
언	言	말씀, 발언할	7	金	◉
	彦	선비	9	火	◉
	彦	선비	9	火	◉
	匽	엎드릴	9	水	×
	偃	쓰러질	11	火	×
	焉	어찌, 이에	11	火	×
	堰	방죽, 보막을	12	土	×
	傿	고을 이름	13	火	○
	嫣	아리땁다	14	土	◉
	諺	상말, 속담	16	金	×
	鄢	고을 이름	18	土	○
	鼴	두더지	22	水	×
	讞	평의할 (얼)	27	金	⊠
얼	乻	땅이름	9	木	○
	臬	말뚝, 해시계	10	木	×
	孼	서자, 무너질	19	水	×
	糱	누룩	22	木	△

음	자	뜻	획	자원	품격
얼	蘖	그루터기(폐)	23	木	⊠
	糵	누룩, 빚을	23	木	△
엄	广	집, 엄호	3	木	×
	奄	가릴, 문득	8	木	○
	俺	나, 자신	10	火	△
	崦	산 이름	11	土	△
	掩	가릴, 보호할	12	木	○
	淹	담글, 오래될	12	水	○
	罨	그물, 새그물	14	木	×
	醃	절인 채소	15	金	×
	閹	내시, 하인	16	木	×
	厳	엄할	17	水	×
	奭	고명할	20	土	△
	嚴	엄숙할, 군셀	20	水	○
	儼	의젓할 엄	22	火	○
	曮	해가 돌다	24	火	○
업	業	사업, 직업	13	木	△
	嶪	높고 험할	16	土	×
	嶪	높고 험할	16	土	×
	鄴	땅 이름	20	土	○

음	자	뜻	획	자원	품격
에	恚	성낼, 화낼	10	火	×
	曀	음산할	16	火	×
엔	円	둥글	4	土	×
여	予	나, 주다	4	金	×
	如	같을, 따를	6	土	○
	余	나, 자신	7	火	△
	妤	궁녀	7	土	×
	汝	너	7	水	×
	舁	마주들	10	土	△
	悆	잊을 (서)	11	火	⊠
	茹	먹을, 말기를	12	木	×
	艅	배 이름	13	木	△
	與	줄, 허락할	14	土	○
	餘	남을, 넉넉할	16	水	○
	輿	수레, 싣다	17	火	△
	歟	어조사	18	火	△
	璵	옥	19	金	◉
	礖	돌 이름	19	金	×
	轝	수레, 천지	21	火	×
역	亦	또, 모두	6	火	◉

음	자	뜻	획	자원	품격
역	役	부릴, 싸움	7	火	×
	易	바꿀 (이)	8	火	⊠
	疫	염병, 돌림병	9	水	×
	域	지경, 국토	11	土	△
	暘	해 반짝 날	12	火	△
	淢	빨리 흐를	12	水	×
	逆	거스릴	13	土	×
	閾	문지방	16	木	×
	嶧	산 이름	16	土	△
	懌	기뻐할	17	火	○
	繹	풀어낼	19	木	△
	譯	통역할	20	金	×
	驛	역참	23	火	×
연	延	끌, 인도할	7	木	◉
	妍	고울	7	土	◉
	困	못	7	水	×
	兗	바를, 믿음	8	木	○
	沇	강 이름	8	水	△
	兖	바를, 믿음	9	木	◉
	衍	넘칠, 순행할	9	火	◉

음	자	뜻	획	자원	품격
연	姢	예쁠	9	土	◉
	姸	예쁠, 총명할	9	土	◉
	沿	따를 언저리	9	水	○
	宴	잔치, 즐길	10	木	○
	烟	연기, 그을음	10	火	×
	娟	예쁠	10	土	◉
	娫	빛날, 환할	10	土	◉
	埏	땅끝	10	土	×
	捐	버릴, 기부할	11	木	×
	挻	당길, 늦출	11	木	△
	悁	성낼, 초조할	11	火	×
	軟	연할	11	火	○
	硙	벼루	11	金	△
	研	갈, 문지럴	11	金	×
	涓	시내, 물방울	11	水	△
	涎	침, 점액	11	水	×
	然	그러할	12	火	○
	堧	빈터, 공터	12	土	×
	硯	벼루	12	金	△
	淵	못, 연못	12	水	○

음	자	뜻	획	자원	품격
연	椽	서까래	13	木	△
	掾	도울, 경영할	13	木	○
	筵	대자리, 좌석	13	木	×
	莚	벋다, 만연할	13	木	△
	煙	연기, 그을음	13	火	×
	鉛	납, 따르다	13	金	×
	淵	못, 깊을	13	水	☒
	浣	물 이름	13	水	○
	鳶	솔개	14	火	×
	瑌	옥돌	14	金	◉
	緣	가선, 묶음	15	木	△
	燃	성씨, 얌전할	15	土	△
	演	멀리, 통할	15	水	○
	蜎	장구벌레	15	水	☒
	燃	사를, 타다	16	火	×
	燕	제비, 잔치	16	火	☒
	輭	연할, 연약할	16	火	△
	縯	길, 당길	17	木	×
	櫞	구연, 레몬	19	木	△
	嬿	아름다울	19	土	◉

음	자	뜻	획	자원	품격
연	瓀	옥돌	19	金	◉
	嚥	삼킬, 마시다	19	水	×
	曣	청명할	20	火	◉
	蠕	꿈틀거릴	20	水	×
	臙	연지, 목구멍	22	水	×
	醼	잔치, 연회	23	金	△
	讌	잔치, 주연	23	金	△
열	咽	목구멍 (인)	9	水	☒
	悅	기쁠, 즐거울	11	火	○
	說	말씀 (설)	14	金	×
	熱	더울, 따뜻할	15	火	×
	閱	검열할, 살필	15	木	△
	噎	목멜 (일)	15	水	×
	潱	물 흐를	16	水	△
염	冉	나아갈	5	土	◉
	炎	불탈, 타오를	8	火	×
	染	물들일	9	木	○
	苒	풀 우거질	11	木	△
	厭	빗장	12	木	×
	焰	불댕길, 불빛	12	火	○

음	자	뜻	획	자원	품격
염	琰	옥 갈	13	金	△
	髥	구레나루	14	火	×
	厭	싫을, 족할	14	水	×
	閻	이문, 열다	16	木	○
	檿	산 뽕나무	18	木	△
	懕	편안할	18	火	○
	艶	고울	19	土	◉
	饜	물릴, 포식할	23	水	×
	魘	가위눌림	24	火	×
	艷	탐스러울	24	土	○
	鹽	소금, 절임	24	水	×
	黶	검정 사마귀	26	水	×
	灩	물결 출렁임	32	水	×
엽	熀	불빛	14	火	△
	葉	잎 (섭)	15	木	⊠
	燁	빛날	16	火	◉
	曄	빛날, 번개칠	16	火	△
	暈	빛날	16	火	◉
	爗	빛날	20	火	◉
	靨	보조개	23	火	×

음	자	뜻	획	자원	품격
영	永	길, 멀리	5	水	○
	咏	읊을	8	水	○
	栐	나무 이름	9	木	○
	栄	꽃, 성할	9	木	○
	映	비출	9	火	△
	泳	헤엄칠	9	水	⊠
	盈	찰, 가득할	9	金	◉
	英	꽃부리	11	木	⊠
	迎	맞이할	11	土	○
	涅	거침없이	11	水	×
	睲	똑바로볼(경)	12	木	⊠
	詠	읊을, 노래할	12	金	△
	楹	기둥	13	木	○
	煐	빛날	13	火	◉
	暎	비칠	13	火	△
	塋	무덤, 계획할	13	土	×
	朠	달빛	13	水	△
	渶	물 이름	13	水	○
	榮	꽃, 영화	14	木	⊠
	郢	땅 이름	14	土	○

음	자	뜻	획	자원	품격
영	瑛	옥빛, 수정	14	金	◉
	碤	물속 돌	14	金	×
	影	그림자, 모습	15	火	×
	瑩	밝을 (형)	15	金	⊠
	潁	강 이름	15	水	○
	穎	이삭, 훌륭할	16	木	△
	縈	얽힐, 돌다	16	木	×
	贏	찰, 가득 찰	16	土	◉
	營	경영할, 경작	17	火	○
	嬰	갓난아이	17	土	×
	嶸	가파를	17	土	×
	鍈	방울 소리	17	金	△
	霙	진눈깨비	17	水	×
	韺	풍류 이름	18	金	△
	濴	물 돌아나갈	18	水	△
	瀅	물이 흐를	18	水	△
	贏	남을, 지나칠	20	金	△
	瀛	바다, 늪 속	20	水	×
	蠑	영원, 도롱뇽	20	水	×
	瀯	지킬	21	火	○

음	자	뜻	획	자원	품격
영	瀯	물소리	21	水	△
	瓔	구슬 목걸이	22	金	○
	癭	혹, 벙어리	22	水	×
	纓	갓끈, 새끼	23	木	×
예	乂	어질, 다스릴	2	金	○
	刈	벨, 자르다	4	金	×
	曳	끌, 고달플	6	火	×
	兒	연약할 (아)	8	土	⊠
	枘	장부, 촉꽂이	8	木	△
	艾	쑥	8	木	△
	汭	물굽이, 합수	8	水	○
	帠	법, 법칙	9	木	△
	羿	사람 이름	9	火	○
	拽	끌, 끌다	10	木	△
	芮	물가	10	木	△
	芸	향초이름(운)	10	木	⊠
	倪	어린이	10	火	×
	珬	옥돌	10	金	◉
	蚋	파리매, 독충	10	水	×
	埶	심을	11	土	○

음	자	뜻	획	자원	품격
	堄	성가퀴	11	土	△
	挭	비길	12	木	×
	猊	사자	12	土	×
	睿	밝을, 준설할	12	水	○
	汭	물가	12	水	△
	睨	흘겨볼	13	木	×
	裔	후손, 옷자락	13	木	×
	預	미리, 참여할	13	水	○
	詣	이를, 도착할	13	金	○
예	睿	깊고 밝을	14	木	○
	嫕	유순할	14	土	○
	嬖	유순할, 순박	14	土	○
	蜺	무지개	14	水	×
	藝	심을	15	土	○
	郳	나라 이름	15	土	○
	嬖	다스릴	15	土	○
	銳	날샐, 빠를	15	金	△
	橤	꽃술, 꽃망울	16	木	△
	瞖	눈에 백태낄	16	木	×
	叡	밝을	16	水	◉

음	자	뜻	획	자원	품격
	瘱	고요할	16	水	△
	豫	미리, 즐길	16	水	×
	霓	무지개	16	水	△
	埶	심을, 과녁	17	木	○
	繄	창 전대	17	木	×
	翳	일산, 방패	17	火	×
	獩	민족 이름	17	土	×
	濊	깊을 (활)	17	水	×
	穢	더러울, 잡초	18	木	×
예	蕊	꽃술	18	木	△
	薉	거친 풀	19	木	×
	麑	사자	19	土	×
	鯢	도롱뇽	19	水	×
	藝	심을, 기예	21	木	○
	譽	기릴, 칭찬할	21	金	○
	蘂	꽃술	22	木	△
	鷖	갈매기	22	火	×
	囈	잠꼬대	22	水	×
	橤	큰 배 (예)	25	木	⊠
오	午	남쪽. 일곱째	4	火	⊠

음	자	뜻	획	자원	품격
오	五	다섯	5	土	⊠
	伍	대오, 다섯	6	火	×
	仵	짝, 거스를	6	火	×
	圬	흙손	6	土	△
	吾	나, 자신	7	水	×
	吳	나라 이름	7	水	△
	汙	더러울	7	水	×
	汚	추잡할	7	水	×
	忤	거스를, 반대	8	火	×
	旿	밝을, 대낮	8	火	◉
	俉	맞이할	9	火	○
	俣	갈래 질	9	火	×
	烏	까마귀, 검다	10	火	×
	娛	즐거워할	10	土	○
	迀	굽을	10	土	×
	唔	글 읽는소리	10	水	○
	梧	벽오동 나무	11	木	○
	捂	닿을, 어긋날	11	木	×
	悟	깨달을	11	火	◉
	晤	밝을, 총명할	11	火	◉

음	자	뜻	획	자원	품격
오	迕	만날, 상봉할	11	土	○
	敖	멋대로 놀	11	金	×
	浯	강 이름	11	水	○
	惡	악할 (악)	12	火	⊠
	珸	옥돌	12	金	◉
	奧	아랫목	13	木	△
	筽	버들고리	13	木	×
	莫	풀 이름	13	木	△
	傲	거만할	13	火	×
	塢	둑, 언덕	13	土	×
	嗚	탄식 소리	13	水	×
	蜈	지네	13	水	⊠
	寤	깰, 깨달을	14	木	○
	誤	실수할	14	金	×
	嗷	시끄러울	14	水	×
	懊	오만할	15	水	×
	熬	볶을, 타다	15	火	×
	獒	개, 큰 개	15	土	×
	噁	성낼	15	水	×
	墺	물가, 육지	16	土	△

음	자	뜻	획	자원	품격
오	窵	부엌, 아궁이	16	水	×
	懊	한할, 탐낼	17	火	×
	燠	따뜻할 (욱)	17	火	⊠
	聱	뭇소리	17	火	×
	澳	깊을	17	水	△
	遨	즐겁게 놀	18	土	×
	謷	헐뜯을	18	金	×
	襖	웃옷, 도포	19	木	△
	鏊	평평한 냄비	19	金	×
	鏖	무찌를	19	金	×
	顤	높을	20	火	◉
	鼯	날다람쥐	20	水	×
	驁	준마, 오만할	21	火	×
	隩	굽이	21	土	△
	鰲	자라	22	水	×
	鼇	큰 거북	24	土	⊠
옥	玉	옥, 구슬	5	金	⊠
	沃	물댈, 개발할	8	水	⊠
	屋	집, 지붕	9	水	△
	鈺	보배, 보물	13	金	⊠

음	자	뜻	획	자원	품격
옥	獄	감옥, 우리	14	土	×
온	昷	어질	9	火	◉
	媼	할미 (오)	12	土	⊠
	媪	할미, 어머니	13	土	×
	榲	기둥	14	木	○
	穩	평온할	14	木	◉
	慍	성낼, 원망할	14	火	×
	溫	따뜻할, 온천	14	水	◉
	榅	번성할	15	木	◉
	瑥	사람 이름	15	金	○
	瘟	염병, 괴로움	15	水	×
	縕	헌솜, 풍부할	16	木	×
	轀	와거, 수레	17	火	×
	醞	술을 빚을	17	金	×
	穩	평온할	19	木	◉
	薀	붕어마름	19	木	×
	醢	향기로울	19	木	○
	韞	감출, 활집	19	金	×
	饂	서로먹다(안)	19	水	⊠
	蘊	쌓을, 저축할	22	木	◉

음	자	뜻	획	자원	품격
올	兀	우뚝할	3	木	△
	杌	걸상, 수선할	7	木	×
	嗢	목멜, 웃을	13	水	×
	膃	살질, 물개	16	水	×
옹	瓮	독, 항아리	9	土	⊠
	禺	원숭이 (우)	9	木	×
	翁	늙은이	10	火	×
	邕	화할, 화목할	10	土	◉
	喁	화답할 (우)	12	水	⊠
	雍	누그러질	13	火	○
	滃	구름이 일다	14	水	×
	蓊	동, 우거질	16	木	×
	壅	막을, 막힐	16	土	×
	擁	안을, 소유할	17	木	○
	雝	할미새, 늪	18	火	×
	顒	공경할	18	火	◉
	甕	독, 단지	18	土	×
	癰	악창	18	水	×
	罋	독, 두레박	19	土	×
	廱	화락할	21	木	○
옹	饔	아침밥, 조반	22	水	×
	癕	악창, 등창	23	水	×
와	瓦	기와, 질그릇	5	土	×
	囮	후림새, 바뀜	7	水	×
	枙	나무 옹이	8	木	×
	臥	엎드릴	8	火	×
	哇	토할 (왜)	9	水	⊠
	洼	웅덩이, 깊을	10	水	×
	窊	우묵할, 낮다	10	水	×
	婐	정숙할	11	土	○
	訛	그릇될, 거짓	11	金	×
	蛙	개구리	12	水	×
	猧	발바리, 개	13	土	×
	渦	소용돌이	13	水	×
	窩	움집, 굴	14	水	×
	窪	웅덩이	14	水	×
	萵	상추	15	木	×
	蝸	달팽이	15	水	×
	譌	거짓말	19	金	×
완	刓	깎을, 닳을	6	金	×

음	자	뜻	획	자원	품격
완	完	완전할	7	木	⊠
	岏	가파를	7	土	×
	妧	좋을, 예쁠	7	土	◉
	宛	굽을, 완연히	8	木	×
	杬	나무이름(원)	8	木	⊠
	抏	꺾을, 무너질	8	木	×
	忨	탐할, 과분할	8	火	×
	玩	희롱할	9	金	×
	垸	바를	10	土	△
	盌	주발	10	金	×
	梡	도마 (관)	11	木	⊠
	婠	품성 좋을	11	土	◉
	婉	순할 (원)	11	土	⊠
	浣	빨, 세탁할	11	水	×
	椀	주발, 그릇	12	木	×
	惋	한탄할	12	火	×
	阮	악기 (원)	12	土	⊠
	琓	옥 이름	12	金	◉
	涴	굽이쳐 흐를	12	水	×
	莞	왕골	13	木	○

음	자	뜻	획	자원	품격
완	頑	완고할	13	火	△
	琬	아름다운 옥	13	金	◉
	碗	주발	13	金	×
	脘	밥통, 위	13	水	×
	腕	팔뚝, 손목	14	水	×
	緩	느릴, 늘어질	15	木	×
	豌	완두, 콩엿	15	木	△
	翫	가지고 놀	15	火	×
	鋺	저울 (원)	16	金	×
왈	曰	가로, 말할	4	火	×
왕	王	임금, 제후	5	金	×
	枉	굽을, 헛될	8	木	×
	往	갈, 이따금	8	火	○
	旺	성할	8	火	◉
	汪	넓을, 많을	8	水	◉
	迋	갈	12	土	×
	瀇	물 깊고넓을	19	水	○
왜	娃	예쁠, 미인	9	土	○
	歪	비뜰 (외)	9	土	⊠
	倭	왜국 (위)	10	火	⊠

음	자	뜻	획	자원	품격
왜	媧	여신 (외)	12	土	凶
	矮	키 작을	13	金	×
외	外	밖, 바깥	5	水	凶
	畏	두려워할	9	土	×
	偎	어렴풋할	11	火	×
	嵬	구불구불할	12	土	×
	嵗	높을	12	土	◉
	煨	불씨, 굽다	13	火	△
	嵬	높을, 허망할	13	土	×
	猥	함부로	13	土	×
	渨	잠길, 흐려질	13	水	×
	碨	돌 모양	14	金	×
	磈	높고 험할	15	金	×
	聵	청각장애	18	火	×
	隗	험할, 높다	18	土	×
	巍	높고 큰모양	21	土	△
요	幺	작을, 어리다	3	水	×
	夭	어릴, 젊다	4	木	×
	凹	오목할	5	水	×
	妖	아리따울	7	土	◉

음	자	뜻	획	자원	품격
요	坳	패인 곳	8	土	×
	殀	일찍 죽을	8	水	×
	拗	꺾을, 비틀다	9	木	×
	祅	재앙	9	木	×
	姚	예쁠	9	土	○
	要	구할, 원할	9	金	○
	突	깊을	9	水	△
	窈	그윽할	10	水	○
	窅	멀리 바라봄	10	水	×
	偠	단아할	11	火	○
	堯	요임금, 높을	12	土	○
	喓	벌레 소리	12	水	×
	傜	구실, 부역	13	火	×
	搖	흔들릴	14	木	×
	僥	바랄, 긴모양	14	火	△
	暚	햇빛, 밝다	14	火	◉
	樂	풍류 (락)	15	木	凶
	墝	메마른 땅	15	土	×
	嬈	아리따울(뇨)	15	土	凶
	嶢	높을, 위태한	15	土	△

음	자	뜻	획	자원	품격
요	瑤	아름다운 옥	15	金	◉
	窯	가마, 굽다	15	水	×
	腰	허리, 밑둥	15	水	×
	橈	꺾일 (뇨)	16	木	☒
	徼	구할, 순찰할	16	火	△
	澆	물댈, 경박할	16	水	×
	繇	역사, 우거질	17	木	×
	遙	멀, 아득할	17	土	×
	謠	노래, 소문	17	金	×
	繞	두를, 둘러쌀	18	木	△
	蕘	풋나무, 땔감	18	木	×
	曜	빛날, 요일	18	火	△
	燿	빛날	18	火	◉
	蟯	요충, 기생충	18	水	×
	擾	어지러울	19	木	×
	遶	두를, 에워쌀	19	土	△
	耀	빛날, 빛나다	20	火	◉
	邀	초대할 (료)	20	土	☒
	鷂	새매의 암컷	21	火	×
	饒	넉넉할, 많다	21	水	◉
욕	辱	욕되게 할	10	土	×
	欲	하고자 할	11	火	△
	浴	목욕할	11	水	×
	溽	무더울, 습할	14	水	×
	慾	욕심, 욕정	15	火	×
	縟	무늬, 채색	16	木	○
	褥	요, 침구	16	木	×
	蓐	요, 깔개	16	木	×
용	冗	쓸데없을	4	水	×
	宂	무익할	5	木	×
	用	쓸, 등용할	5	水	○
	甬	길, 솟아오를	7	水	○
	俑	허수아비	9	火	×
	勇	날샐, 과감할	9	土	○
	容	얼굴, 모습	10	木	×
	埇	골목길	10	土	△
	或	사나울	10	金	×
	庸	쓸	11	木	○
	舂	찧을, 절구질	11	土	×
	涌	샘 솟을	11	水	◉

음	자	뜻	획	자원	품격
용	茸	무성할	12	木	△
	㒑	불안할	12	火	×
	硧	숫돌	12	金	×
	傭	품팔이	13	火	×
	嵱	산 이름	13	土	○
	湧	샘 솟을	13	水	○
	蛹	번데기	13	水	×
	榕	뱅골 보리수	14	木	△
	熔	녹일	14	火	×
	慂	권할	14	火	△
	墉	담, 벽	14	土	△
	踊	뛸, 도약할	14	土	◉
	溶	질펀히 흐를	14	水	×
	槦	살 대나무	15	木	△
	慵	게으를	15	火	×
	燿	천지 (창)	15	火	☒
	瑢	패 옥소리	15	金	△
	蓉	연꽃, 부용	16	木	○
	踴	뛸, 도약할	16	土	◉
	聳	솟을, 공경할	17	火	○

음	자	뜻	획	자원	품격
용	鎔	녹일, 주조할	18	金	×
	鏞	공, 큰 종	19	金	△
우	又	또, 다시	2	水	◉
	于	어조사, 가다	3	木	△
	尤	더욱, 특히	4	土	○
	牛	소, 희생	4	土	☒
	友	벗, 우애	4	水	×
	右	오른쪽	5	水	×
	宇	집, 지붕	6	木	○
	羽	깃, 날개	6	火	×
	圩	오목할	6	土	×
	吁	탄식할	6	水	×
	扜	당길	7	木	○
	杅	잔, 물그릇	7	木	×
	佑	도울, 도움	7	火	○
	旴	클, 해가돋다	7	火	◉
	㝢	비	7	水	△
	肝	쳐다볼	8	木	△
	玗	옥돌	8	金	◉
	盂	바리, 사발	8	金	×

음	자	뜻	획	자원	품격
우	雨	비	8	水	凶
	竽	피리	9	木	×
	紆	굽을, 감돌다	9	木	×
	芋	토란, 가리다	9	木	△
	竽	피리, 두목	9	木	×
	俁	얼굴 클 우	9	火	△
	禹	하우씨, 벌레	9	木	△
	疣	사마귀	9	水	×
	祐	도울, 행복	10	木	◉
	邘	땅 이름	10	土	○
	迂	멀, 억제할	10	土	×
	偶	짝, 인형	11	火	△
	偊	혼자 걸을	11	火	×
	盂	물 소용돌이	11	金	×
	釪	악기 이름	11	金	○
	雩	기우제	11	水	×
	寓	머무를, 숙소	12	木	×
	庽	머무를	12	木	×
	寠	날, 날아갈	12	火	△
	堣	땅 이름	12	土	△

음	자	뜻	획	자원	품격
우	嵎	산모롱이	12	土	×
	虞	헤아릴, 근심	13	木	△
	愚	어리석을	13	火	×
	惆	기쁠	13	火	◉
	麀	암사슴	13	土	×
	禑	복	14	木	△
	瑀	패 옥	14	金	△
	霧	물소리	14	水	△
	耦	짝, 상대자	15	木	×
	憂	근심할	15	火	×
	慪	공경할	15	火	◉
	郵	역참, 역체	15	土	×
	遇	만날, 상대할	16	土	△
	踽	홀로 갈	16	土	×
	優	넉넉할	17	火	○
	燠	따뜻할 (욱)	17	火	凶
	隅	모퉁이	17	土	凶
	鍝	귀고리	17	金	×
	麌	큰사슴	18	土	×
	謣	이영차, 소리	18	金	×

음	자	뜻	획	자원	품격
우	藕	연뿌리	21	木	△
	穩	씨를 덮을	21	木	×
	齲	충치	24	金	×
욱	旭	아침해, 빛날	6	火	◉
	昱	빛날, 햇빛	9	火	◉
	栯	산 앵두	10	木	△
	彧	문채, 빛날	10	火	○
	勖	힘쓸	11	土	○
	稢	서직 무성할	13	木	○
	煜	빛날, 불꽃	13	火	◉
	頊	삼갈	13	火	×
	郁	성할, 향기	13	土	◉
	稶	서직 무성할	15	木	○
	燠	따뜻할 (오)	17	火	⊠
운	云	이를, 어조사	4	木	○
	夽	높을	7	木	◉
	沄	소용돌이칠	8	水	×
	耘	김맬, 제거할	10	木	×
	芸	향초 이름	10	木	○
	紜	어지러울	10	木	×

음	자	뜻	획	자원	품격
운	雲	구름	12	水	⊠
	暈	무리 (훈)	13	火	⊠
	惲	도타울	13	火	◉
	煇	노란 모양	14	火	○
	殞	죽을, 떨어질	14	水	×
	橒	나무 무늬	16	木	○
	篔	왕대	16	木	×
	運	돌, 회전할	16	土	×
	賱	넉넉할, 재운	16	金	○
	澐	큰 물결일	16	水	○
	鄖	나라 이름	17	土	○
	篶	대나무, 왕대	18	木	×
	蕓	평지, 유채꽃	18	木	×
	隕	떨어질, 잃을	18	土	×
	霣	떨어질	18	水	×
	顐	둥근 (혼)	19	火	⊠
	韻	운, 음향	19	金	△
울	菀	동산, 무성할	14	木	○
	蔚	풀 이름 (위)	17	木	⊠
	鬱	막힐	29	木	×

음	자	뜻	획	자원	품격
웅	雄	수컷, 우수할	12	火	⊠
	熊	곰	14	火	⊠
원	元	으뜸, 근본	4	木	⊠
	杬	나무 이름	8	木	△
	朊	달빛 희미할	8	水	×
	沅	강 이름	8	水	○
	爰	이에, 여기서	9	金	△
	怨	원망할	9	火	×
	垣	담, 관청이름	9	土	○
	負	둥글	9	金	○
	袁	옷이 길다	10	木	×
	笎	대 무늬	10	木	○
	芫	팥꽃나무	10	木	△
	倇	즐거워할	10	火	○
	原	근원, 벌판	10	水	◉
	冤	원통할, 불평	10	水	×
	員	수효, 사람	10	水	○
	洹	강 이름	10	水	△
	寃	원통할	11	木	×
	苑	나라 동산	11	木	△

음	자	뜻	획	자원	품격
원	婉	예쁠 (완)	11	土	⊠
	媛	미인, 예쁠	12	土	◉
	阮	악기 (완)	12	土	⊠
	援	당길, 잡다	13	木	○
	楥	느티나무	13	木	△
	嫄	사람 이름	13	土	○
	猨	원숭이	13	土	×
	園	동산, 과수원	13	水	△
	圓	둥글, 둘레	13	水	○
	湲	물흐를, 맑을	13	水	○
	愿	삼갈, 성실할	14	火	○
	猿	원숭이	14	土	⊠
	瑗	도리옥	14	金	○
	源	근원, 이을	14	水	○
	褑	패옥 띠	15	木	△
	院	담, 견고할	15	土	△
	鴛	원앙	16	火	×
	鋺	저울 (완)	16	金	⊠
	轅	끌채, 수레	17	火	×
	遠	멀, 아득할	17	土	⊠

음	자	뜻	획	자원	품격
원	黿	자라, 영원	17	土	×
	謜	천천히 말할	17	金	×
	薗	동산, 정원	19	木	△
	願	원할, 소망	19	火	○
	鵷	원추, 봉황새	19	火	×
	騵	배가 흰말	20	火	×
	遼	넓은 들판	23	土	○
월	月	달, 달빛	4	水	☒
	刖	베다, 자를	6	金	×
	粤	어조사, 탄식	12	木	×
	越	넘을, 멀어질	12	火	×
	鉞	도끼	13	金	×
위	危	위태로울	6	水	×
	位	자리, 품위	7	火	○
	委	맡길, 버릴	8	土	×
	威	위엄, 세력	9	土	×
	韋	부드러울	9	金	○
	偉	훌륭할, 크다	11	火	◉
	尉	벼슬, 위로할	11	土	○
	胃	밥통, 위	11	水	×

음	자	뜻	획	자원	품격
위	幃	휘장, 향낭	12	木	△
	爲	할, 간주할	12	金	○
	圍	둘레, 둘러쌀	12	水	△
	喟	한숨	12	水	×
	暐	햇빛	13	火	◉
	骫	굽을, 굽힐	13	金	×
	渭	강 이름	13	水	△
	痿	저릴, 마비될	13	水	×
	萎	마를, 고민할	14	木	×
	僞	거짓, 속이다	14	火	×
	瑋	옥 이름	14	金	◉
	葳	능소화	15	木	○
	葦	갈대, 작은배	15	木	×
	褘	향낭 (휘)	15	木	☒
	緯	씨, 줄기	15	木	△
	慰	위로할	15	火	×
	熨	다리미	15	火	×
	衛	지킬, 방비할	15	火	△
	逶	구불구불 갈	15	土	×
	諉	핑계할	15	金	×

음	자	뜻	획	자원	품격
위	蝟	고슴도치	15	水	×
	衛	지킬, 영위할	16	土	○
	違	어길, 달아날	16	土	×
	謂	이를, 설명할	16	金	△
	闈	대궐 작은문	17	木	×
	餧	먹일, 기를	17	水	×
	蔿	애기풀, 성	18	木	△
	魏	나라 이름	18	火	○
	韙	바르다	18	金	○
	韡	꽃 활짝 필	21	金	○
유	尤	머뭇거릴	4	水	×
	幼	어릴, 사랑할	5	水	×
	由	말미암을	5	土	△
	有	있을, 넉넉할	6	水	◉
	攸	바, 다스릴	7	金	○
	酉	닭, 술	7	金	⊠
	乳	젖, 낳을	8	木	×
	侑	권할, 보답할	8	火	◉
	臾	잠깐	8	土	×
	呦	울	8	土	×

음	자	뜻	획	자원	품격
유	兪	점점	9	木	○
	宥	용서할, 권할	9	木	○
	柔	부드러울	9	木	○
	柚	유자나무	9	木	△
	幽	그윽할, 숨을	9	水	×
	姷	짝	9	土	○
	囿	동산, 얽매일	9	水	×
	油	기름	9	水	×
	泑	잿물	9	水	×
	秞	곡식 무성할	10	木	○
	洧	강 이름	10	水	○
	帷	휘장	11	木	△
	悠	멀, 생각할	11	火	×
	聈	고요할	11	木	○
	婑	아리따울(와)	11	土	⊠
	唯	오직	11	水	○
	蚴	꿈틀거릴	11	水	×
	蚰	마디발 동물	11	水	×
	庾	곳집	12	木	△
	桵	열매 열릴	12	木	○

음	자	뜻	획	자원	품격
유	惟	생각할	12	火	◉
	釉	윤, 광택	12	火	○
	喩	깨우칠	12	水	◉
	楢	졸참나무	13	木	△
	楡	느릅나무	13	木	△
	揄	끌, 칭찬할	13	木	○
	揉	주무를, 섞을	13	木	×
	莠	강아지풀	13	木	×
	裕	넉넉할	13	木	◉
	愈	나을, 더욱	13	火	△
	愉	즐거울, 기쁠	13	火	○
	猷	꾀할, 계략	13	土	×
	猶	오히려, 조차	13	土	×
	琟	옥돌	13	金	◉
	游	헤엄칠, 놀다	13	水	×
	渘	깊을	13	水	△
	渜	물 이름	13	水	○
	維	바, 밧줄	14	木	△
	綏	갓끈	14	木	×
	逌	만족할	14	土	◉

음	자	뜻	획	자원	품격
유	瑜	아름다운 옥	14	金	◉
	瑈	옥 이름	14	金	◉
	誘	꾈, 유혹할	14	金	×
	窬	작은 문	14	水	×
	瘐	병나을, 심할	14	水	×
	瘉	근심할 앓을	14	水	×
	需	구할 (수)	14	水	⊠
	牖	창, 인도할	15	木	△
	蕕	풀 이름	15	木	△
	糅	섞을, 비빔밥	15	木	×
	褕	고울	15	木	○
	窳	비뚤, 약해질	15	水	×
	腴	아랫배 살찔	15	水	×
	蝤	굼벵이 (추)	15	水	⊠
	儒	선비, 유학	16	火	○
	遊	놀, 여행할	16	土	×
	逾	넘을, 더욱	16	土	△
	踰	넘을, 지나갈	16	土	△
	蹂	밟을, 빠를	16	土	×
	諛	아첨할	16	金	×

음	자	뜻	획	자원	품격
유	諭	깨우칠	16	金	◉
	鍮	놋쇠	17	金	×
	孺	젖먹일, 사모	17	水	×
	鮪	다랑어	17	水	×
	黝	검푸를	17	水	×
	蕤	꽃 드리워질	18	木	×
	蕕	누린내풀	18	木	×
	曘	햇빛	18	火	○
	鞣	다룬 가죽	18	金	×
	濡	젖을, 적시다	18	水	△
	癒	병 나을	18	水	×
	鼬	족제비	18	水	×
	壝	제단, 울타리	19	土	×
	遺	끼칠, 잃을	19	土	×
	讉	성낼	23	金	×
	籲	부를, 외치다	26	火	△
	籲	부를, 부르다	32	木	△
육	肉	고기, 몸	6	水	×
	育	기를, 자라다	10	水	△
	堉	기름진 땅	11	土	○

음	자	뜻	획	자원	품격
육	毓	기를	14	土	○
	儥	팔다, 사다	17	火	×
윤	允	진실로	4	木	○
	尹	성, 다스릴	4	水	○
	昀	햇빛	8	火	○
	玧	옥빛	9	金	◉
	胤	맏아들	11	火	△
	胤	이을, 맏아들	11	水	△
	閏	윤달, 윤년	12	木	×
	阭	높을	12	土	◉
	鈗	병기	12	金	×
	荺	연뿌리, 죽순	13	木	△
	閠	윤달 들다	13	木	×
	奫	물 깊고넓음	15	木	△
	䦙	윤달	15	木	×
	鋆	금	15	金	○
	橍	나무 이름	16	木	○
	潤	젖을, 윤택할	16	水	○
	贇	예쁠 (빈)	19	金	☒
율	聿	붓, 스스로	6	火	○

음	자	뜻	획	자원	품격
율	汩	흐를 (골)	8	水	⊠
	矞	송곳질 할	12	金	×
	颭	큰바람	13	木	△
	建	걷는 모양	13	土	△
	燏	빛날, 불빛	16	火	◉
	歟	빨리 날	16	火	△
	潏	샘 솟을 (휼)	16	水	⊠
융	戎	오랑캐, 병기	6	金	×
	狨	원숭이 이름	10	土	×
	絨	가는 베	12	木	△
	融	화할, 화락할	16	水	△
	瀜	물 깊고넓을	20	水	△
은	圻	경계 (기)	7	土	⊠
	听	웃는 모양	7	水	△
	垠	언덕, 벼랑	9	土	×
	恩	은혜, 사랑할	10	火	○
	垽	앙금, 찌꺼기	10	土	×
	殷	성할, 많다	10	金	⊠
	訔	논쟁할	10	金	×
	圁	물 이름	10	水	×

음	자	뜻	획	자원	품격
은	泿	물가	10	水	△
	狺	으르렁거릴	11	土	×
	珢	옥돌	11	金	◉
	訢	기뻐할 (흔)	11	金	⊠
	慇	괴로워할	14	火	×
	銀	은, 화폐	14	金	⊠
	溵	강 이름	14	水	○
	誾	온화할	15	金	◉
	蒑	풀빛 푸른	16	木	△
	蒽	풀 이름	16	木	△
	億	기댈 (온)	16	火	⊠
	憖	억지로	16	火	×
	檃	바로잡을	17	木	○
	嶾	산 높을	17	土	×
	檃	대 마루	18	木	△
	鄞	땅이름	18	土	○
	圁	어리석을	18	水	×
	濦	강 이름	18	水	○
	檼	즐거울	19	木	○
	齗	잇몸	19	金	×

음	자	뜻	획	자원	품격
은	隱	숨길, 숨을	22	土	×
	癮	두드러기	22	水	×
	蘟	은총	23	木	○
을	乙	새, 둘째	1	木	☒
	圪	흙더미	6	土	△
	鳦	제비	12	火	×
음	吟	읊을, 노래	7	水	×
	音	소리, 음악	7	金	△
	崟	험준할	11	土	×
	喑	언어장애(암)	12	水	☒
	淫	음란할	12	水	×
	愔	화평할	13	火	◉
	飮	마실, 음료	13	水	×
	蔭	덮을, 그늘	14	木	×
	陰	응달, 습기	16	土	×
	蔭	그늘, 풀그늘	17	木	×
	霪	장마	19	水	×
	馨	소리 화할	20	金	×
읍	邑	고을, 마을	7	土	×
	泣	울, 근심	9	水	×

음	자	뜻	획	자원	품격
읍	挹	뜰, 당길	11	木	△
	悒	근심할	11	火	×
	浥	젖을, 축축할	11	水	×
	揖	읍, 사퇴할	13	木	×
응	凝	엉길, 춥다	16	水	×
	應	응할	17	火	○
	膺	가슴, 받을	19	水	×
	曘	물끄러미 볼	22	木	×
	鷹	송골매	24	火	×
의	衣	옷, 가리개	6	木	×
	矣	어조사	7	金	△
	宜	마땅할	8	木	◉
	依	의지할, 돕다	8	火	△
	娬	여자이름	9	土	○
	倚	의지할	10	火	×
	椅	걸상	12	木	×
	欹	아, 감탄사	12	火	△
	猗	아름다울	12	土	△
	澂	눈 서리	12	水	×
	意	뜻, 풍경	13	火	○

음	자	뜻	획	자원	품격
의	義	옳을, 평평할	13	土	凶
	疑	의심할	14	土	×
	儀	거동, 예의	15	火	○
	毅	굳셀, 과감할	15	金	○
	誼	옳을, 의논할	15	金	○
	漪	물놀이, 물가	15	水	×
	㠛	의심할	16	火	×
	劓	코벨, 쪼갤	16	金	×
	螘	개미, 말개미	16	水	×
	嶷	숙성할 (억)	17	土	凶
	擬	헤아릴, 모방	18	木	×
	礒	돌 모양	18	金	×
	醫	의원, 치료할	18	金	×
	艤	배 댈	19	木	×
	薏	율무 (억)	19	木	凶
	蟻	개미, 흑색	19	水	×
	議	의논할	20	金	△
	饐	쉴, 쉬다	21	水	×
	懿	아름다울	22	火	◉
이	二	두, 두번	2	木	凶

음	자	뜻	획	자원	품격
이	已	이미, 그치다	3	土	×
	以	써, 부터	5	火	△
	尔	너	5	水	×
	夷	평평할	6	木	△
	伊	저, 어조사	6	火	凶
	弛	늦출, 제거할	6	火	×
	吏	벼슬아치(리)	6	水	×
	而	말 이을	6	水	○
	杝	피나무 (치)	7	木	凶
	佴	버금, 도움	8	火	△
	易	바꿀 (역)	8	火	凶
	隶	미치다 (대)	8	水	凶
	怡	기쁠	9	火	○
	圯	넓을	9	土	◉
	姨	이모	9	土	×
	姌	여자이름	9	土	○
	咿	선웃음	9	水	×
	栮	목이버섯	10	木	×
	訑	자랑할	10	金	△
	洟	콧물, 눈물	10	水	×

음	자	뜻	획	자원	품격
이	移	옮길, 양보할	11	木	×
	苡	질경이	11	木	△
	異	의심할 (리)	11	土	☒
	珥	귀고리	11	金	×
	痍	상처, 베다	11	水	×
	荑	베다 (제)	12	木	☒
	媐	기쁠	12	土	○
	羨	넓을	12	土	◉
	迤	비스듬할	12	土	×
	貳	두, 두 마음	12	金	×
	貽	끼칠, 증언할	12	金	△
	胹	힘줄이 질길	12	水	×
	肄	익힐, 노력할	13	火	○
	廙	공경할	14	木	◉
	爾	너, 그	14	火	×
	飴	엿, 먹이다	14	水	×
	頤	턱, 봉양할	15	火	×
	彛	떳떳할	16	火	○
	鴯	제비	17	火	×
	彝	떳떳할	18	火	○

음	자	뜻	획	자원	품격
이	邇	가까울	21	土	△
익	弋	주살, 사냥할	3	金	×
	益	더할, 유익할	10	金	◉
	翊	도울, 다음날	11	火	△
	翌	다음날, 도울	11	火	△
	熤	사람 이름	15	火	○
	翼	날개, 돕다	17	火	○
	謚	웃을 (시)	17	金	☒
	鷁	새 이름, 배	21	火	×
	瀷	강 이름	21	水	○
인	儿	사람	2	木	△
	人	사람, 인간	2	火	×
	刃	칼날	3	金	×
	仁	어질, 착할	4	火	☒
	引	끌, 인도할	4	火	◉
	牣	길, 재다	5	火	×
	印	도장, 찍을	6	木	×
	忎	사랑할	6	火	○
	因	인할, 연유	6	水	×
	忍	참을, 용서할	7	火	△

음	자	뜻	획	자원	품격
인	忞	어질	7	火	◉
	牣	찰, 충만할	7	土	◉
	沏	끈적거릴	7	水	×
	姻	혼인, 시집	9	土	×
	咽	목구멍 (열)	9	水	⊠
	茵	씨, 풀 이름	10	木	△
	氤	기운 성할	10	水	◉
	洇	잠길, 막힐	10	水	×
	蚓	지렁이	10	水	⊠
	寅	범, 셋째	11	木	⊠
	秵	벼꽃	11	木	△
	絪	기운	12	木	○
	裀	요, 침구	12	木	×
	茵	자리, 풀이름	12	木	△
	堙	막을, 묻을	12	土	×
	婣	혼인, 시집	12	土	×
	靭	질길	12	金	×
	靱	질길	12	金	×
	靭	가슴걸이	13	金	×
	湮	잠길, 막힐	13	水	×

음	자	뜻	획	자원	품격
인	禋	제사 지낼	14	木	×
	鞄	작은 북소리	14	火	×
	認	알, 승인할	14	金	○
	夤	조심할, 연줄	14	水	△
	戭	창, 긴 창	15	金	×
	璌	뜰, 마당	16	金	△
	諲	공경할	16	金	◉
	瀷	물줄기	18	水	△
일	一	한, 처음	1	木	⊠
	日	날, 태양	4	火	⊠
	佚	편안할, 실수	7	火	△
	劮	기쁠, 방탕할	7	土	×
	佾	춤	8	火	△
	泆	끊다, 넘치다	9	水	×
	壹	한, 오로지	12	木	×
	軼	앞지를 (철)	12	火	⊠
	馹	역마	14	火	×
	溢	넘칠, 교만할	14	水	×
	逸	달아날, 숨을	15	土	×
	鎰	중량, 단위	18	金	×

음	자	뜻	획	자원	품격
임	壬	아홉째 천간	4	水	☒
	任	맡길, 재능	6	火	☒
	妊	아이 밸	7	土	×
	姙	임신할	9	土	×
	衽	옷깃, 여밀	10	木	×
	恁	생각할, 당신	10	火	△
	誑	생각할	11	金	△
	荏	들깨, 누에콩	12	木	△
	絍	짤	12	木	×
	稔	곡식 익을	13	木	○
	誑	믿을	13	金	◉
	賃	품팔이, 고용	13	金	×
	飪	익힐, 삶을	13	水	×
	銋	젖을	14	金	×
입	入	들, 수입	2	木	△
	卄	스물	3	水	×
	廿	스물	4	木	×
잉	仍	인할, 거듭할	4	火	△
	孕	임신할, 품을	5	水	☒
	芿	새 풀싹	10	木	△

음	자	뜻	획	자원	품격
잉	剩	남을	12	金	○
	媵	보낼, 전송할	13	土	×
자	子	아들, 자식	3	水	☒
	仔	자세할, 새끼	5	火	△
	字	글자	6	木	○
	自	스스로, 몸소	6	木	○
	孖	쌍둥이	6	水	×
	孜	힘쓸	7	水	◉
	秄	북돋을	8	木	◉
	炙	구울 (적)	8	火	☒
	姉	손 윗누이	8	土	×
	姊	손 윗누이	8	土	×
	刺	찌를 (척)	8	金	☒
	呰	구차할, 약할	8	水	×
	柘	산 뽕나무	9	木	△
	耔	북돋을	9	木	◉
	姿	맵시, 모양	9	土	○
	咨	물을 탄식할	9	水	×
	泚	맑을 (차)	9	水	☒
	虸	며루	9	水	×

음	자	뜻	획	자원	품격
자	眦	눈초리 (제)	10	木	⊠
	眥	흘길 (제)	10	木	⊠
	恣	방자할	10	火	×
	玆	이, 검다	10	火	×
	牸	암소	10	土	×
	疵	흠, 병	10	水	×
	紫	자줏빛	11	木	△
	茈	패랭이꽃	11	木	△
	瓷	사기그릇	11	土	×
	者	놈, 사람	11	土	×
	茲	무성할	12	木	○
	茨	가시나무	12	木	×
	粢	기장, 곡식	12	木	△
	觜	털 뿔	12	木	×
	訾	헐뜯을	12	金	×
	貲	재물	12	金	△
	胾	고깃집	12	水	×
	慈	사랑, 어머니	13	火	×
	煮	삶을, 익힐	13	火	×
	雌	암컷, 쇠약할	13	火	×

음	자	뜻	획	자원	품격
자	資	재물, 자본	13	金	△
	孶	부지런할	13	水	◉
	滋	더울, 번성할	13	水	△
	茦	풀 가시	14	木	×
	磁	자석	14	金	×
	髭	코 밑 수염	15	火	×
	赭	붉은 흙	16	火	△
	諮	물을, 자문할	16	金	×
	鮓	젓갈	16	水	×
	蔗	사탕수수	17	木	△
	頿	코 밑 수염	17	火	×
	嬨	여자의 성품	17	土	△
	鎡	호미, 괭이	18	金	×
	藉	깔개, 까다	20	木	×
	鷀	가마우지	21	火	×
	鷓	자고자 새	22	火	×
작	勺	구기, 술기구	3	金	×
	作	지을, 일어날	7	火	○
	灼	사를, 밝다	7	火	○
	犳	아롱 짐승	7	土	×

음	자	뜻	획	자원	품격
	汋	삶을, 물소리	7	水	×
	岝	산 높을	8	土	△
	柞	떡갈나무	9	木	△
	芍	함박꽃	9	木	△
	怍	부끄러워할	9	火	×
	昨	어제, 앞서	9	火	×
	炸	터질, 폭발할	9	火	×
	斫	벨, 무지할	9	金	×
	酌	따를, 취하다	10	金	×
작	雀	참새	11	火	⊠
	焯	밝을, 빛나다	12	火	◉
	鳥	까치 (석)	12	土	⊠
	斮	쪼갤, 베어낼	13	金	×
	碏	삼갈, 공경할	13	金	△
	綽	너그러울	14	木	○
	爵	잔, 술잔	18	金	×
	鵲	까치	19	火	×
	嚼	씹을, 맛볼	21	水	×
잔	剗	깎을, 베다	10	金	×
	棧	잔도, 다리	12	木	×

음	자	뜻	획	자원	품격
	孱	잔약할	12	水	×
	殘	해칠, 멸망할	12	水	×
잔	盞	술잔, 등잔	13	金	×
	潺	물소리	16	水	△
	驏	안장없는 말	22	火	×
	岑	봉우리, 높다	7	土	△
	涔	괸 물, 큰물	11	水	×
	箴	바늘, 경계	15	木	×
	暫	잠시, 별안간	15	火	×
잠	潛	자맥질할	16	水	×
	潜	자맥질할	16	水	×
	簪	비녀, 신속할	18	木	△
	蠶	누에	24	水	×
	卡	관, 기침할	5	火	×
	眨	애꾸눈 (자)	10	木	⊠
	磼	산 높을	17	金	×
잡	襍	섞일	18	木	×
	雜	섞일, 흩어질	18	火	×
	囃	장단 잡을	21	水	×
장	丈	어른	3	木	×

음	자	뜻	획	자원	품격
	仗	무기, 호위	5	火	×
	庄	농막, 평평할	6	木	△
	匠	장인, 기술자	6	土	○
	壯	씩씩할, 굳셀	7	木	△
	杖	지팡이, 잡다	7	木	×
	妝	꾸밀, 화장	7	土	△
	長	길, 얼른	8	木	⊠
	狀	형상 (상)	8	土	⊠
	戕	죽일, 손상할	8	金	×
장	奘	클, 튼튼할	10	木	◉
	牂	암양	10	木	×
	胖	숫양	10	土	×
	帳	휘장, 군막	11	木	×
	將	지킬, 장수	11	土	△
	張	베풀, 크게할	11	火	○
	章	글, 문장	11	金	○
	掌	손바닥, 솜씨	12	木	×
	粧	단장할	12	木	○
	場	마당, 장소	12	土	×
	莊	풀 성할	13	木	△

음	자	뜻	획	자원	품격
	裝	꾸밀, 수식할	13	木	△
	偉	놀랄, 두려울	13	火	×
	奬	권면할, 돕다	14	木	○
	萇	나무 이름	14	木	△
	臧	착할, 두텁다	14	火	○
	嶂	높고 가파른	14	土	×
	樟	녹나무	15	木	△
	葬	장사지낼	15	木	×
	暲	해 돋아올	15	火	◉
장	獐	노루	15	土	×
	奬	권면할, 돕다	15	土	△
	漿	미음, 음료	15	水	×
	漳	강 이름	15	水	○
	腸	창자, 충심	15	水	×
	廧	담, 오랑캐	16	木	×
	墻	담, 경계	16	土	×
	嬙	궁녀	16	土	×
	璋	반쪽 홀	16	金	×
	瘴	장기, 풍토병	16	水	×
	檣	돛대	17	木	×

음	자	뜻	획	자원	품격
장	牆	담장, 경계	17	木	×
	蔣	줄, 격려할	17	木	○
	糚	꾸밀, 화장	17	木	△
	餦	산자, 유과	17	水	×
	鄣	나라 이름	18	土	○
	醬	된장, 젓갈	18	金	×
	薔	장미 (색)	19	木	☒
	障	가로막을	19	土	×
	鏘	금 옥소리	19	金	○
	藏	감출, 저장할	20	木	×
	贓	장물, 감출	21	金	×
	欌	장롱, 의장	22	木	×
	麞	노루	22	土	×
	臟	오장, 내장	24	水	×
재	才	재주, 근본	4	木	△
	再	둘, 재차	6	土	×
	在	있을, 보다	6	土	☒
	材	재목, 바탕	7	木	○
	扗	있을	7	木	○
	災	재앙, 화재	7	火	☒

음	자	뜻	획	자원	품격
재	灾	재앙, 화재	7	火	×
	哉	어조사, 처음	9	水	○
	粂	재계할	9	水	○
	宰	재상, 주관할	10	木	☒
	栽	심을, 묘목	10	木	☒
	財	재물, 처리할	10	金	☒
	梓	가래나무	11	木	○
	捚	손바닥 받을	11	木	×
	裁	마를, 헝겊	12	木	☒
	載	실을, 싣다	13	火	☒
	溨	맑을	13	水	◉
	榟	가래나무	14	木	○
	溮	물 이름	14	水	○
	滓	찌끼, 앙금	14	水	×
	縡	일	16	木	○
	賌	재물, 재화	16	金	△
	齋	집, 상복(자)	17	土	☒
	齎	가져올, 주다	21	土	△
	纔	겨우, 방금	23	木	×
쟁	爭	다툴, 소송할	8	火	×

음	자	뜻	획	자원	품격
쟁	峥	가파를	11	金	×
	猙	개털	12	土	×
	琤	옥 소리	13	金	○
	箏	악기, 풍경	14	木	△
	諍	간할, 다투다	15	金	×
	錚	쇳소리, 징	16	金	×
	鎗	종소리, 솥	18	金	×
저	宁	쌓을, 저장할	5	木	○
	氐	근본, 근심할	5	火	×
	低	밑, 속, 안	7	火	×
	佇	우두커니	7	火	×
	底	밑, 바닥	8	木	×
	杵	절굿공이	8	木	×
	杼	북, 얇다	8	木	×
	姐	누이, 교만할	8	土	×
	岨	돌산, 험할	8	土	×
	咀	씹을, 맛볼	8	水	×
	柢	뿌리, 기초	9	木	◉
	抵	근본, 막을	9	木	△
	牴	닿을, 만날	9	土	○

음	자	뜻	획	자원	품격
저	狙	원숭이, 교활	9	土	☒
	沮	막을, 방해할	9	水	×
	疽	등창, 종기	10	水	×
	苧	모시	11	木	○
	苴	신 바닥 창	11	木	×
	紵	모시 베	11	木	○
	袛	속적삼	11	木	×
	罝	짐승 그물	11	木	×
	羝	숫양 저	11	土	×
	蛆	구더기, 지네	11	水	☒
	觝	이를, 도달할	12	木	○
	邸	집, 묵을	12	土	×
	詛	저주할, 맹세	12	金	×
	詆	꾸짖을, 욕할	12	金	×
	貯	쌓을, 저축할	12	金	◉
	楮	닥나무, 지폐	13	木	△
	雎	물수리, 새	13	火	×
	猪	돼지	13	土	☒
	渚	물가, 모래섬	13	水	×
	菹	김치, 절임	14	木	×

음	자	뜻	획	자원	품격
저	這	이, 맞다	14	土	○
	樗	가죽나무	15	木	△
	著	분명할, 저술	15	木	○
	褚	솜옷	15	木	×
	箸	젓가락, 대통	15	木	×
	瀦	웅덩이	16	金	×
	陼	삼각주, 물가	17	土	×
	儲	쌓을, 태자	18	火	○
	躇	머뭇거릴	20	土	×
	齟	어긋날	20	金	×
	潴	웅덩이	20	水	×
	藷	사탕수수	22	木	△
적	吊	조상할, 문안	6	水	×
	赤	붉을	7	火	△
	炙	굽다 (자)	8	火	☒
	的	과녁, 표준	8	金	×
	狄	오랑캐	8	土	☒
	寂	고요할, 평온	11	木	○
	笛	피리	11	木	×
	迪	나아갈, 이끌	12	土	◉

음	자	뜻	획	자원	품격
적	荻	물억새	13	木	×
	馰	사나운 말	13	火	×
	勣	공적, 업적	13	土	○
	跡	발자취, 흔적	13	土	×
	迹	자취, 행적	13	土	×
	賊	도둑, 해칠	13	金	×
	菂	연밥, 연실	14	木	×
	翟	꿩	14	火	×
	嫡	정실, 본처	14	土	×
	逖	멀, 아득할	14	土	×
	摘	따다, 연주할	15	木	△
	樀	처마	15	木	×
	敵	원수, 상대방	15	金	×
	滴	물방울	15	水	△
	積	쌓을, 저축할	16	木	◉
	磧	삼각주, 여울	16	金	×
	績	잇다, 길쌈	17	木	○
	適	갈, 도달할	18	土	○
	蹟	자취, 좇다	18	土	×
	謫	귀양, 유배될	18	金	×

음	자	뜻	획	자원	품격	음	자	뜻	획	자원	품격
적	鏑	살촉	19	金	×	전	剪	자를, 가위	11	金	×
	籍	서적, 문서	20	木	○		痊	병 나을	11	水	×
	糴	쌀 사들일	22	木	×		奠	제사 지낼	12	木	×
	覿	볼, 만날	22	火	○		牋	장계, 문서	12	木	×
전	田	밭	5	土	×		筌	통발, 올가미	12	木	×
	全	온전할	6	木	○		荃	겨자 무침	12	木	×
	佃	밭갈, 소작인	7	火	×		飦	죽	12	水	×
	甸	경기, 교외	7	土	×		揃	자를, 나눌	13	木	×
	佺	신선 이름	8	火	○		傳	전할, 보낼	13	火	○
	典	법, 규정	8	金	○		煎	달일, 애태울	13	火	×
	屇	구멍	8	水	×		輇	상여 차	13	火	×
	畋	밭갈, 사냥할	9	土	×		雋	영특할 (준)	13	火	☒
	畑	화전	9	土	×		塡	메울, 궁곤할	13	土	×
	前	앞, 전진할	9	金	☒		殿	큰집, 궁궐	13	金	△
	栓	나무못	10	木	×		琠	귀막이	13	金	×
	栴	단향목	10	木	○		詮	설명할, 도리	13	金	○
	旃	휘장, 모직물	10	土	×		鈿	비녀, 금장식	13	金	△
	展	펼, 베풀	10	水	◉		湔	씻을, 빨다	13	水	×
	悛	고칠, 깨달을	11	火	△		電	번개, 전기	13	水	×
	專	오로지	11	土	△		箋	글을 쓴 것	14	木	△

음	자	뜻	획	자원	품격
전	塼	벽돌, 둥글다	14	土	△
	嫥	아름답다	14	土	◉
	戩	멸망시킬	14	金	×
	銓	저울, 대패	14	金	×
	腞	두터울	14	水	◉
	廛	가게, 집터	15	木	×
	箭	화살, 화살대	15	木	×
	篆	전자, 도장	15	木	△
	翦	자를, 가위	15	火	×
	鋑	새길	15	金	×
	靛	청대	16	木	△
	甎	벽돌	16	土	×
	戰	싸울, 전쟁	16	金	×
	磚	벽돌	16	金	×
	錢	돈, 거래	16	金	⊠
	鋋	쇠, 솥	16	金	×
	氈	모전, 양탄자	17	火	×
	輾	구를, 반전할	17	火	×
	澶	멀, (단)	17	水	⊠
	澱	앙금, 찌끼	17	水	×

음	자	뜻	획	자원	품격
전	膞	저민 고기	17	水	×
	餞	전별할, 송별	17	水	×
	轉	구를, 회전할	18	火	×
	顓	전단할, 착할	18	火	×
	癜	피부병	18	水	×
	饘	죽	18	水	×
	顚	이마, 정수리	19	火	×
	鬋	살짝 늘어진	19	火	×
	羶	누린내	19	土	×
	邅	머뭇거릴	20	土	×
	纏	얽힐, 묶을	21	木	×
	鐫	새길, 끌	21	金	○
	囀	지저귈	21	水	×
	籛	성, 언치	22	木	×
	顫	떨릴	22	火	×
	巓	산꼭대기	22	土	×
	躔	궤도, 돌다	22	土	×
	廛	가게	22	土	×
	鸇	새매	24	火	×
	癲	미칠, 지랄병	24	水	×

음	자	뜻	획	자원	품격
전	鱣	철갑상어	24	水	×
절	切	끊을 (체)	4	金	⊠
	岊	산굽이	7	土	×
	折	꺾을, 쪼갤	8	木	×
	哲	밝을, 총명할	11	火	◉
	浙	강 이름	11	水	○
	絶	끊을, 없앨	12	木	×
	截	끊을, 다스릴	14	金	×
	節	마디, 절개	15	木	×
	癤	부스럼	20	水	×
	竊	훔칠, 도둑	22	水	×
점	占	차지할, 지킬	5	火	⊠
	佔	볼, 엿보다	7	火	×
	奌	점찍을	8	木	×
	店	가게, 여관	8	木	×
	岾	고개 (재)	8	土	⊠
	点	점	9	火	⊠
	玷	이지러질	10	金	×
	粘	끈끈할	11	木	×
	笘	회초리, 대쪽	11	木	×

음	자	뜻	획	자원	품격
점	苫	이엉, 거적	11	木	×
	蛄	쇄기	11	水	×
	覘	엿볼 (첨)	12	火	⊠
	颭	물결이 일다	14	木	△
	墊	빠질, 파다	14	土	×
	漸	점점, 차차	15	水	×
	霑	젖을, 잠길	16	水	×
	鮎	메기	16	水	×
	蔪	쌀, 싸다	17	木	△
	黏	찰질, 붙을	17	木	△
	點	점, 점검할	17	水	⊠
	簟	삿자리, 멍석	18	木	×
접	接	사귈, 교차할	12	木	×
	椄	접붙일, 형틀	12	木	×
	跕	밟을, 서행할	12	土	×
	楪	평상, 살평상	13	木	△
	蜨	나비	14	水	×
	摺	접을, 주름	15	木	×
	蝶	나비	15	水	×
	蹀	밟을, 뛰다	16	土	×

음	자	뜻	획	자원	품격
접	鰈	가자미, 넙치	20	水	×
정	丁	성할, 넷째	2	木	区
	井	우물	4	木	×
	正	바를	5	土	×
	叮	정성스러울	5	水	○
	杕	칠, 두드릴	6	木	×
	灯	열화, 등불	6	火	△
	汀	물가, 모래섬	6	水	×
	廷	조정, 공정할	7	木	◉
	佂	황급할	7	火	×
	姃	얌전할	7	土	△
	町	밭두둑, 경계	7	土	×
	玎	옥소리	7	金	○
	呈	드릴, 받칠	7	水	○
	疔	정, 헌데	7	水	×
	定	정할, 반드시	8	木	○
	征	질, 취하다	8	火	×
	姃	단정할	8	土	◉
	政	정사, 법규	8	金	△
	柾	나무 바를	9	木	△

음	자	뜻	획	자원	품격
정	亭	정자, 역참	9	火	×
	侹	긴 모양	9	火	○
	怔	두려워할	9	火	×
	炡	빛날	9	火	◉
	訂	바로 잡을	9	金	○
	貞	곧을, 인정할	9	金	区
	酊	술 취할	9	金	×
	穽	함정	9	水	×
	庭	뜰, 집안	10	木	×
	眐	바라볼	10	木	×
	釘	못, 못 박을	10	金	×
	挺	뺄, 이탈할	11	木	×
	桯	탁자, 기둥	11	木	×
	梃	몽둥이, 곤장	11	木	×
	彭	꾸밀, 청정할	11	木	○
	停	머무를	11	火	○
	偵	정탐할, 탐문	11	火	×
	頂	정수리, 머리	11	火	×
	埩	밭을 갈다	11	土	×
	婧	날씬할	11	土	△

음	자	뜻	획	자원	품격
정	旌	기, 나타날	11	土	○
	涏	곧을	11	水	○
	胜	비린내 (성)	11	水	☒
	幀	그림 족자	12	木	×
	掟	둘러칠	12	木	×
	根	문설주, 닿을	12	木	×
	程	단위, 법도	12	木	◉
	情	뜻, 본성	12	火	○
	晶	밝을, 투명할	12	火	☒
	晸	일출 모양	12	火	◉
	婷	예쁠	12	金	◉
	珵	옥 이름	12	金	◉
	珽	옥홀, 옥이름	12	金	◉
	証	증거 (증)	12	金	☒
	淨	깨끗할, 맑을	12	水	◉
	淀	얕은 물 (전)	12	水	☒
	楨	광나무, 근본	13	木	○
	睛	눈동자	13	木	×
	筳	꾸리 대	13	木	△
	艇	거룻배	13	木	×

음	자	뜻	획	자원	품격
정	莛	줄기, 대들보	13	木	○
	綎	띠 술, 끈	13	木	×
	靖	편안할	13	木	◎
	鼎	솥	13	火	×
	碇	닻, 배 멈출	13	金	×
	鉦	징	13	金	×
	湞	물 괼, 물가	13	水	×
	湞	물 이름	13	水	○
	禎	상서, 행복	14	木	○
	精	정미, 자세할	14	木	○
	靘	검푸른 빛	14	木	×
	静	조용할	14	木	○
	酲	숙취, 술병	14	金	×
	靚	단장할	15	木	○
	鋌	쇳덩이, 판금	15	金	×
	鋥	칼날 세울	15	金	×
	霆	천둥소리	15	水	×
	靜	고요할, 맑다	16	木	◉
	頲	곧을, 바르다	16	火	◉
	遉	엿볼, 정탐할	16	土	×

음	자	뜻	획	자원	품격
정	整	가지런할	16	金	○
	諪	조정할	16	金	△
	錠	촛대, 재기	16	金	×
	檉	위성류	17	木	△
	鄭	나라 이름	19	土	△
	瀞	맑을	20	水	◉
제	弟	아우	7	火	×
	制	마를, 만들다	8	金	○
	帝	임금, 하느님	9	木	×
	姼	예쁠	9	土	◉
	娣	여동생	10	土	×
	梯	사다리, 층계	11	木	×
	祭	제사	11	木	×
	第	차례, 시험	11	木	△
	俤	준걸	11	火	○
	悌	공경할	11	火	◉
	晢	밝을 (절)	11	火	⊠
	睇	흘끗보다	12	木	×
	稊	돌피, 싹	12	木	×
	堤	제방 (시)	12	土	⊠

음	자	뜻	획	자원	품격
제	媞	예쁠 (시)	12	土	⊠
	猘	미친개	12	土	×
	啼	울부짖을	12	水	×
	済	건널	12	水	△
	提	끌, 휴대할	13	木	△
	禔	행복 (지)	14	木	⊠
	製	지을, 시문	14	木	△
	齊	가지런할	14	土	○
	瑅	제당, 옥이름	14	金	○
	緹	붉은 비단	15	木	○
	除	섬돌, 도로	15	土	×
	儕	동배, 무리	16	火	×
	踶	발로 차다	16	土	×
	蹄	굽, 올무	16	土	×
	劑	조절할 (자)	16	金	⊠
	諸	모든, 여러	16	金	○
	醍	맑은 술	16	金	×
	蹏	굽, 올가미	17	土	×
	隄	둑, 언덕	17	土	×
	鍗	큰 가마	17	金	×

음	자	뜻	획	자원	품격
제	擠	밀칠, 배척할	18	木	×
	題	표제, 이마	18	火	△
	濟	건널, 구제할	18	水	△
	虀	회	19	木	×
	際	사이, 만날	19	土	○
	薺	냉이	20	木	△
	臍	볼록할, 배꼽	20	水	×
	鱭	메기	20	水	×
	躋	오를	21	土	△
	霽	갤, 쾌청할	22	水	○
조	刁	바라	2	金	△
	弔	조상, 문안할	4	火	×
	爪	손톱, 깍지	4	金	×
	兆	조짐, 단위	6	木	☒
	早	새벽, 일찍	6	火	○
	助	도울, 구조	7	土	○
	皂	하인, 마굿간	7	金	×
	找	채울, 찾을	8	木	○
	枣	대추나무	8	木	△
	佻	방정맞을	8	火	×

음	자	뜻	획	자원	품격
조	徂	갈, 비로소	8	火	△
	俎	도마, 적대	9	火	×
	昭	밝을 (소)	9	火	☒
	殂	죽을	9	水	×
	租	구실, 세금	10	木	×
	笊	조리, 기구	10	木	×
	晁	아침, 조회할	10	火	○
	曺	성	10	火	△
	祚	복, 복 내릴	10	木	△
	祖	조상, 사당	10	木	×
	厝	숫돌 (착)	10	水	☒
	凋	시들, 슬퍼할	10	水	×
	蚤	벼룩, 일찍	10	水	×
	條	나뭇가지	11	木	×
	眺	바라볼, 살필	11	木	△
	粗	거칠	11	木	×
	組	끈, 베를 짤	11	木	△
	彫	새길, 수식할	11	火	○
	曹	마을, 무리	11	火	○
	祧	조묘	11	火	×

음	자	뜻	획	자원	품격	음	자	뜻	획	자원	품격
조	鳥	새, 봉황	11	火	凶	조	造	지을, 세울	14	土	◉
	釣	낚시, 꾀다	11	金	×		銚	냄비 (요)	14	金	凶
	窕	정숙할, 고요	11	水	○		嘈	지껄일	14	水	×
	胙	제 지낸고기	11	水	×		蜩	매미	14	水	×
	措	둘, 섞을	12	木	×		槽	구유, 나무통	15	木	×
	棗	대추나무	12	木	△		調	고를, 적합할	15	金	◉
	絩	비단실, 색실	12	木	△		嘲	비웃을	15	水	×
	詔	고할, 가르칠	12	金	△		漕	실어 나를	15	水	○
	釕	낚시	12	金	×		雕	독수리, 새길	16	火	×
	朝	아침, 처음	12	水	◉		錭	붙지않은 쇠	16	金	×
	稠	빽빽할	13	木	○		噪	떠들썩할	16	水	×
	絛	끈, 납작한끈	13	木	×		潮	조수, 썰물	16	水	×
	傮	마칠	13	火	×		操	잡을	17	木	○
	照	비출, 햇빛	13	火	○		糟	전국, 지게미	17	木	×
	阻	험할, 걱정할	13	土	×		糙	매조미 쌀	17	木	×
	琱	옥 다듬을	13	金	○		艚	거룻배	17	木	×
	誂	꾈, 유혹할	13	金	×		蔦	담쟁이덩굴	17	木	×
	肇	칠, 시작할	14	火	×		懆	근심할	17	火	×
	趙	나라, 성	14	火	△		燥	마를, 말리다	17	火	×
	嶆	깊을	14	土	×		趮	날씬할, 춤출	17	土	△

음	자	뜻	획	자원	품격
조	澡	씻을, 헹굴	17	水	△
	遭	만날, 상봉할	18	土	○
	鼄	바다거북	18	土	×
	璪	면류관	18	金	○
	繰	야청빛 (소)	19	木	⊠
	鵰	수리, 독수리	19	火	×
	臊	누릴, 누린내	19	水	×
	鯛	도미	19	水	×
	躁	성급할	20	土	×
	譟	시끄러울	20	金	×
	竈	부엌, 조왕신	21	水	×
	藻	바닷말, 무늬	22	木	△
	糶	쌀 내어 팔	25	木	×
족	足	발, 근본	7	土	⊠
	族	겨레, 무리	11	土	×
	瘯	피부병, 옴	16	水	×
	簇	조릿대	17	木	△
	鏃	화살 (촉)	19	金	⊠
존	存	있을, 보전할	6	水	◉
	拵	꽂을, 짓다	10	木	△

음	자	뜻	획	자원	품격
존	尊	높을, 공경할	12	土	◉
졸	卒	군사, 집단	8	水	×
	拙	졸할, 옹졸할	9	木	×
	猝	갑자기, 빨리	12	土	×
종	伀	두려워할	6	火	×
	宗	마루, 사당	8	木	⊠
	柊	나무 이름	9	木	○
	倧	상고 신인	10	火	×
	終	끝날, 종말	11	木	×
	從	좇을, 순직할	11	火	×
	棕	종려나무	12	木	△
	悰	즐길, 마음	12	火	○
	淙	물소리	12	水	○
	椶	종려나무	13	木	△
	琮	서옥 이름	13	金	◉
	種	씨, 종류	14	木	○
	綜	잉아, 모을	14	木	◉
	瘇	다리가 붓다	14	水	×
	樅	전나무	15	木	△
	憽	생각할	15	火	△

음	자	뜻	획	자원	품격
종	慫	권할, 놀라다	15	火	×
	踪	발자취, 자취	15	土	△
	腫	부스럼, 부증	15	水	×
	踵	발꿈치, 계승	16	土	×
	瑽	패 옥소리	16	金	△
	縱	늘어질, 놓을	17	木	×
	鍾	종, 쇠 북	17	金	△
	螽	누리, 베짱이	17	水	×
	蹤	자취, 지휘할	18	土	×
	鐘	종, 쇠 북	20	金	△
좌	左	왼, 그르다	5	火	×
	佐	도울, 권할	7	火	◉
	坐	앉을	7	土	×
	剉	꺾을, 쪼갤	9	金	×
	座	자리, 부처	10	木	△
	挫	꺾을, 결박할	11	木	×
	痤	뾰루지, 옴	12	水	×
	莝	여물, 꼴을벨	13	木	×
	髽	상중에 머리	17	火	×
죄	罪	허물, 형벌	14	木	×

음	자	뜻	획	자원	품격
주	主	주인, 임금	5	木	×
	丢	잃어버릴	6	木	×
	朱	붉을, 적토	6	木	○
	舟	배, 실을	6	木	×
	州	고을, 마을	6	水	○
	住	살, 거처할	7	火	×
	走	달릴, 도망칠	7	火	×
	宙	집, 하늘	8	木	△
	侏	난쟁이, 광대	8	火	×
	侜	속일	8	火	×
	姝	예쁠	8	土	◉
	呪	빌다, 저주할	8	水	×
	周	두루, 골고루	8	水	○
	奏	아뢸, 상소	9	木	○
	拄	떠받칠, 버틸	9	木	○
	柱	기둥, 줄기	9	木	☒
	紂	밀치 끈	9	木	×
	炷	등잔의 심지	9	火	○
	姝	예쁠, 연약할	9	土	○
	注	물 댈, 붓다	9	水	◉

음	자	뜻	획	자원	품격
	株	그루, 뿌리	10	木	○
	酎	진한 술	10	金	×
	洲	섬, 대륙	10	水	△
	酒	술, 잔치	10	金	×
	冑	투구	11	水	×
	紬	명주, 실뽑을	11	木	×
	紸	댈, 붙일	11	木	×
	做	지을	11	火	○
	晝	낮	11	火	○
주	珘	구슬	11	金	○
	珠	구슬, 진주	11	金	⊠
	硃	붉은 물감	11	金	×
	胕	창자 (주)	11	金	⊠
	蛀	나무 좀	11	水	×
	椆	상앗대, 삿대	12	木	×
	絑	붉을	12	木	△
	晭	밝을	12	火	○
	睭	햇빛	12	火	○
	尌	세울, 하인	12	土	×
	註	주낼, 기록할	12	金	○

음	자	뜻	획	자원	품격
	詋	빌, 저주할	12	金	×
	貼	재물	12	金	△
	蛛	거미	12	水	×
	趎	사람 이름	13	火	○
	輈	끌채, 수레채	13	火	×
	邾	나라 이름	13	土	○
	週	밝을	13	金	◉
	誅	벨, 토벌할	13	金	×
	鉒	쇳돌, 광석	13	金	△
주	湊	모일, 항구	13	水	○
	綢	얽힐 (도)	14	木	⊠
	裯	홑이불 (도)	14	木	⊠
	睭	귀	14	火	×
	逜	닥칠, 굳다	14	土	×
	嗾	부추길 (수)	14	水	⊠
	廚	부엌, 요리인	15	木	×
	駐	머무를, 체류	15	火	×
	週	돌, 회전할	15	土	△
	賙	나누어 주다	15	金	△
	腠	살결	15	水	×

음	자	뜻	획	자원	품격
주	儔	짝, 누구	16	火	×
	輳	모일	16	火	○
	遒	다가설	16	土	○
	澍	단비, 젖다	16	水	△
	霌	운우모양	16	水	×
	霔	장마	16	水	×
	幬	휘장, 덮개	17	木	×
	燽	밝을	18	火	○
	疇	밭두둑, 경계	19	土	×
	鼅	거미	19	土	×
	籌	투호살, 세다	20	木	×
	籒	주문, 읽을	21	木	○
	躊	머뭇거릴	21	土	×
	鑄	쇠 부어만들	22	金	×
죽	竹	대나무, 악기	6	木	☒
	粥	사물의 모양	12	木	×
준	俊	뛰어날	9	火	○
	純	생사 (순)	10	木	☒
	隼	새매, 맹금	10	火	×
	埈	가파를, 험할	10	土	×

음	자	뜻	획	자원	품격
준	峻	높을, 엄할	10	土	○
	准	승인할, 견줄	10	水	○
	晙	밝을, 이르다	11	火	◉
	焌	태울, 불붙을	11	火	×
	埻	과녁	11	土	△
	浚	깊을, 빼앗을	11	水	×
	睃	볼, 흘겨볼	12	木	△
	竣	마칠, 멈출	12	金	×
	畯	농부, 권농관	12	土	△
	皴	주름, 트다	12	金	×
	準	평평할, 같다	12	水	△
	睿	밝을 (예)	12	水	×
	惷	어수선할	13	火	×
	雋	영특할 (전)	13	火	☒
	逡	앞설	13	土	○
	綧	피륙 넓이	14	木	×
	儁	모일, 많다	14	火	◉
	遒	뒷 걸음질	14	土	×
	踆	그칠, 후퇴할	14	土	×
	準	수준기, 법도	14	水	○

음	자	뜻	획	자원	품격
	蓉	큰 (사)	15	木	☒
	儁	뛰어날	15	火	◉
	墫	술통, 기뻐할	15	土	×
	陖	가파를, 험할	15	土	×
	寯	뛰어날	16	木	◉
	撙	누를, 억제할	16	木	×
	樽	술통, 술단지	16	木	×
	餕	제사음식	16	水	×
	儁	똑똑할	17	火	○
준	駿	준마, 뛰어날	17	火	△
	墫	기쁠	17	金	○
	皴	금계	18	火	△
	鐏	술 단지	18	土	×
	濬	깊을, 심오할	18	水	○
	遵	좇을, 복종할	19	土	×
	蹲	웅크릴, 춤출	19	土	×
	鐏	창고 달	20	金	△
	蠢	꿈틀거릴	21	水	×
	鱒	송어	23	水	×
줄	乼	줄	9	木	×

음	자	뜻	획	자원	품격
줄	茁	싹이 트다	11	木	○
	中	가운데, 마음	4	木	☒
	仲	버금, 가운데	6	火	☒
중	重	무거울, 무게	9	土	☒
	眾	무리	11	木	×
	衆	무리	12	水	×
	即	곧, 만약	7	水	×
즉	卽	곧, 가까울	9	水	△
	喞	두근거릴(즐)	12	水	☒
즐	櫛	빗질할, 긁을	19	木	×
	騭	수말, 오를	20	火	×
	汁	즙, 진액	6	水	×
	楫	노 (집)	13	木	☒
즙	葺	덮다 (집)	15	木	☒
	檝	노, 배 젓는	17	木	×
	蕺	삼백초	19	木	×
	拯	건질, 구조할	10	木	×
	烝	김오를, 찌다	10	火	×
증	症	증세, 병	10	水	×
	曾	일찍, 곧	12	火	○

음	자	뜻	획	자원	품격
증	增	불을, 늘리다	15	土	○
	嶒	산 높고험할	15	土	×
	蒸	찔, 무덥다	16	木	×
	憎	미워할, 미움	16	火	×
	甑	시루	17	土	×
	矰	짧은 화살	17	金	×
	繒	비단, 명주	18	木	△
	罾	어망, 통발	18	木	×
	贈	보낼, 선물할	19	金	○
	證	증거, 증명할	19	金	△
지	之	갈, 가다	4	金	×
	支	가를, 지탱할	4	土	○
	止	발, 멈출	4	土	×
	只	다만, 어조사	5	水	×
	旨	맛있을	6	火	○
	劰	굳건할	6	土	◉
	地	땅, 처지	6	土	☒
	至	이를, 도래할	6	土	○
	志	뜻, 본심	7	火	○
	址	터	7	土	○

음	자	뜻	획	자원	품격
지	坁	머무를	7	土	△
	厎	숫돌, 갈다	7	水	×
	吱	가는 소리	7	水	×
	池	못, 도랑	7	水	×
	枝	초목의 가지	8	木	☒
	抵	손바닥, 받을	8	木	×
	怟	믿을	8	火	○
	坻	모래섬, 물가	8	土	×
	知	알, 분별할	8	金	○
	沚	물가	8	水	△
	泜	가지런할	8	水	△
	枳	탱자나무	9	木	×
	祉	복, 행복	9	木	◉
	咫	길이, 단위	9	水	×
	泜	물 이름	9	水	○
	持	가질, 보존할	10	木	○
	指	손가락	10	木	×
	祇	공경할, 마침	10	木	◉
	秖	벼 익을	10	木	△
	紙	종이	10	木	×

음	자	뜻	획	자원	품격
지	芝	버섯 이름	10	木	⊠
	茝	향기 풀뿌리	10	木	△
	舐	핥을, 빨다	10	火	×
	砥	숫돌, 갈다	10	金	×
	洔	작은 섬	10	水	△
	肢	사지, 팔다리	10	水	×
	舣	만날, 합할	11	木	◉
	趾	발, 발가락	11	土	×
	智	슬기, 지혜	12	火	◉
	軹	차축의 양끝	12	火	×
	阯	터, 토대	12	土	△
	痣	검은 사마귀	12	水	×
	脂	기름, 비게	12	水	×
	榰	주춧돌	14	木	○
	搘	버틸, 괴다	14	木	×
	禔	편안할 (제)	14	木	⊠
	馶	굳셀	14	火	○
	誌	기록할, 외다	14	金	○
	蜘	거미	14	水	×
	摯	잡을, 극진할	15	木	△

음	자	뜻	획	자원	품격
지	墀	계단위 공지	15	土	×
	踟	머뭇거릴	15	土	×
	鋕	새길, 명심할	15	金	◉
	漬	담글, 물들일	15	水	△
	篪	대 이름	16	木	△
	鮨	젓갈, 다랑어	17	水	×
	贄	폐백	18	金	×
	遲	늦을, 더딜	19	土	×
	識	알 (식)	19	金	⊠
	鷙	맹금, 매	22	火	×
	躓	넘어질, 실패	22	土	×
직	直	곧을, 고칠	8	木	○
	稙	올벼, 이를	13	木	○
	稷	기장, 오곡신	15	木	△
	禝	사람 이름	15	木	○
	織	짤, 조직할	18	木	△
	職	벼슬, 임무	18	火	○
진	尽	다할	6	水	○
	辰	지지 (신)	7	土	⊠
	杒	바디, 사침대	8	木	△

음	자	뜻	획	자원	품격
진	抮	되돌릴, 붙다	9	木	×
	侲	동자, 착할	9	火	△
	昣	밝을	9	火	◉
	殄	다할, 끊어질	9	水	×
	眞	참, 진실할	10	木	☒
	真	참, 정말로	10	木	○
	秦	벼 이름	10	木	○
	晉	나아갈	10	火	○
	晋	나아갈, 꽂을	10	火	○
	畛	두렁, 논두렁	10	土	×
	珍	보배, 진귀할	10	金	☒
	唇	놀랄	10	水	×
	津	나루터, 언덕	10	水	△
	疹	홍역	10	水	×
	振	떨칠, 일어날	11	木	◉
	桭	평고대, 대청	11	木	○
	眹	눈동자, 조짐	11	木	×
	袗	홑옷, 여름옷	11	木	×
	眕	밝을	11	火	◉
	俴	다스릴 (신)	11	金	☒

음	자	뜻	획	자원	품격
진	珒	옥 이름	11	金	◉
	趁	좇을	12	火	×
	軫	수레	12	火	×
	診	볼, 엿보다	12	金	×
	蒫	바를	13	木	○
	塡	메울 (전)	13	土	☒
	鉁	보배, 진귀할	13	金	○
	嗔	성낼	13	水	×
	搢	꽂을, 떨칠	14	木	×
	榛	덤불, 우거질	14	木	×
	槇	우듬지 (전)	14	木	☒
	塵	티끌, 흙먼지	14	土	×
	盡	다될, 끝낼	14	金	○
	賑	재화가 넉넉	14	金	○
	溱	많을, 성할	14	水	◉
	稹	떼지어 모일	15	木	×
	瞋	부릅뜰, 성낼	15	木	×
	禛	복 받을	15	木	○
	進	나아갈, 전진	15	土	☒
	陣	줄, 진영	15	土	△

음	자	뜻	획	자원	품격
진	瑨	아름다운 돌	15	金	○
	瑱	귀고리 옥	15	金	△
	震	벼락, 천둥	15	水	×
	縉	붉은 비단	16	木	△
	縝	촘촘할, 곱다	16	木	○
	蓁	우거질, 많다	16	木	○
	儘	다할, 멋대로	16	火	△
	臻	이를, 모이다	16	土	○
	陳	성, 늘어놓을	16	土	△
	蔯	더워지기	17	木	×
	璡	옥돌	17	金	◉
	螴	설렐, 불안할	17	水	×
	鎭	진압할, 향상	18	金	⊠
	鬒	숱 많을	20	火	×
질	叱	꾸짖을	5	水	×
	帙	책, 권수	8	木	△
	佚	어리석을	8	火	×
	姪	조카, 조카딸	9	土	×
	垤	개미집	9	土	×
	桎	족쇄, 막힐	10	木	×

음	자	뜻	획	자원	품격
질	秩	차례, 쌓을	10	木	○
	疾	병, 괴로움	10	水	×
	窒	막을, 가득찰	11	水	×
	絰	수질, 상복	12	木	×
	跌	넘어질	12	土	×
	迭	지나치다	12	土	×
	蛭	거머리	12	水	×
	嫉	시기할	13	土	×
	郅	이르다, 크다	13	土	○
	質	바탕, 진실	15	金	○
	蒺	납가새, 벌레	16	木	×
	膣	새살, 음문	17	水	×
	瓆	사람 이름	20	金	○
	鑕	모루	23	金	×
짐	朕	나, 조짐	10	水	△
	斟	술 따를 (침)	13	火	⊠
	鴆	짐새	15	火	×
집	什	열사람 (십)	4	火	⊠
	咠	귓속말	9	水	×
	執	잡을, 지킬	11	土	○

음	자	뜻	획	자원	품격
집	集	모일, 도착할	12	火	◉
	楫	배의 노 (즙)	13	木	⊠
	戢	그칠 (즙)	13	金	⊠
	緝	낳을, 길쌈할	15	木	○
	輯	모을, 화목할	16	火	◉
	潗	샘 솟을	16	水	◉
	鏶	판금, 금속판	20	金	×
징	徵	부를, 요구할	15	火	○
	澄	맑을	16	水	◉
	潋	맑을	16	水	◉
	瞪	바로 볼	17	木	△
	懲	혼날, 응징할	19	火	×
	瀓	맑을	19	水	◉
	癥	발 부스럼	20	水	×
차	叉	깍지, 가락	3	水	×
	且	또, 잠깐	5	木	×
	次	버금, 다음	6	火	×
	此	이, 이것	6	土	△
	車	수레 (거)	7	火	⊠
	岔	갈림길 (분)	7	土	⊠

음	자	뜻	획	자원	품격
차	侘	실의할, 뽐낼	8	火	×
	伩	도울, 편리할	8	火	○
	姹	자랑할, 예쁠	9	土	○
	借	빌릴, 돕다	10	火	×
	差	어긋날, 실수	10	火	×
	借	빌릴	11	火	×
	茶	차 (다)	12	木	⊠
	硨	조개 이름	12	金	×
	嵯	우뚝 솟을	13	土	○
	嗟	탄식할, 감탄	13	水	×
	槎	나무벨 (사)	14	木	⊠
	箚	차자, 상소문	14	木	×
	瑳	깨끗할	15	金	○
	磋	갈, 닦을	15	金	△
	蹉	넘어질, 실패	17	土	×
	遮	막을, 대비할	18	土	×
	鹺	소금	21	水	×
	韆	관대할	24	木	△
착	窄	좁을, 닥칠	10	水	×
	捉	잡을	11	木	×

음	자	뜻	획	자원	품격
착	着	붙을 (저)	12	土	⊠
	搾	짤, 짜낼	14	木	×
	斲	깎을, 새기다	14	金	×
	錯	섞일, 등지다	16	金	×
	擉	찌를, 작살	17	木	×
	戳	찌를, 도장	18	金	×
	齪	악착할	22	金	×
	鑿	뚫을, 열다	28	金	△
찬	粲	정미, 흰 쌀	13	木	△
	贊	도울, 찬사	15	金	◉
	撰	지을, 품을	16	木	○
	篡	빼앗을, 잡다	16	木	×
	餐	먹을, 음식물	16	水	×
	簒	빼앗을	17	木	×
	儹	모일, 도모할	17	火	○
	燦	빛날	17	火	◉
	澯	맑을, 물출렁	17	水	○
	璨	빛날, 옥의빛	18	金	◉
	竄	숨을, 달아날	18	水	×
	贊	도울, 인도할	19	金	◉

음	자	뜻	획	자원	품격
찬	纂	모을, 채색	20	木	○
	儹	모을, 땅이름	21	火	○
	劗	끊을 (전)	21	金	⊠
	饌	반찬, 음식	21	水	×
	巑	높이 솟을	22	土	◉
	嬬	희고 환할	22	土	○
	讃	기릴, 찬조할	22	金	○
	攢	모일, 뚫을	23	木	○
	欑	모일, 모우다	23	木	○
	瓚	제기, 술그릇	24	金	×
	纘	이을	25	木	○
	趲	놀라 흩어질	26	火	×
	讚	기릴, 기록할	26	金	○
	鑽	끌, 구멍 낼	27	金	×
	爨	불땔, 부뚜막	29	火	×
찰	札	패, 편지	5	木	×
	扎	뺄, 구축할	5	木	×
	刹	절, 사원	8	金	×
	紮	감을, 주둔할	11	木	×
	察	살필, 조사할	14	木	○

음	자	뜻	획	자원	품격
찰	擦	비빌, 문지를	18	木	×
참	站	우두커니	10	金	×
	參	간여할 (삼)	11	木	⊠
	斬	벨, 매우	11	金	×
	僭	범할, 어긋날	14	火	×
	塹	구덩이, 파다	14	土	×
	嶄	높을, 도려낼	14	土	△
	槧	판, 문서	15	木	○
	慘	참혹할, 비참	15	火	×
	慙	부끄러울	15	火	×
	慚	수치로 여길	15	火	×•
	憯	슬퍼할, 참혹	16	火	×
	毚	토끼, 약간	17	火	×
	儳	어긋날, 참견	19	火	×
	譖	참소할, 호소	19	金	×
	鏨	끌, 파다	19	金	×
	巉	가파를	20	土	×
	攙	찌를	21	木	×
	欃	살별, 혜성	21	木	△
	懺	뉘우칠, 고백	21	火	×

음	자	뜻	획	자원	품격
참	驂	곁 마	21	火	×
	黲	상하다, 검다	23	水	×
	讒	참소할, 해칠	24	金	×
	懺	비결, 뉘우칠	24	金	×
	鑱	보습, 침	25	金	×
	饞	탐할	26	水	×
창	昌	창성할, 기쁨	8	火	⊠
	刱	비롯할, 혼낼	8	金	×
	昶	밝을, 통할	9	火	◉
	鬯	울창주, 활집	10	木	×
	倉	곳집, 창고	10	火	△
	倡	여광대, 기생	10	火	×
	倀	미칠, 넘어질	10	火	×
	娼	몸파는 여자	11	土	×
	唱	노래, 앞장설	11	水	○
	窓	창, 굴뚝	11	水	×
	傖	천할, 문란할	12	火	×
	悵	슬퍼할, 원망	12	火	×
	惝	멍할	12	火	×
	淐	사람이름	12	火	○

음	자	뜻	획	자원	품격
	猖	미쳐 날뛸	12	土	×
	創	비롯할, 만들	12	金	×
	敞	높을, 드러날	12	金	◉
	沧	찰, 차가운	12	水	×
	淐	물 이름	12	水	○
	淌	큰 물결	12	水	○
	窗	창, 굴뚝	12	水	×
	搶	닿을, 모여들	14	木	×
	槍	창, 무기	14	木	×
	菖	창포	14	木	△
창	彰	밝을, 뚜렷할	14	火	◉
	愴	슬퍼할	14	火	×
	暢	펼, 통달할	14	火	○
	戧	다칠, 지탱할	14	金	×
	滄	찰, 싸늘할	14	水	×
	脹	배부를, 창자	14	水	×
	廠	헛간, 공장	15	木	×
	瑲	방울 소리	15	金	△
	漲	불을, 넘쳐날	15	水	○
	瘡	부스럼, 종기	15	水	×

음	자	뜻	획	자원	품격
	艙	선창, 선실	16	木	×
	蒼	푸를, 우거질	16	木	◉
	閶	천문, 권할	16	木	○
창	氅	새털	16	火	×
	鎗	날카로울	16	金	×
	蹌	흔들릴	17	土	×
	鶬	왜가리	21	火	×
	采	캘, 선택할	8	火	◉
	砦	울타리	10	金	△
	寀	녹봉	11	木	○
	彩	채색, 빛날	11	火	◉
	埰	영지, 무덤	11	土	×
	婇	여자 이름	11	土	○
채	責	빚질 (책)	11	金	☒
	釵	비녀 (차)	11	金	☒
	採	캘, 가려낼	12	木	◉
	棌	참나무	12	木	○
	菜	구리 때	12	木	△
	睬	주목할	13	木	○
	債	빚, 빌림	13	火	×

음	자	뜻	획	자원	품격
채	琗	주옥 (쉬)	13	金	⊠
	寨	울짱, 울타리	14	木	△
	菜	나물, 반찬	14	木	△
	綵	비단, 무늬	14	木	○
	蔡	거북, 성	17	木	△
책	冊	책, 권	5	土	△
	册	책, 문서	5	土	△
	柵	울짱, 작은성	9	木	×
	筞	책	11	木	△
	責	요구할 (채)	11	金	×
	蚱	벼메뚜기	11	水	×
	策	채찍, 지팡이	12	木	×
	幘	건, 정수리	14	木	×
	嘖	외칠, 말다툼	14	水	×
	磔	책형, 형벌	15	金	×
	簀	살평상, 자리	17	木	×
처	妻	아내	8	土	×
	凄	쓸쓸할, 춥다	10	水	×
	處	살, 거처할	11	木	×
	悽	슬퍼할	12	火	×

음	자	뜻	획	자원	품격
처	淒	쓸쓸할	12	水	×
	萋	풀이 무성할	14	木	×
	郪	고을 이름	15	土	○
	覷	엿볼, 거칠다	19	火	×
척	尺	자, 법도	4	水	×
	斥	물리칠	5	金	×
	坧	기지, 터	8	土	○
	刺	찌를 (자)	8	金	⊠
	拓	주울 (탁)	9	木	⊠
	倜	대범할	10	火	○
	隻	새 한 마리	10	火	×
	剔	바를, 깎다	10	金	×
	捗	거둘	11	木	×
	戚	겨레, 친척	11	金	×
	惕	두려워할	12	火	×
	跖	발바닥, 밟다	12	土	×
	脊	등뼈	12	水	×
	堉	메마른 땅	13	土	×
	墌	터	14	土	○
	蜴	도마뱀	14	水	×

음	자	뜻	획	자원	품격
척	摭	주울, 습득할	15	木	×
	慼	근심할, 슬플	15	火	×
	感	슬퍼할, 근심	15	火	×
	陟	오를, 추천할	15	土	◉
	滌	씻을, 청소할	15	水	×
	瘠	파리할, 여윌	15	水	×
	蹠	밟을, 도달할	18	土	△
	擲	던질, 노름할	19	木	×
	躑	머뭇거릴	22	土	×
천	千	일천, 많다	3	水	☒
	川	내	3	水	☒
	天	하늘, 천체	4	木	☒
	仟	일천	5	火	△
	舛	어그러질	6	木	×
	玔	옥고리, 팔찌	8	金	○
	祆	하늘, 신	9	木	×
	芊	풀 무성할	9	木	○
	泉	샘	9	水	◉
	穿	뚫을, 구멍	9	水	×
	倩	예쁠, 사위	10	火	×

음	자	뜻	획	자원	품격
천	俴	엷을, 맨몸	10	火	×
	辿	천천히 걸을	10	土	×
	洊	이를, 자주	10	水	○
	阡	두렁, 도로	11	土	×
	釧	팔찌	11	金	☒
	茜	꼭두서니	12	木	×
	荐	거듭할, 풀	12	木	△
	琻	거듭	12	土	△
	喘	헐떡거릴, 숨	12	水	×
	淺	얕을, 소견	12	水	×
	舛	어그러질	14	火	×
	儃	머뭇거릴	15	火	×
	踐	밟을, 부임할	15	土	×
	賤	천할, 값이쌀	15	金	×
	蒨	풀 더부룩할	16	木	×
	擅	멋대로	17	木	×
	蔵	경계할, 갖출	18	木	×
	鬝	하늘	18	木	×
	薦	천거할, 공물	19	木	△
	遷	옮길, 교환할	19	土	×

음	자	뜻	획	자원	품격
천	濺	흩뿌릴	19	水	×
	闡	열, 분명할	20	木	△
	韆	그네	24	金	×
철	凸	볼록할	5	水	×
	埑	밝을	10	土	◉
	剟	깎을, 찌를	10	金	×
	哲	밝을, 총명할	10	水	◉
	悊	공경할, 알다	11	火	◉
	啜	마실, 맛보다	11	水	×
	掇	주울, 삭제할	12	木	×
	惙	근심할, 그칠	12	火	×
	喆	밝을, 총명할	12	水	◉
	銕	화살 끝 (촉)	13	金	☒
	綴	꿰맬, 맺을	14	木	△
	銕	쇠 이름	14	金	×
	飻	탐할	14	水	×
	徹	통할, 환할	15	火	○
	輟	그칠, 멈출	15	火	×
	撤	거둘, 그만둘	16	木	△
	錣	물미, 산가지	16	金	×

음	자	뜻	획	자원	품격
철	澈	물 맑을	16	水	◉
	瞰	눈 밝을	17	木	△
	饕	탐할	18	水	×
	歠	마실, 마시다	19	火	×
	轍	흔적, 행적	19	火	×
	鐵	쇠, 단단할	21	金	☒
첨	尖	뾰족할	6	水	×
	忝	더럽힐, 욕	8	火	×
	沾	더할, 첨가할	9	水	○
	甛	달, 맛날	11	土	△
	甜	달, 맛날	11	土	△
	惉	팰, 패다	12	火	×
	添	더할, 보탤	12	水	◉
	僉	다, 가려뽑을	13	火	×
	詹	이를, 도달할	13	金	○
	諂	아첨할, 아양	15	金	×
	幨	휘장, 옷깃	16	木	×
	檐	처마, 모자	17	木	×
	瞻	볼, 처다볼	18	木	×
	簽	농, 쪽지	19	木	×

음	자	뜻	획	자원	품격
첨	簷	처마, 갓	19	木	×
	襜	행주치마	19	木	×
	櫼	쐐기, 비녀장	21	木	×
	瀸	적실, 적시다	21	水	△
	籤	제비, 시험할	23	木	×
첩	帖	표제, 장부	8	木	△
	妾	첩, 계집종	8	土	×
	呫	소곤거릴	8	水	×
	怗	고요할, 복종	9	火	△
	倢	빠를, 가깝다	10	火	△
	捷	이길, 전리품	12	木	×
	堞	성가퀴	12	土	×
	貼	붙을, 접근할	12	金	○
	喋	재잘거릴	12	水	×
	牒	서판, 공문서	13	木	×
	睫	속눈썹, 깜작	13	木	×
	輒	문득, 갑자기	14	火	×
	諜	염탐할	16	金	×
	褺	겹옷	17	木	×
	疊	겹쳐질	22	土	×

음	자	뜻	획	자원	품격
청	靑	푸를, 녹청	8	木	☒
	青	푸를, 젊을	8	木	☒
	淸	서늘할 (정)	10	水	×
	婧	날씬할 (정)	11	土	☒
	圊	뒷간, 변소	11	水	×
	晴	갤, 비가그칠	12	火	○
	清	맑을, 선명할	12	水	◉
	淸	맑을	12	水	◉
	菁	무거질 (정)	14	木	☒
	蜻	귀뚜라미	14	水	×
	請	청할, 초청할	15	金	○
	鶄	해오라기	19	火	×
	鯖	청어	19	水	×
	聽	들을, 받을	22	火	△
	廳	관청, 마루	25	木	×
체	切	끊을 (절)	4	金	☒
	剃	머리 깎을	9	金	×
	砌	겹쳐 쌓을	9	金	△
	玼	옥빛 (자)	10	金	☒
	涕	눈물, 울다	11	水	×

음	자	뜻	획	자원	품격
체	棣	산 앵두나무	12	木	△
	彘	돼지	12	火	×
	替	바꿀, 폐할	12	火	×
	締	맺을, 연결할	15	木	○
	蔕	가시, 꼭지	15	木	×
	髰	머리 깎을	15	火	×
	逮	미칠, 붙잡을	15	土	×
	殢	나른할, 지체	15	水	×
	滯	막힐, 빠질	15	水	×
	諦	살필 (제)	16	金	⊠
	諟	생각할 (시)	16	金	⊠
	蒂	가시, 배꼽	17	木	×
	遞	번갈아, 교대	17	土	×
	體	몸, 신체	23	金	⊠
	靆	구름 낄	24	水	×
초	艸	풀	6	木	△
	初	처음, 시작	7	金	⊠
	抄	노략질할	8	木	×
	杪	끝, 작을	8	木	×
	炒	볶을, 떠들다	8	火	×

음	자	뜻	획	자원	품격
초	岹	산 높을	8	土	△
	招	부를, 손짓할	9	木	○
	秒	초침 (묘)	9	木	⊠
	俏	닮을, 어여쁠	9	火	○
	怊	슬플, 섭섭할	9	火	×
	肖	닮을, 작을	9	水	△
	秒	밭 거듭 갈	10	木	×
	峭	가파를, 엄할	10	土	×
	哨	망볼, 작을	10	水	×
	梢	나무끝, 말단	11	木	×
	苕	능소화, 완두	11	木	△
	偢	근심할, 보다	11	火	×
	悄	고요할, 엄격	11	火	×
	釥	좋은 쇠	11	金	△
	椒	산초나무	12	木	○
	稍	벼 줄기 끝	12	木	△
	草	풀, 초원	12	木	⊠
	焦	그을릴	12	火	×
	超	넘을, 멀어질	12	火	×
	軺	수레, 작은차	12	火	×

음	자	뜻	획	자원	품격
초	迢	멀, 아득할	12	土	×
	硝	화약의 원료	12	金	×
	酢	초, 조미료	12	金	×
	鈔	노략질할	12	金	×
	貂	단비, 동물	12	水	×
	楚	모형, 산뜻할	13	木	△
	綃	생사, 명주실	13	木	△
	愀	정색할, 근심	13	火	×
	勦	노곤할	13	土	×
	剿	노곤할, 겁탈	13	金	×
	僬	명찰할, 달릴	14	火	△
	誚	꾸짖을, 책망	14	金	×
	趠	멀, 자를	15	火	×
	髫	다박머리	15	火	×
	嶕	높을	15	土	◉
	憔	수척할, 여윌	15	土	×
	醋	식초 (작)	15	金	☒
	噍	먹을, 씹다	15	水	×
	樵	화목, 나무꾼	16	木	×
	焦	홰, 그을다	16	火	×

음	자	뜻	획	자원	품격
초	顦	수척할, 쇠약	16	火	×
	鞘	말채찍의 끝	16	金	×
	礁	수중 암초	17	金	×
	鍬	가래	17	金	×
	鍫	가래, 괭이	17	金	×
	蕉	파초, 생마	18	木	○
	礎	주춧돌	18	金	○
	醮	초례, 제사	19	金	×
	譙	꾸짖을	19	金	×
	齠	이를 갈다	20	金	×
	顦	파리할, 야윌	21	火	×
	鷦	뱁새, 황작	23	火	×
촉	促	재촉할, 급할	9	火	×
	蜀	나라 이름	13	水	△
	燭	촛불, 화롯불	17	火	○
	蜀	접시꽃	19	木	△
	觸	닿을, 범할	20	木	×
	躅	머뭇거릴	20	土	×
	髑	해골	23	金	×
	矗	우거질	24	木	×

음	자	뜻	획	자원	품격
촉	囑	부탁할, 맡길	24	水	×
	燭	촛불, 등불	25	火	×
	矚	자세히 볼	26	木	△
촌	寸	마디, 길이	3	土	×
	吋	질책할 (두)	6	水	⊠
	村	마을, 시골	7	木	△
	忖	헤아릴, 절단	7	火	×
	邨	마을, 시골	11	土	×
총	冢	무덤, 사직단	10	水	×
	悤	바쁠, 급할	11	火	×
	塚	무덤, 언덕	13	土	×
	総	다, 모두	14	木	○
	聡	귀밝을, 총명	14	火	◉
	銃	도끼 구멍	14	金	×
	摠	모두, 지배할	15	木	○
	葱	파, 푸르다	15	木	×
	憁	바쁠	15	火	×
	總	거느릴, 합칠	17	木	○
	蔥	파, 푸르다	17	木	×
	蓯	우거질 (종)	17	木	⊠

음	자	뜻	획	자원	품격
총	聰	귀밝을, 총명	17	火	○
	叢	모일, 번잡할	18	水	△
	寵	괼, 고일	19	木	×
	鏦	창, 찌를	19	金	×
	驄	총이 말	21	火	×
촬	撮	취할, 모을	16	木	△
최	崔	높을, 성	11	土	△
	最	가장, 제일	12	火	◉
	催	재촉할, 막을	13	火	△
	脧	아이의 음부	13	水	×
	榱	서까래	14	木	△
	摧	꺾을, 누를	15	木	×
	嘬	물다, 탐할	15	水	×
	漼	깊을, 선명할	15	水	△
	縗	상복 이름	16	木	×
	璀	옥빛 찬란한	16	金	◉
	磪	산 높고험할	16	金	×
추	帚	비, 별 이름	8	木	△
	隹	새, 뻐꾸기	8	火	×
	抽	뺄, 뽑다	9	木	×

음	자	뜻	획	자원	품격
추	秋	가을, 결실	9	木	⊠
	酋	두목, 성숙할	9	金	△
	芻	꼴, 건초	10	木	×
	娵	별이름, 미녀	11	土	○
	推	옮을, 천거할	12	木	○
	捶	종아리 칠	12	木	×
	椎	망치, 방망이	12	木	×
	惆	실심할, 한탄	12	火	×
	啾	여럿의 소리	12	水	×
	揫	모을, 묶을	13	木	○
	楸	개 오동나무	13	木	△
	追	쫓을, 이루다	13	土	×
	湫	다할, 바닥날	13	水	△
	搥	칠, 투척할	14	木	×
	箠	채찍, 태형	14	木	×
	僦	빌, 보낼	14	火	△
	甃	벽돌담	14	土	×
	樞	지도리, 근본	15	木	△
	萩	사철쑥, 가을	15	木	△
	墜	떨어질, 잃을	15	土	×

음	자	뜻	획	자원	품격
추	皺	주름	15	金	×
	諏	꾀할, 의논할	15	金	△
	縋	매어달, 줄	16	木	×
	縐	주름질	16	木	×
	蒭	꼴, 건초	16	木	×
	陬	모퉁이	16	土	×
	錐	송곳, 바늘	16	金	×
	錘	저울, 쇠망치	16	金	×
	瘳	병이 나을	16	水	×
	簉	가지런하다	17	木	△
	趨	달릴, 쫓을	17	火	×
	鄒	나라 이름	17	土	○
	醜	추할, 미워할	17	金	×
	雛	병아리, 큰새	18	火	×
	騅	흰털썩인 말	18	火	×
	魋	몽둥이 (퇴)	18	火	⊠
	鎚	저울, 치다	18	金	×
	鞦	그네, 밀치끈	18	金	×
	鶵	산 비둘기	19	火	×
	騶	기사, 승마	20	火	×

음	자	뜻	획	자원	품격
추	鷲	무수리, 물새	20	火	×
	鰌	미꾸라지	20	水	×
	鰍	미꾸라지	20	水	×
	穐	가을, 연세	21	木	△
	鶖	원추 새	21	火	×
	麤	거칠, 대강	33	土	×
축	丑	소, 둘째	4	土	☒
	竺	대나무	8	木	○
	妯	동서, 애도할	8	土	×
	豖	돼지걸음	8	水	×
	畜	쌓을, 비축할	10	土	○
	祝	빌, 기원할	10	木	×
	舳	배의 키	11	木	×
	筑	악기 이름	12	木	△
	軸	굴대, 북	12	火	△
	逐	쫓을, 물리칠	14	土	○
	蓄	쌓을, 포개다	16	木	○
	築	쌓을, 집지을	16	木	○
	縮	줄일, 수축할	17	木	×
	蹙	움츠릴, 막힐	18	土	×

음	자	뜻	획	자원	품격
축	蹜	종종걸음 칠	18	土	×
	鼀	두꺼비	18	土	×
	蹴	찰, 밟을	19	土	△
춘	春	봄, 젊을 때	9	火	☒
	椿	참죽나무	13	木	△
	瑃	옥 이름	14	金	◉
	賰	넉넉할	16	金	◉
출	朮	차조, 다년초	5	木	△
	出	날, 내보낼	5	水	☒
	秫	차조, 찰기장	10	木	△
	黜	물리칠, 쫓을	17	水	×
충	充	찰, 채우다	5	木	◉
	冲	빌, 공허할	6	水	×
	虫	벌레 (훼)	6	水	☒
	忠	충성, 진실	8	火	☒
	忡	근심할, 걱정	8	火	×
	沖	빌, 공허할	8	水	×
	衷	속마음, 속옷	10	木	△
	珫	귀고리 옥	11	金	○
	衝	찌를, 향할	15	火	×

음	자	뜻	획	자원	품격
충	蟲	벌레, 구더기	18	水	⊠
췌	悴	파리할, 근심	12	火	×
	揣	잴, 측량할	13	木	△
	惴	두려워할	13	火	×
	瘁	병들, 고달플	13	水	×
	萃	모일, 이르다	14	木	△
	顇	파리할, 앓을	17	火	×
	贅	혹, 군더더기	18	金	×
	膵	췌장	18	水	×
취	吹	부추길, 바람	7	水	×
	炊	불 땔, 취사	8	火	×
	取	가질, 의지할	8	水	○
	冣	쌓을, 모을	10	水	◉
	臭	냄새	10	木	×
	娶	장가들	11	土	×
	毳	솜털, 모직물	12	火	×
	就	이룰, 나아갈	12	土	◉
	脆	무를, 가벼울	12	水	×
	翠	물총새	14	火	⊠
	聚	모일, 모여들	14	火	○

음	자	뜻	획	자원	품격
취	趣	달릴, 향할	15	火	○
	醉	술 취할	15	金	×
	嘴	부리, 주둥이	15	水	×
	橇	썰매 (교)	16	木	⊠
	鷲	수리, 독수리	23	火	×
	驟	달릴, 신속할	24	火	○
측	仄	기울, 어림풋	4	火	×
	昃	기울다, 오후	8	火	×
	側	곁, 옆	11	火	×
	厠	뒷간, 변소	11	水	×
	廁	뒷간	12	水	×
	惻	슬퍼할	13	火	×
	測	잴, 헤아릴	13	水	△
층	層	층, 계단	15	水	×
치	卮	잔, 술잔	5	水	×
	豸	발 없는벌레	7	水	×
	侈	사치할, 거만	8	火	×
	峙	우뚝 솟을	9	土	○
	致	보낼, 전송할	9	土	×
	哆	클	9	水	○

음	자	뜻	획	자원	품격
치	治	다스릴, 평정	9	水	○
	値	값, 가질	10	火	△
	恥	부끄러워할	10	火	×
	蚩	어리석을	10	水	×
	梔	치자나무	11	木	○
	畤	재터, 경계	11	土	×
	阤	무너질	11	土	×
	痔	치질	11	水	×
	痓	풍병	11	水	×
	淄	검은빛	12	水	△
	寘	둘, 채우다	13	木	○
	稚	어릴, 어린벼	13	木	×
	絺	칡 베, 홑옷	13	木	×
	雉	꿩, 담	13	火	×
	馳	달릴, 질주할	13	火	△
	踟	머뭇거릴	13	土	×
	嗤	웃을, 냉소할	13	水	×
	痴	어리석을	13	水	×
	置	둘, 용서할	14	木	○
	緇	검은옷, 승복	14	木	×

음	자	뜻	획	자원	품격
치	菑	묵정밭, 고목	14	木	×
	幟	기, 표적	15	木	△
	緻	밸, 촘촘할	15	木	△
	輜	짐수레	15	火	×
	齒	이, 어금니	15	金	×
	褫	빼앗을, 벗을	16	木	×
	熾	성할, 불길셀	16	火	△
	鴟	솔개, 올빼미	16	火	×
	鴙	꿩, 새매	16	火	×
	錙	저울 눈	16	金	×
	穉	어릴, 어린벼	17	木	×
	鵄	솔개, 올빼미	17	火	×
	薙	깍을 (체)	19	木	⊠
	癡	미치광이	19	水	×
	鯔	숭어, 치어	19	水	×
칙	勅	조서, 경계할	9	土	×
	則	법칙 (측)	9	金	⊠
	敕	조서, 경계할	11	金	×
	飭	갖출, 정비할	13	水	○
친	親	친할, 일가	16	火	△

음	자	뜻	획	자원	품격
친	櫬	널 (츤)	20	木	⊠
	襯	속옷, 접근할	22	木	×
칠	七	일곱	7	金	⊠
	柒	일곱	9	木	△
	漆	옻, 옻나무	15	水	×
침	枕	베개, 잠잘	8	木	×
	忱	정성, 참마음	8	火	◉
	沈	가라앉을(심)	8	水	⊠
	侵	침노할, 습격	9	火	×
	砧	다듬잇돌	10	金	×
	針	바늘, 재봉할	10	金	×
	浸	담글, 잠기다	11	水	×
	棽	무성할 (림)	12	木	⊠
	寑	잠길, 점점	13	木	×
	椹	버섯 (심)	13	木	⊠
	琛	보배	13	金	○
	寢	잠잘, 누을	14	木	×
	郴	고을 이름	15	土	○
	鍖	새길, 편각할	15	金	△
	駸	말 달릴	17	火	×

음	자	뜻	획	자원	품격
침	鍼	침, 침놓을	17	金	×
칩	蟄	숨을, 동면	17	水	×
칭	秤	저울	10	木	×
	稱	일컬을, 설명	14	木	△
쾌	夬	결정할 (결)	4	木	⊠
	快	쾌할, 상쾌할	8	火	○
	噲	목구멍, 밝다	16	水	×
타	他	다를, 그이	5	火	×
	朶	늘어질	6	木	×
	打	칠, 공격할	6	木	×
	佗	다를, 편안할	7	火	△
	妥	온당할	7	土	○
	坨	비탈질	8	土	×
	拖	끌, 빼앗을	9	木	×
	拕	풀어 놓을	9	木	×
	柁	배의 키	9	木	×
	咤	꾸짖을, 슬퍼	9	水	×
	沱	물 이름	9	水	○
	舵	키, 배의 키	11	木	×
	唾	침, 침 뱉을	11	水	×

음	자	뜻	획	자원	품격
타	跎	헛디딜	12	土	×
	詑	자랑할, 고할	12	金	×
	楕	길쭉할	13	木	△
	惰	게으를	13	火	×
	躱	비킬, 숨을	13	火	×
	駄	실을 (태)	13	火	☒
	陀	비탈질, 험할	13	土	×
	詫	자랑할, 고할	13	金	×
	馱	실을, 타조	15	火	×
	墮	떨어질	15	土	×
	橢	길쭉할	16	木	△
	鴕	타조	16	火	×
	鮀	모래무지	16	水	×
	鼉	악어	25	土	×
탁	托	밀, 받침	7	木	○
	卓	높을, 책상	8	水	○
	坼	터질, 열릴	8	土	△
	矺	돌로 칠 (책)	8	金	☒
	度	법도 (도)	9	木	☒
	拓	주울 (척)	9	木	☒

음	자	뜻	획	자원	품격
탁	拆	터질, 분해할	9	木	×
	柝	열, 터질	9	木	△
	沰	붉을, 듣을	9	水	△
	倬	클, 밝다	10	火	◉
	託	부탁할, 청탁	10	金	△
	啄	쫄, 두드릴	11	水	×
	晫	밝을	12	火	◉
	涿	듣을, 갈다	12	水	△
	琸	사람 이름	13	金	○
	琢	쫄, 선택할	13	金	○
	橐	전대, 풀무	14	木	△
	踔	뛰어날 (초)	15	土	☒
	逴	멀, 아득할	15	土	×
	槖	전대, 풀무	16	木	△
	濁	흐릴, 더러울	17	水	×
	擢	뽑을, 제거할	18	木	×
	濯	씻을, 크다	18	水	×
	鐸	방울, 풍경	21	金	×
	籜	대 꺼풀	22	木	×
	擇	낙엽, 떨어질	22	木	×

음	자	뜻	획	자원	품격
탄	呑	삼킬, 감출	7	水	×
	坦	평평할, 편할	8	土	○
	炭	숯, 재, 석탄	9	火	×
	綻	꿰맬	14	木	×
	誕	태어날, 속일	14	金	△
	嘆	탄식할, 한숨	14	水	×
	彈	탄알, 열매	15	火	×
	歎	읊을, 탄식할	15	火	×
	憚	꺼릴, 협박할	16	火	×
	暺	밝을	16	火	◉
	殫	다할, 쓰러질	16	水	×
	憻	평탄할	17	火	○
	驒	연전총, 말	22	水	×
	攤	펼, 배당할	23	木	○
	灘	여울, 소금밭	23	水	△
	癱	사지가 틀릴	24	水	×
탈	侻	추할, 합당할	9	火	×
	脫	벗을, 벗기다	13	水	×
	奪	빼앗을, 탈진	14	木	×
탐	忐	마음이 허할	7	火	×

음	자	뜻	획	자원	품격
탐	眈	노려볼	9	木	×
	耽	즐길, 누릴	10	火	○
	貪	탐할	11	金	×
	酖	즐길 (짐)	11	金	☒
	探	찾을	12	木	○
	噉	많을, 소리	14	水	○
탑	傝	답답할, 불안	12	火	×
	塔	탑, 절, 불당	13	土	×
	塌	떨어질	13	土	×
	榻	걸상, 평상	14	木	×
	搨	베낄, 박을	14	木	×
탕	宕	방탕할, 통과	8	木	×
	帑	금고 (노)	8	木	☒
	湯	넘어질, 흔들	13	水	×
	碭	무늬있는 돌	14	金	×
	糖	사탕 (당)	16	木	☒
	燙	데울, 데우다	16	火	×
	盪	씻을	17	金	×
	蕩	씻어버릴	18	木	×
	薑	쓸어버릴	23	木	×

음	자	뜻	획	자원	품격
태	太	클, 매우	4	木	△
	台	기뻐할 (이)	5	水	図
	兌	빛날, 서방	7	木	図
	孡	아이밸	8	水	×
	汰	사치할, 흐릴	8	水	×
	怠	게으름	9	火	×
	殆	위태할, 해칠	9	水	×
	泰	클, 넉넉할	9	水	図
	娧	더딜, 기뻐할	10	土	△
	珆	용무늬 홀옥	10	金	△
	笞	볼기칠, 태형	11	木	×
	苔	이끼	11	木	×
	埭	보, 둑	11	土	×
	胎	아이밸, 태아	11	水	×
	跆	밟을, 유린할	12	土	×
	迨	미칠, 원할	12	土	△
	邰	나라 이름	12	土	○
	鈦	티타늄	12	金	○
	脫	벗을 (탈)	13	火	図
	颱	태풍	14	木	×

음	자	뜻	획	자원	품격
태	態	모양, 몸짓	14	火	×
	駘	둔마, 둔할	15	火	×
	鮐	복어, 늙다	16	水	×
택	宅	집	6	木	×
	垞	언덕 (타)	9	土	図
	擇	가릴, 고르다	17	木	○
	澤	못, 진펄	17	水	×
탱	掌	버팀목	12	金	△
	撑	버티다	16	木	△
	撐	버틸	16	木	△
터	攄	펼, 늘어놓다	19	木	○
토	土	흙, 땅	3	土	図
	吐	토할, 드러낼	6	水	×
	兎	토끼	7	木	図
	兔	토끼	8	木	×
	討	칠, 정벌할	10	金	△
톤	噋	느릿할	15	水	×
통	恫	상심할	10	火	×
	洞	골짜기 (동)	10	水	図
	桶	통, 되, 말	11	木	×

음	자	뜻	획	자원	품격
통	筒	대통	12	木	△
	統	큰줄기, 혈통	12	木	○
	痛	아플, 슬픔	12	水	×
	箭	대통 (용)	13	木	⊠
	通	통할, 보급될	14	土	○
	樋	나무 이름	15	木	○
	慟	서럽게 울	15	火	×
퇴	堆	언덕, 쌓일	11	土	△
	退	물러날	13	土	×
	槌	던질 (추)	14	木	⊠
	褪	빛바랠, 벗을	16	木	×
	頹	무너질, 쇠할	16	火	×
	腿	넓적다리	16	水	×
	隤	무너뜨릴	20	土	×
투	妒	투기할, 샘할	7	土	×
	投	던질, 증여할	8	木	×
	妬	강생할, 질투	8	土	×
	套	덮개	10	木	×
	偸	훔칠, 구차할	11	火	×
	渝	달라질, 넘칠	13	水	×

음	자	뜻	획	자원	품격
투	透	통할, 지나갈	14	土	△
	骰	주사위	14	金	×
	鬪	싸움, 다툴	20	金	×
통	佟	성 (통)	7	火	⊠
특	忒	변할, 의심할	7	火	×
	特	특별할, 수컷	10	土	×
	慝	사특할, 간사	15	火	×
틈	闖	엿볼	18	木	×
파	巴	땅 이름	4	土	△
	叵	어려울, 마침	5	水	×
	妑	새앙머리	7	土	×
	把	잡을, 손잡이	8	木	△
	杷	비파나무	8	木	○
	爸	아비, 아버지	8	木	×
	坡	고개, 제방	8	土	⊠
	岥	비탈, 고개	8	土	×
	爬	긁을, 잡다	8	金	△
	怕	두려워할	9	火	×
	波	물결, 주름	9	水	△
	笆	가시 대	10	木	×

음	자	뜻	획	자원	품격
파	耙	써레, 농기구	10	木	×
	芭	파초, 꽃	10	木	○
	玻	유리	10	金	×
	破	깨뜨릴, 깨짐	10	金	☒
	派	물갈래, 나눌	10	水	×
	婆	할미	11	土	×
	跛	절룩거릴	12	土	×
	琶	비파	13	金	○
	菠	시금치	14	木	×
	頗	자못, 약간	14	火	×
	葩	꽃, 쇠 장식	15	木	△
	播	뿌릴, 퍼뜨릴	16	木	○
	罷	방면할, 그칠	16	木	×
	皤	머리 센모양	17	金	×
	擺	열릴, 배열할	19	木	○
	簸	까부를	19	木	×
	鄱	고을 이름	19	土	○
	灞	강 이름	25	水	○
판	坂	비탈, 제방	7	土	×
	判	판가름, 구별	7	金	△

음	자	뜻	획	자원	품격
판	板	널빤지	8	木	×
	版	널, 명부	8	木	×
	販	팔, 장사할	11	金	△
	阪	비탈, 제방	12	土	×
	鈑	금박	12	金	△
	辦	힘쓸, 주관할	16	金	○
	瓣	오이씨, 꽃잎	19	木	△
팔	叭	입벌릴, 나팔	5	水	×
	朳	고무래	6	木	×
	汃	물결치는	6	水	△
	八	여덟	8	金	☒
	捌	깨뜨릴, 구할	11	木	×
패	貝	조개	7	金	☒
	孛	살별, 혜성	7	水	×
	佩	찰, 지닐	8	火	○
	沛	늪, 습지	8	水	×
	斾	기, 깃발	10	土	△
	唄	찬불, 독경	10	水	×
	悖	어그러질	11	火	×
	狽	이리, 저리	11	土	×

음	자	뜻	획	자원	품격
패	敗	깨뜨릴	11	金	⊠
	珮	찰, 지닐	11	金	○
	浿	강 이름	11	水	○
	牌	패, 명찰	12	木	×
	稗	피, 일년초	13	木	×
	霈	비 쏟아질	15	水	×
	覇	으뜸	19	金	◉
	霸	으뜸, 권세	21	水	△
팽	祊	제사 이름	9	木	×
	砰	물결 소리	10	金	×
	烹	삶을	11	火	×
	彭	성, 땅 이름	12	火	△
	澎	파도 소리	16	水	×
	膨	부풀, 팽창할	18	水	△
	蟚	방게	18	水	×
	蟛	방게	18	水	×
팍	愎	괴팍할	13	火	×
편	片	조각	4	木	×
	扁	납작할, 액자	9	木	×
	便	소식 (변)	9	火	⊠

음	자	뜻	획	자원	품격
편	偏	치우칠, 절반	11	火	×
	匾	평평할 (변)	11	水	⊠
	徧	두루, 널리	12	火	○
	惼	좁을, 아니할	13	火	×
	篇	완결된 책	15	木	△
	編	엮을, 기록할	15	木	△
	緶	꿰맬	15	木	×
	艑	거룻배	15	木	×
	蔈	마디풀	15	木	×
	褊	좁을, 성급할	15	木	×
	翩	펄럭거릴	15	火	×
	蝙	박쥐	15	水	×
	遍	두루	16	土	○
	諞	말 교묘히할	16	金	×
	鞭	채찍, 매질	18	金	×
	騙	속일, 기만할	19	火	×
폄	砭	돌침, 경계	10	金	×
	窆	하관할	10	水	×
	貶	떨어뜨릴	12	金	×
평	平	평평할, 곧다	5	木	⊠

음	자	뜻	획	자원	품격
평	坪	평평할	8	土	○
	抨	탄핵할	9	木	×
	枰	바둑판	9	木	×
	怦	조급할	9	火	×
	泙	물소리	9	水	○
	萍	개구리밥, 쑥	11	木	×
	評	품평, 의논	12	金	○
	蓱	부평초	14	木	×
	鮃	넙치	16	水	×
	蘋	부평초	17	木	×
폐	吠	짖을, 개짖을	7	水	☒
	肺	허파, 마음	10	水	×
	閉	닫을, 단절할	11	木	×
	狴	짐승 이름	11	土	×
	敝	해질, 패배할	12	金	×
	幣	비단, 예물	15	木	○
	廢	폐할, 그만둘	15	木	×
	弊	해질, 넘어질	15	木	×
	陛	섬돌, 순서	15	土	△
	嬖	사랑할	16	土	△

음	자	뜻	획	자원	품격
폐	獘	넘어질	16	土	×
	癈	폐할, 고질	17	水	×
	蔽	덮을, 방비	18	木	×
	斃	넘어질	18	金	×
포	布	베, 화폐	5	木	△
	包	쌀, 보따리	5	金	△
	佈	펼	7	火	○
	庖	부엌, 요리사	8	木	×
	拋	던질, 버릴	8	木	×
	咆	으르렁거릴	8	水	×
	抱	안을, 품을	9	木	○
	抛	던질, 버릴	9	木	×
	怖	두려워할	9	火	×
	炮	통째로 구울	9	火	×
	炰	구울, 거칠다	9	火	×
	匍	길, 문지럴	9	金	×
	泡	거품, 성할	9	水	△
	砲	돌쇠뇌, 대포	10	金	×
	哺	먹을	10	水	×
	圃	밭, 들일	10	水	×

음	자	뜻	획	자원	품격	음	자	뜻	획	자원	품격
포	疱	천연두, 마마	10	水	×	포	鮑	절인 어물	16	水	×
	匏	박, 악기	11	金	×		儦	번, 숙직	17	火	×
	捕	사로잡을	11	木	△		鯆	돌고래	18	水	×
	苞	그령, 풀	11	木	△	폭	幅	폭, 넓이	12	木	△
	袍	핫옷, 솜옷	11	木	×		暴	사나울 (포)	15	火	☒
	晡	오후 4시	11	火	×		輻	바퀴살 (복)	16	火	☒
	浦	개, 바닷가	11	水	△		曝	햇볕 쬘	19	火	△
	胞	태보, 친형제	11	水	×		爆	터질, 폭발할	19	火	×
	鉋	대패, 솔	13	金	×		瀑	폭포, 거품	19	水	×
	脯	포, 말린고기	13	水	×	표	杓	자루, 당길	7	木	×
	逋	달아날, 체납	14	土	×		表	겉, 나타낼	9	木	△
	誧	도울, 충고할	14	金	○		俵	나누어줄	10	火	△
	鞄	혁공	14	金	△		髟	갈기, 말갈기	10	火	×
	飽	물릴, 만족할	14	水	△		豹	표범	10	水	×
	葡	포도	15	木	△		票	불똥튈, 빠를	11	木	×
	褒	기릴, 크다	15	木	○		彪	무늬, 범가죽	11	火	×
	暴	해칠 (폭)	15	火	☒		殍	굶어 죽을	11	水	×
	鋪	펼, 늘어놓다	15	金	△		僄	가벼울, 민첩	13	火	×
	蒲	부들, 창포	16	木	△		勡	으를, 위협할	13	土	×
	餔	새참, 식사	16	水	×		剽	빠를, 위험할	13	金	×

음	자	뜻	획	자원	품격
	裱	목도리, 표구	14	木	×
	嫖	날랠, 음탕할	14	土	×
	嘌	빠를, 흔들릴	14	水	×
	摽	칠, 손짓할	15	木	×
	標	우듬지, 가지	15	木	○
	慓	날랠, 재빠를	15	火	○
	熛	불똥, 빛나다	15	火	△
	漂	떠돌, 유랑할	15	水	×
	瓢	박, 표주박	16	木	×
표	縹	옥색	17	木	○
	聽	들을	17	火	△
	鏢	칼끝	19	金	×
	飆	회오리바람	20	木	×
	飇	폭풍, 광풍	21	木	×
	飈	폭풍, 회오리	21	木	×
	驃	누른말	21	火	×
	鰾	부레, 창란젓	22	水	×
	鑣	말의 재갈	23	金	×
품	品	물건, 품평할	9	水	×
	稟	줄, 받을	13	木	○

음	자	뜻	획	자원	품격
	風	바람, 불다	9	木	☒
	馮	넘보다 (빙)	12	火	☒
	楓	단풍나무	13	木	△
풍	豊	풍성할 (례)	13	木	☒
	瘋	두풍	14	水	×
	諷	욀, 풍자할	16	金	×
	豐	풍년, 넉넉할	18	木	◉
	皮	가죽, 껍질	5	金	×
	彼	저것, 그이	8	火	×
	披	나눌, 쪼갤	9	木	×
	疲	지칠, 피로	10	水	×
	被	이불, 잠옷	11	木	×
피	詖	치우칠, 편파	12	金	×
	陂	비탈, 고개	13	土	×
	鞁	가슴걸이	14	金	×
	髲	다리, 가발	15	火	×
	避	피할, 회피할	20	土	×
픽	腷	답답할, 울적	15	水	×
필	匹	필, 짝	4	水	×
	必	반드시, 꼭	5	火	○

음	자	뜻	획	자원	품격
필	疋	발 (소)	5	土	⊠
	佖	점잖을	7	火	○
	咇	향기로울	8	水	○
	泌	샘물 (비)	9	水	⊠
	珌	칼 장식 옥	10	金	×
	苾	향기로울	11	木	○
	畢	마칠, 모두	11	土	×
	筆	붓, 쓰다	12	木	○
	弼	도울, 도지개	12	火	○
	泌	샘 용솟을	12	水	◉
	鉍	창 자루	13	金	×
	馝	향기로울	14	木	○
	駜	말 살찔	15	火	×
	斁	다할	15	金	△
	潷	용솟음칠	15	水	◉
	篳	피리의 일종	16	木	×
	篳	울타리	17	木	△
	罼	족대, 그물	17	木	×
	蓽	콩, 가시	17	木	×
	蹕	길 치울	18	土	×

음	자	뜻	획	자원	품격
필	鵯	까마귀 (비)	19	火	⊠
	韠	폐슬, 슬갑	20	金	×
	鞸	수레 밧줄	20	金	×
핍	乏	가난할	5	金	×
	偪	다가올, 행전	11	火	△
	逼	닥칠, 협박할	16	土	×
하	下	아래, 뒤	3	木	×
	何	어찌, 무엇	7	火	△
	岈	산골 휑할	7	土	×
	呀	입벌릴, 감탄	7	水	×
	是	옳을 (시)	9	火	⊠
	欱	껄걸웃을(가)	9	火	⊠
	河	물, 황하	9	水	⊠
	夏	여름	10	水	⊠
	厦	큰 집	12	水	△
	賀	하례, 경축할	12	金	◉
	廈	처마, 큰 집	13	木	×
	荷	연, 규탄할	13	木	×
	閜	크게 열릴	13	木	△
	煆	불사를, 굽다	13	火	×

음	자	뜻	획	자원	품격
하	瑕	티, 허물	14	金	×
	碫	숫돌	14	金	×
	碬	클, 장대할	14	水	○
	痕	뱃병, 기생충	14	水	×
	蝦	새우, 두꺼비	15	水	×
	緞	붉을	16	火	△
	遐	멀, 멀리할	16	土	×
	嘏	웃을	16	水	○
	罅	틈, 갈라터짐	17	土	×
	鍜	목 투구	17	金	×
	嚇	노할, 꾸짖을	17	水	×
	霞	놀, 이내	17	水	×
	憾	속일	18	火	×
	蕸	연잎, 갈대	19	木	△
	鰕	새우, 도롱뇽	20	水	×
학	学	집, 배울	8	水	○
	虐	사나울, 잔인	9	木	×
	狢	오소리	10	土	×
	确	자갈땅, 박할	12	金	×
	嗃	엄할, 냉엄할	13	水	×

음	자	뜻	획	자원	품격
학	郝	고을 이름	14	土	○
	瘧	학질	14	水	×
	謔	희롱, 농담	16	金	×
	學	배울, 학문	16	水	◉
	壑	골, 도랑	17	土	×
	鶴	학, 두루미	21	火	☒
	皬	흴	21	金	○
	鷽	메까치	24	火	×
한	扞	막을, 거절할	7	木	×
	忓	방해할 (간)	7	火	☒
	旱	가물, 가뭄	7	火	×
	汗	땀을 흘릴	7	水	×
	罕	그물, 새그물	9	木	×
	恨	한할, 원통할	10	火	×
	邗	운하 이름	10	土	○
	捍	막을, 팔찌	11	木	×
	閈	이문, 거처	11	木	×
	悍	사나울	11	火	×
	寒	찰, 차갑다	12	木	×
	閑	막을, 문지방	12	木	×

음	자	뜻	획	자원	품격
한	閒	틈 (간)	12	木	⊠
	倜	노할, 당당할	14	火	×
	限	한계, 구역	14	土	×
	暵	말릴, 더위	15	火	×
	嫺	우아할, 익다	15	土	○
	嫻	우아할, 정숙	15	土	○
	漢	한수, 은하수	15	水	△
	橌	큰 나무	16	木	○
	閑	익힐	16	木	△
	翰	날개	16	火	×
	澖	넓을	16	水	◉
	馯	사나운 말	17	火	×
	韓	나라 이름	17	金	⊠
	鼾	코 골다	17	金	×
	澣	빨, 빨래할	17	水	×
	瀚	넓고 클	20	水	◉
	鶾	솔개, 흰 꿩	23	火	×
할	割	나눌, 쪼갤	12	金	×
	瞎	애꾸눈, 소경	15	木	×
	轄	관장할	17	火	○

음	자	뜻	획	자원	품격
함	含	머금을, 품다	7	水	○
	函	함, 상자	8	水	×
	咸	다, 모두	9	水	○
	唅	재갈, 머금을	11	水	×
	喊	소리, 고함칠	12	水	×
	涵	젖을, 담글	12	水	×
	菡	꽃봉오리	13	木	△
	莟	연 봉오리	14	木	△
	銜	재갈, 머금을	14	金	×
	緘	봉할, 새끼	15	木	×
	陷	빠질, 추락할	16	土	×
	諴	화할, 정성	16	金	◉
	檻	우리, 감옥	18	木	×
	艦	싸움배, 군함	20	木	×
	闞	바라볼 (감)	20	木	⊠
	鹹	짤, 짠맛	20	水	×
	轞	함 거, 수래	21	火	×
합	合	합할, 만날	6	水	○
	匼	돌아서 만날	8	金	×
	柙	짐승 우리	9	木	×

음	자	뜻	획	자원	품격
합	哈	물고기 입	9	水	×
	盍	덮을, 합할	10	金	×
	盒	그릇, 찬합	11	金	×
	蛤	대합조개	12	水	×
	郃	맞을, 일치할	13	土	○
	嗑	말 많을	13	水	×
	榼	통, 물통	14	木	×
	閤	쪽문, 침실	14	木	×
	溘	갑자기	14	水	×
	陜	골짜기 (협)	15	土	図
	闔	문짝, 간직할	18	木	×
항	亢	목, 목구멍	4	火	図
	夯	멜, 어깨걸칠	5	木	×
	伉	짝, 맞설	6	火	△
	行	움직일 (행)	6	火	図
	抗	막을, 저지할	8	木	×
	杭	건널, 나룻배	8	木	×
	炕	말릴, 마루다	8	火	×
	沆	넓을	8	水	◉
	姮	미인 이름	9	土	◉

음	자	뜻	획	자원	품격
항	巷	거리, 동네	9	土	×
	缸	항아리	9	土	×
	肛	항문	9	水	×
	桁	도리 (형)	10	木	図
	航	배, 건널	10	木	×
	恒	항상, 언제나	10	火	○
	恆	반달 (긍)	10	火	図
	項	목, 목덜미	12	火	×
	缿	저금통, 투서	12	土	×
	頏	새 날아내릴	13	火	×
	港	항구, 뱃길	13	水	図
	嫦	여자 이름	14	土	○
	降	내릴 (강)	14	土	図
해	亥	돼지, 열두째	6	水	図
	咍	웃을, 기뻐할	8	水	○
	祄	하늘이 도울	9	木	△
	垓	지경, 경계	9	土	△
	孩	어린아이	9	水	×
	咳	웃을, 기침할	9	水	×
	害	해칠, 방해할	10	木	×

음	자	뜻	획	자원	품격
해	奚	어찌, 무엇	10	木	×
	欬	기침, 천식	10	火	×
	晐	갖출	10	火	○
	偕	함께, 군셀	11	火	◉
	海	바다, 바닷물	11	水	⊠
	痎	학질	11	水	×
	楷	나무, 본보기	13	木	○
	解	풀, 놓아줄	13	木	×
	該	그, 갖출	13	金	○
	瑎	검은 옥돌	14	金	△
	頦	턱, 아래턱	15	火	×
	廨	관아, 공관	16	木	×
	駭	놀랄, 소란	16	火	×
	嶰	골짜기	16	土	×
	諧	화할, 화합할	16	金	◉
	骸	뼈, 사람 뼈	16	金	×
	懈	게으를	17	火	×
	獬	군센 모양	17	土	○
	醢	젓갈, 절일	17	金	×
	澥	바다, 골짜기	17	水	×

음	자	뜻	획	자원	품격
해	鮭	어채 (규)	17	水	⊠
	薤	염교, 풀	19	木	×
	蟹	게	19	水	×
	邂	우연히 만날	20	土	△
	瀣	이슬 기운	20	水	×
핵	劾	캐물을, 노력	8	土	△
	核	씨, 알갱이	10	木	△
	翮	깃촉, 세발솥	16	火	×
	覈	핵실할, 엄할	19	金	×
행	行	갈 (항)	6	火	×
	杏	살구, 은행	7	木	⊠
	幸	다행, 희망할	8	木	⊠
	倖	요행, 간사할	10	火	×
	荇	마름, 물풀	12	木	△
	悻	성낼	12	火	×
	涬	기운, 당길	12	水	○
향	向	향할, 구할	6	水	△
	享	누릴, 드릴	8	火	○
	香	향기	9	木	⊠
	曏	밝을	10	火	◉

음	자	뜻	획	자원	품격
향	珦	옥 이름	11	金	◉
	餉	건량, 도시락	15	水	×
	鄕	시골, 고향	17	土	×
	薌	곡식 냄새	19	木	×
	嚮	향할, 권할	19	水	○
	麝	사향 사슴	20	土	×
	響	울림, 명성	22	金	△
	饗	잔치할, 대접	22	水	○
허	許	허락할, 성	11	金	○
	虛	빌, 모자랄	12	木	×
	墟	언덕, 옛터	15	土	×
	噓	불, 울다	15	水	×
	歔	흐느낄	16	火	×
헌	旰	밝을 (훤)	8	火	☒
	軒	추녀, 처마	10	火	×
	憲	법, 깨우침	16	火	○
	輥	초헌 (혼)	16	火	☒
	幰	수레 포장	19	木	×
	攇	비길, 물건맬	20	木	×
	櫶	나무 이름	20	木	○

음	자	뜻	획	자원	품격
헌	憓	총명할 (훤)	20	火	☒
	獻	바칠, 나아갈	20	土	○
	巘	봉우리	23	土	○
헐	歇	쉴, 휴식할	13	火	×
험	嶮	험할, 높다	16	土	×
	獫	사냥개	17	土	×
	險	험할, 깊다	21	土	×
	驗	증험할, 증거	23	火	×
	玁	오랑캐 이름	24	土	×
혁	侐	고요할	8	火	△
	弈	바둑, 도박	9	木	×
	奕	클, 아름다울	9	木	◉
	革	가죽, 피부	9	金	×
	洫	봇도랑, 해자	10	水	×
	烿	붉을, 밝다	11	火	○
	焱	불꽃 (염)	12	火	☒
	赫	붉을, 빛날	14	火	○
	嚇	노할, 꾸짖을	17	水	×
	爀	붉을, 불빛	18	火	○
	鬩	다툴, 원망할	18	金	×

음	자	뜻	획	자원	품격
현	玄	검을, 하늘	5	火	⊠
	見	변별할 (견)	7	火	⊠
	弦	시위, 활시위	8	火	×
	姃	여자 이름	8	土	○
	呟	소리	8	水	△
	俔	염탐할	9	火	×
	胘	팔	9	火	×
	炫	빛날, 자랑할	9	火	○
	眩	당혹할, 햇빛	9	火	△
	泫	빛날	9	水	◉
	眩	아찔할, 현혹	10	木	×
	峴	재, 고개	10	土	×
	娊	허리 가늘	10	土	×
	玹	옥돌, 옥빛	10	金	◉
	痃	힘줄당길 병	10	水	×
	舷	뱃전	11	木	△
	絃	악기줄, 비파	11	木	×
	弸	성, 활	11	火	×
	晛	햇살, 밝을	11	火	◉
	衒	팔, 자랑할	11	火	△

음	자	뜻	획	자원	품격
현	睍	훔쳐볼	12	木	×
	絢	무늬, 노끈	12	木	×
	現	나타날, 밝을	12	金	○
	琄	패옥 늘어질	12	金	×
	鉉	솥귀, 활시위	13	金	△
	蜆	가막조개	13	水	×
	誢	말다툼할	14	金	×
	儇	총명할, 빠를	15	火	◉
	賢	어질, 선량할	15	金	○
	鋗	노구솥, 냄비	15	金	×
	縣	매달, 공포할	16	木	×
	嬛	경편할, 홀로	16	土	×
	駽	검푸른 말	17	火	×
	顕	나타날	18	火	○
	繯	엷은비단(환)	19	木	⊠
	翾	경박할, 급할	19	火	×
	懸	매달, 달아맬	20	火	×
	譞	영리할, 지혜	20	金	◉
	顯	나타날, 표면	23	火	○
	灦	물깊고 맑을	27	水	△

음	자	뜻	획	자원	품격
혈	孑	외로울, 남길	3	水	×
	穴	구멍, 동굴	5	水	×
	血	피	6	水	×
	頁	머리 (정)	9	火	☒
	絜	헤아릴, 재다	12	木	△
	趐	날아가다	13	火	△
혐	嫌	싫어할	13	土	×
협	叶	화합할, 맞다	5	水	○
	夾	낄, 부축할	7	木	×
	協	맞을, 적합할	8	水	○
	洽	화할, 윤택할	8	水	◉
	匧	상자, 옷장	9	土	×
	俠	호협할, 젊을	9	火	×
	恊	맞을, 적합할	10	火	○
	峽	골짜기	10	土	×
	埉	물가	10	土	△
	挾	낄, 끼우다	11	木	×
	恔	생각할	11	火	△
	狹	좁을, 좁아질	11	土	×
	浹	두루 미칠	11	水	○

음	자	뜻	획	자원	품격
협	脇	옆구리, 곁	12	水	☒
	脅	옆구리, 갈비	12	水	☒
	莢	콩깍지	13	木	×
	愜	쾌할, 흡족할	13	火	○
	篋	네모난 상자	15	木	×
	鋏	집게, 가위	15	金	×
	頰	빰, 쾌적할	16	火	×
형	兄	맏, 형	5	木	×
	刑	형벌, 죽이다	6	金	×
	形	모형, 육체	7	火	×
	亨	형통할, 제사	7	火	△
	侀	이룰, 모일	8	火	◉
	炯	빛날, 밝을	9	火	◉
	型	거푸집, 모범	9	土	×
	泂	멀, 차갑다	9	水	×
	娙	예쁘다	10	土	◉
	邢	나라 이름	11	土	△
	珩	노리개, 갓끈	11	金	×
	荊	모형나무	12	木	×
	逈	멀	12	土	×

음	자	뜻	획	자원	품격
형	詗	염탐할, 탐구	12	金	×
	逈	멀, 빛날	13	土	△
	熒	등불, 밝을	14	火	○
	敻	멀, 보는모양	14	土	×
	滎	실개천 (영)	14	木	⊠
	陘	지레목, 비탈	15	土	×
	瑩	밝을 (영)	15	金	⊠
	衡	저울대, 달다	16	火	×
	螢	개똥벌레	16	水	×
	鎣	줄, 장식할	18	金	×
	滎	맑을, 도랑	19	水	△
	馨	향기	20	木	○
	瀅	물 맑을	22	水	○
혜	匸	감출, 덮을	2	水	×
	兮	어조사	4	金	△
	盻	돌아볼	9	木	×
	恵	은혜	10	火	◉
	彗	비, 쓰는 비	11	火	×
	詍	진실한 (예)	11	金	⊠
	傒	묶을, 가둘	12	火	×

음	자	뜻	획	자원	품격
혜	惠	은혜, 사랑할	12	火	◉
	徯	샛길, 기다릴	13	火	×
	嘒	가냘플	14	水	×
	憓	밝힐, 깨달을	15	木	◉
	槥	널, 작은 관	15	木	×
	慧	슬기로울	15	火	◉
	暳	별 반짝일	15	火	△
	鞋	신, 짚신	15	金	×
	憓	사랑할, 순종	16	火	○
	蹊	지름길	17	土	○
	謑	창피줄, 수치	17	金	×
	蕙	혜초, 난초	18	木	△
	醯	초, 식초	19	金	×
	譓	슬기로울	19	金	◉
	鏸	날카로울	20	金	×
	譓	슬기로울	22	金	◉
호	戶	지게, 출입구	4	木	×
	互	서로, 함께	4	木	○
	乎	어조사, 인가	5	金	△
	号	부를, 표	5	水	○

음	자	뜻	획	자원	품격
호	好	좋을, 마땅할	6	土	⊠
	沍	찰, 막다	6	水	×
	弧	활, 나무 활	8	火	×
	虎	범, 용맹할	8	木	⊠
	昊	하늘, 큰모양	8	火	◉
	岵	산	8	土	△
	呼	부를, 호통칠	8	水	×
	冱	찰, 얼다	8	水	×
	芐	지황 (하)	9	木	⊠
	怙	믿을, 의지할	9	火	○
	狐	여우	9	土	⊠
	祜	복	10	木	○
	芦	지황, 부들	10	木	△
	瓳	반호	10	土	△
	扈	뒤따를, 만연	11	木	×
	瓠	표주박, 단지	11	木	△
	晧	밝을, 빛날	11	火	◉
	毫	가는 털, 붓	11	火	×
	婋	여자의 마음	11	土	△
	浩	클, 광대한	11	水	◉

음	자	뜻	획	자원	품격
호	胡	턱 밑의 살	11	水	×
	壺	병, 단지	12	木	×
	晧	흴, 밝을	12	金	◉
	淏	맑을	12	水	◉
	號	부르짖을	13	木	×
	聤	들릴	13	火	×
	猢	원숭이	13	土	×
	琥	호박, 서옥	13	金	○
	湖	호수	13	水	△
	嫭	아름다울	14	土	◉
	嫮	아름다울	14	土	◉
	犒	위로할 음식	14	土	×
	瑚	산호, 호련	14	金	○
	滈	장마	14	水	×
	豪	호걸, 귀인	14	水	○
	糊	풀, 끈끈할	15	木	×
	葫	마늘, 조롱박	15	木	×
	熩	빛날	15	火	◉
	皞	밝을, 진득할	15	金	○
	皜	흴, 흰 모양	15	金	○

음	자	뜻	획	자원	품격
호	嘷	짖을, 외치다	15	水	×
	滸	물가	15	水	△
	滬	강이름, 어부	15	水	△
	蝴	나비	15	水	×
	縞	명주, 흰빛	16	木	○
	蒿	쑥, 향기 날	16	木	△
	儫	영웅	16	火	△
	醐	제호, 버터	16	金	×
	澔	클, 광대할	16	水	◉
	蔰	빛	17	木	○
	壕	해자, 도랑	17	土	×
	鄗	땅이름	17	土	○
	鎬	호경, 빛날	18	金	⊠
	濠	해자, 강이름	18	水	×
	濩	퍼질 (확)	18	水	⊠
	餬	기식할, 죽	18	水	×
	鬍	수염	19	火	×
	顥	클, 흰머리	21	火	○
	護	비호할, 통솔	21	金	○
	護	구할, 보호할	23	金	△

음	자	뜻	획	자원	품격
호	灝	넓을, 콩물	25	水	△
혹	或	언제나, 혹은	8	金	×
	惑	미혹할, 의심	12	火	×
	熇	마를 (효)	14	火	⊠
	酷	독할, 잔인할	14	金	×
혼	昏	어두울, 저녁	8	火	×
	俒	완전할 (흔)	9	火	⊠
	圂	뒷간 (환)	10	水	⊠
	婚	혼인할	11	土	×
	焜	빛날, 밝을	12	火	◉
	混	섞을, 흐릴	12	水	×
	渾	흐릴, 합수할	13	水	×
	湣	혼합할 (민)	13	水	⊠
	魂	넋, 생각	14	火	×
	琿	아름다운 옥	14	金	◉
	溷	어지러울	14	水	×
	閽	문지기, 궁문	16	木	×
	顐	둥글 (운)	19	火	⊠
홀	囫	온전할, 막연	7	水	×
	忽	소홀히, 돌연	8	火	×

음	자	뜻	획	자원	품격
홀	笏	홀, 피리구멍	10	木	✕
	惚	황홀할, 흐릿	12	火	✕
홍	弘	넓을, 널리	5	火	○
	汞	수은	7	水	✕
	紅	붉을, 연지	9	木	⊠
	哄	떠들썩할	9	水	✕
	泓	깊을, 웅덩이	9	水	✕
	虹	무지개	9	水	⊠
	烘	횃불, 불쬐다	10	火	△
	晄	먼동이 트다	10	火	◉
	訌	무너질	10	金	✕
	洪	큰물, 성	10	水	○
	鉷	돌쇠뇌, 석궁	14	金	✕
	篊	홈통, 물받이	15	木	✕
	鬨	싸울, 투쟁할	16	金	✕
	澒	수은	16	水	✕
	鴻	큰 기러기	17	火	⊠
화	化	될, 고쳐질	4	火	△
	火	불, 태울	4	火	✕
	禾	벼, 곡물	5	木	△

음	자	뜻	획	자원	품격
화	和	화할, 합치다	8	水	○
	花	꽃, 아름다울	10	木	⊠
	俹	화할	10	火	○
	貨	재화, 물품	11	金	⊠
	畫	그림	12	土	△
	畵	그림, 채색	13	土	△
	話	말할, 이야기	13	金	△
	靴	신, 가죽신	13	金	✕
	禍	재화, 근심	14	木	✕
	華	꽃, 색채	14	木	⊠
	嬅	여자 이름	15	土	○
	嘩	시끄러울	15	水	✕
	樺	자작나무	16	木	△
	澕	물 깊을	16	水	△
	譁	시끄러울	19	金	✕
	驊	준마, 화류	22	火	✕
	龢	풍류, 화합할	22	火	△
확	廓	둘레 (곽)	14	木	⊠
	確	굳을, 확실할	15	金	○
	碻	굳을, 굳셀	15	金	○

음	자	뜻	획	자원	품격
확	擴	넓힐	19	木	○
	穫	벼 벨, 거둘	19	木	△
	矍	두리번거릴	20	木	×
	確	회초리, 확실	21	金	×
	鑊	가마, 큰솥	22	金	×
	攫	붙잡을	24	木	×
	矱	창, 송곳	25	木	×
환	丸	알, 약, 둥글	3	木	×
	幻	변할, 허깨비	4	水	×
	奐	빛날, 성대할	9	木	◉
	宦	벼슬, 관직	9	木	×
	紈	흰비단, 맺을	9	木	△
	桓	푯말, 굳셀	10	木	○
	洹	강 이름 (원)	10	水	☒
	患	근심, 고통	11	火	×
	晥	환할, 밝을	11	火	◉
	晥	가득찬 모양	12	木	○
	絙	끈목, 인끈	12	木	×
	皖	샛별, 땅이름	12	金	○
	喚	부를, 소리칠	12	水	△

음	자	뜻	획	자원	품격
환	換	바꿀, 교체할	13	木	×
	煥	불꽃, 밝을	13	火	◉
	渙	물이름	13	水	○
	豢	기를, 사육	13	水	×
	寰	기내, 천하	16	木	△
	圜	두를 (원)	16	水	☒
	擐	입을, 투구	17	木	△
	鍰	무게 단위	17	金	×
	環	고리, 돌다	18	金	△
	轘	환형, 형벌	20	火	×
	還	돌아올, 복귀	20	土	○
	鐶	고리, 가락지	21	金	△
	鰥	환어, 홀아비	21	水	×
	懽	기뻐할, 합당	22	火	○
	歡	기뻐할, 기쁨	22	火	○
	鬟	쪽 찐 머리	23	火	×
	瓛	옥홀, 재갈	25	金	×
	驩	기뻐할	28	火	×
활	活	살, 생존할	10	水	△
	蛞	올챙이	12	水	×

음	자	뜻	획	자원	품격
활	猾	교활할	14	土	×
	滑	미끄러울(골)	14	水	⊠
	闊	트일, 열릴	17	木	○
	豁	뚫릴, 통할	17	水	△
	濶	근고할	18	水	○
황	怳	멍할, 황홀할	9	火	×
	皇	임금, 천자	9	金	×
	況	하물며, 이에	9	水	×
	肓	명치 끝	9	水	×
	恍	황홀할	10	火	×
	晃	밝을, 빛날	10	火	◉
	晄	밝을	10	火	◉
	凰	봉황새	11	水	×
	荒	거칠	12	木	×
	徨	어정거릴	12	火	×
	堭	당집, 전각	12	土	×
	媓	어머니	12	土	×
	黃	누를, 누른빛	12	土	△
	貺	줄, 하사품	12	金	×
	喤	울음소리	12	水	×

음	자	뜻	획	자원	품격
황	幌	휘장, 포장	13	木	×
	楻	배	13	木	×
	惶	두려워할	13	火	×
	煌	빛날	13	火	◉
	湟	해자, 찬물	13	水	×
	榥	책상, 창	14	木	△
	愰	밝을, 영리할	14	火	◉
	慌	어렴풋할	14	火	×
	熀	밝을 (엽)	14	火	⊠
	瑝	옥 소리	14	金	○
	滉	물 깊고넓을	14	水	○
	篁	대숲, 피리	15	木	×
	蝗	누리, 황충	15	水	×
	遑	허둥거릴	16	土	×
	潢	은하수	16	水	×
	隍	해자, 공허할	17	土	×
	璜	서옥	17	金	○
	簧	혀, 피리	18	木	×
	鍠	종소리, 방울	18	金	×
회	会	가로	6	火	×

음	자	뜻	획	자원	품격
회	灰	재, 태워버릴	6	火	×
	回	돌, 돌아올	6	水	×
	佪	어정거릴	8	火	×
	廻	돌, 빙빙돌다	9	木	×
	徊	노닐, 일없이	9	火	×
	恢	넓을, 갖출	10	火	◉
	洄	거슬러 오름	10	水	△
	悔	뉘우칠, 후회	11	火	×
	晦	그믐, 어둠	11	火	×
	盔	바리, 공기	11	金	×
	絵	그림	12	木	×
	茴	회향풀, 방풍	12	木	×
	淮	물 돌아흐를	12	水	×
	蛔	거위, 회충	12	水	×
	會	모일, 모임	13	火	○
	迴	돌아올	13	土	△
	詼	조롱할, 농락	13	金	×
	賄	뇌물, 선물	13	金	×
	匯	물 돌아모일	13	水	△
	誨	가르칠, 인도	14	金	○

음	자	뜻	획	자원	품격
회	頮	세수할	16	火	×
	檜	노송나무	17	木	○
	獪	교활할	17	土	×
	澮	봇도랑, 개천	17	水	×
	繪	그림, 그리다	19	木	×
	膾	회, 날고기	19	水	×
	懷	품을, 가슴	20	火	×
	鱠	물고기 이름	24	水	×
획	画	그림	8	土	×
	劃	그을, 자를	14	金	×
	嚄	외칠, 말많을	17	水	×
	獲	얻을, 빼앗을	18	土	×
횡	宖	집 울릴 (홍)	8	木	☒
	鈜	쇳소리	12	金	×
	橫	가로, 동서	16	木	×
	潢	물 빙빙 돌	16	水	×
	鐄	종소리, 낫	20	金	×
	黌	글방	25	土	○
효	爻	효, 엇갈릴	4	火	×
	孝	효도, 부모	7	水	☒

음	자	뜻	획	자원	품격
효	効	형상할, 배울	8	土	○
	庨	집 높은모양	10	木	△
	虓	울부짖을	10	木	×
	烋	뽐낼 (휴)	10	火	⊠
	效	본받을, 받칠	10	金	○
	哮	으르렁거릴	10	水	×
	洨	강 이름	10	水	△
	肴	안주, 술안주	10	水	×
	梟	올빼미	11	木	×
	婋	여자마음(호)	11	土	⊠
	崤	산 이름	11	土	△
	淆	성, 강 이름	11	水	△
	傚	본받을, 배울	12	火	○
	殽	섞일	12	金	×
	淆	뒤섞일	12	水	×
	窙	높은 기운	12	水	◉
	熇	마를 (고)	14	火	⊠
	歊	김이 오를	14	火	×
	酵	술밑, 주모	14	金	×
	皛	나타날, 밝을	15	金	◉

음	자	뜻	획	자원	품격
효	曉	새벽, 환할	16	火	○
	嚆	울릴, 외칠	17	水	×
	餚	반찬, 안주	17	水	×
	譹	부를 (호)	18	金	⊠
	斆	가르칠, 교육	20	金	○
	嚻	들렐, 소리	21	水	×
	驍	날랠, 용감할	22	火	×
후	朽	썩을, 부패할	6	木	×
	后	임금, 왕비	6	水	×
	吼	울, 아우성칠	7	水	×
	吽	물어뜯을	7	土	×
	姁	할미, 예쁘다	8	土	×
	芋	토란 (우)	9	木	⊠
	侯	과녁, 제후	9	火	×
	後	뒤, 능력	9	火	×
	厚	두터울	9	水	◉
	垕	두터울, 두께	9	土	○
	候	물을, 생각할	10	火	×
	欨	즐거워할(호)	10	火	⊠
	珝	옥 이름	11	金	◉

음	자	뜻	획	자원	품격
후	酗	주정할, 탐닉	11	金	×
	帿	과녁	12	木	×
	堠	봉화대	12	土	△
	煦	불, 보호할	12	水	×
	喉	목구멍, 목	12	水	×
	煦	따뜻하게 할	13	火	○
	猴	원숭이	13	土	×
	逅	만날, 우연히	13	土	×
	詡	자랑할, 장담	13	金	○
	嗅	냄새 맡을	13	水	×
	篌	공후, 악기	15	木	△
	餱	건량	18	水	×
	譃	망령된 말	19	金	×
훈	訓	가르칠, 훈계	10	金	○
	焄	연기 그을릴	11	火	×
	勛	공, 업적	12	土	○
	暈	무리 (운)	13	火	⊠
	輝	빛날 (휘)	13	火	⊠
	塤	질 나발	13	土	×
	熏	연기 낄	14	火	×

음	자	뜻	획	자원	품격
훈	葷	매운 채소	15	木	×
	勳	공	16	土	⊠
	壎	질 나발	17	土	×
	曛	석양빛, 저녁	18	火	×
	燻	불기운, 연기	18	火	×
	獯	오랑캐	18	土	×
	薰	향 풀, 향기	19	木	△
	薰	향 풀	20	木	△
	纁	분홍빛	20	木	△
	鑂	금빛 투색할	22	金	×
훌	欻	문득, 갑자기	12	火	×
훙	薨	죽을, 무리	19	木	×
훤	昍	밝을 (헌)	8	火	⊠
	烜	마를, 밝을	10	火	○
	喧	의젓할	12	水	×
	愃	쾌할 (선)	13	火	⊠
	暄	따뜻할	13	火	○
	煊	따뜻할	13	火	○
	萱	풀, 원추리	15	木	△
	諠	잊을, 속일	16	金	×

음	자	뜻	획	자원	품격
훤	諼	속일, 거짓말	16	金	×
훼	卉	풀, 초목	5	水	△
	芔	풀, 성할	9	木	△
	虺	살무사, 독사	9	水	×
	喙	부리, 주둥이	12	水	×
	毁	헐, 상처 날	13	金	×
	毁	헐	13	金	×
	燬	불, 타다	17	火	×
휘	揮	휘두를, 지시	13	木	×
	彙	무리, 모을	13	火	×
	暉	빛, 광채	13	火	○
	輝	빛날, 굽다	13	火	○
	煒	빨간 (위)	13	火	☒
	麾	대장기, 지휘	15	木	×
	翬	훨훨 날	15	火	×
	輝	빛날	15	火	☒
	撝	찢을, 겸손할	16	木	×
	諱	꺼릴, 기피할	16	金	×
	徽	아름다울	17	火	◉
휴	休	쉴, 그만둘	6	火	×

음	자	뜻	획	자원	품격
휴	庥	그늘, 쉬다	9	木	×
	咻	떠들, 신음할	9	水	×
	烋	뽐낼 (효)	10	火	☒
	畦	밭두둑, 경계	11	土	×
	携	끌, 이끌	14	木	○
	髹	옻칠할	16	火	×
	虧	이지러질	17	木	×
	鵂	수리부엉이	17	火	×
	隳	무너뜨릴	23	土	×
휼	卹	가엾을 (술)	8	水	☒
	恤	근심할, 동정	10	火	×
	譎	속일, 바뀔	19	金	×
	鷸	도요새	23	火	×
흉	凶	흉할, 재앙	4	水	☒
	兇	흉악할	6	木	×
	匈	흉흉할	6	金	×
	恟	두려워할	10	火	×
	洶	물살 세찰	10	水	×
	胸	가슴, 마음	12	水	×
	胷	가슴	12	水	×

음	자	뜻	획	자원	품격
흑	黑	검을, 어두울	12	水	×
흔	忻	기뻐할	8	火	○
	欣	기뻐할, 기쁨	8	火	○
	炘	화끈거릴	8	火	×
	昕	아침, 일출	8	火	◉
	很	어길, 다툴	9	火	×
	痕	흉터, 자취	11	水	×
	掀	치켜들	12	木	×
	惞	기뻐할	12	火	○
	釁	피 바를	25	金	×
흘	仡	날랠, 높다	5	火	○
	屹	산 우뚝솟을	6	土	○
	吃	말 더듬을	6	水	×
	汔	거의, 거반	7	水	×
	疙	머리 종기	8	水	×
	紇	나쁜 명주실	9	木	×
	迄	이를, 도달할	10	土	◉
	訖	이를, 그만둘	10	金	△
	齕	깨물, 씹을	18	金	×
흠	欠	하품, 부족할	4	火	×

음	자	뜻	획	자원	품격
흠	欽	공경할	12	火	○
	歆	받을, 대접할	13	火	○
	廞	진열할	15	木	△
	鑫	기쁠	24	金	○
흡	吸	숨 들이쉴	7	水	×
	恰	마치, 흡사	10	火	×
	洽	윤택하게 할	10	水	◉
	翕	합할, 일어날	12	火	○
	翖	합할	12	火	
	噏	들이쉴, 거둘	15	水	×
	歙	줄일, 움추릴	16	火	×
	潝	흐르는 소리	16	水	×
흥	興	일, 일어날	15	土	◉
희	希	바랄, 드물다	7	木	○
	俙	비슷할	9	火	×
	姬	계집, 근본	9	土	⊠
	姫	계집	9	土	⊠
	咥	깨물다 (질)	9	水	⊠
	唏	슬퍼할, 한탄	10	水	×
	悕	슬퍼할	11	火	×

음	자	뜻	획	자원	품격
희	晞	마를, 햇살	11	火	△
	烯	불빛	11	火	◉
	欷	흐느낄, 탄식	11	火	×
	稀	드물, 적을	12	木	×
	喜	기쁠, 좋아할	12	水	区
	熙	빛날, 말릴	13	火	区
	僖	기쁠	14	火	区
	熙	빛날, 말릴	14	火	△
	豨	멧돼지	14	水	×
	嬉	즐길, 장난할	15	土	区
	嘻	웃을, 화락할	15	水	△
	橲	나무 이름	16	木	△
	憙	기뻐할, 즐길	16	火	○
	憘	기뻐할, 기쁠	16	火	○
	暿	몹시 더울	16	火	△
	熺	성할, 희미할	16	火	△
	熹	성할, 밝을	16	火	区
	羲	내쉬는 숨	16	土	×
	戲	놀, 연극	16	金	×
	熈	빛날	16	水	◉

음	자	뜻	획	자원	품격
희	噫	탄식할, 하품	16	水	×
	禧	복, 고하다	17	木	◉
	嬉	기쁠	17	土	○
	戲	탄식할, 희롱	17	金	×
	燹	야화 (선)	18	土	区
	譆	감탄할	19	金	△
	餼	보낼, 봉록	19	水	×
	曦	햇빛, 일광	20	火	○
	爔	불, 햇볕	20	火	△
	犧	희생	20	土	×
	囍	쌍희	22	水	△
힐	犵	오랑캐 이름	7	土	×
	詰	물을, 공격할	13	金	×
	頡	곧은 목, 클	15	火	×
	黠	약을, 교활할	18	水	×
	纈	홀치기	21	木	×
	襭	옷자락 꽂을	21	木	×